Nicole Teschner

Sie müssen kein Perfektionist sein:

Fehler kann man auch überleben!

Das Anleitungs- und Arbeitsbuch gegen Perfektionismus und Fehler-angst

Mindquieting-Verlag

Impressum:

Nicole Teschner
MindQuieting-Verlag
Oyther Str. 23
49377 Vechta
mailto@mindquieting.de
1. Auflage 2020
ISBN 978-3-949331-55-8

Bibliografische Information der Deutschen Nationalbibliothek
Die Deutsche Nationalbibliothek verzeichnet diese Publikation in der Deutschen Nationalbibliografie.
Detaillierte bibliografische Daten sind im Internet über http://dnb.d-nb.de abrufbar.

Nicole Teschner

Sie müssen kein Perfektionist sein:

Fehler kann man auch überleben!

Das Anleitungs- und Arbeitsbuch gegen Perfektionismus und Fehler-angst

Mindquieting-
Verlag

Über dieses Buch

Fehler gehören zum Leben dazu - mit diesen jedoch gut zurechtzukommen, für manche Menschen überhaupt nicht! Wieder und wieder zerfleischen sich diese förmlich selbst und verfallen nach Fehlern in quälende Grübelei. Bereits kleine Misserfolge wühlen sie so sehr auf, dass sie sich selbst komplett infrage stellen und für lebensunwürdig halten. Selbstfolternd leben sie oft einen übertriebenen Perfektionismus, um alle Risiken, Fehler und jedes Gefühl von „falsch sein" zu vermeiden.

Doch Fehler kann man überleben und Perfektionismus ablegen! Wie das geht, erfahren Sie in diesem Buch: Hier lernen Sie, wie Sie mit Fehlern und Misserfolgen besser zurechtkommen und zwanghaften Perfektionismus endlich ablegen können. Zusätzlich kommen Sie den Ursachen für Ihr Verhalten auf die Spur und erhöhen Ihre Fehler- und Krisenkompetenz deutlich!

Am Ende wartet eine neue Art zu leben auf Sie: Mit neuem Selbstverständnis für eigene Fehler, neuem Mut, Kraft und Zuversicht – und dem Wissen, auch ohne Perfektionismus mit allen Fehlern perfekt zu sein!

Über die Autorin

Nicole Teschner ist Diplom-Biologin, Heilpraktikerin für Psychotherapie (nach Heilpraktikergesetz), systemischer Coach, Team- und Konfliktcoach, NLP-Coach (DVNLP), Adv. NLP-Master (DVNLP), Supervisorin und Resilienztrainerin. In eigener Praxis supervidiert, coacht und therapiert sie Menschen mit Stress- und konfliktbedingten Schwierigkeiten und Störungen, wie z.B. Burnout, Depressionen, Panikstörungen, Zwängen und Traumata. Durch ihr Know-how als Biologin und heilpraktische Psychotherapeutin und mit breitem Wissen und viel Erfahrung entwickelt sie neue Konzepte, Ansätze und Strategien, um hoch-belasteten Menschen „on-point" Linderung zu verschaffen und ihnen zu besserer Lebensbewältigung und mehr Lebensqualität zu verhelfen. Als Autorin veröffentlicht sie Ratgeberliteratur, Blogartikel und Coachings. Nicole Teschner lebt und praktiziert in ihrer Heimat, dem Oldenburger Münsterland, Niedersachsen, Deutschland.

Inhaltsverzeichnis

Perfekt
ist ein Mensch erst dann, wenn er
nicht mehr perfekt ist.

Die Anwendung und Nutzung dieses Buches erfolgt auf eigene Gefahr hin und ohne jegliche Verpflichtung der Autorin oder des Verlages zur Haftung für Schäden an den eigenen oder anderen Personen oder Sach- oder Vermögensgegenständen, bei Anwendung, falscher Anwendung, Nicht-Gelingen oder auch bei Nicht-Anwendung der Methoden und Strategien. Ebenso wird auch keine Haftung bei unerwünschten Entwicklungen nach dem Lesen, Nicht-Lesen oder der Verwendung des Buches und der hier veröffentlichten Methoden übernommen. Zusätzlich stellt dieses Buch kein Heilversprechen dar. Bei großer Belastung und Problemen ist unbedingt der Rat von Ärzten und Therapeuten einzuholen.

1 Ein kurzer Vorspann

1.1 Haben Sie eine gute Fehlerkultur?

Wie gut können Sie mit Fehlern umgehen: Kommen Sie über diese schnell hinweg oder kauen Sie noch lange darauf herum? Oder versinken Sie geradezu in einem Meer von Selbstvorwürfen und Selbsthass, wenn Sie etwas falsch gemacht haben?

Manche Menschen tun sich sehr schwer damit, Fehler, Misserfolge oder Fauxpas hinter sich zu lassen und damit gelassen und konstruktiv umzugehen. Stattdessen geißeln sie sich regelrecht dafür und zermartern sich noch Stunden, Tage, manchmal sogar Monate oder Jahre das Hirn, weil sie vielleicht etwas Falsches gesagt, getan oder geantwortet haben. Oder im Gegenteil: weil sie etwas nicht gesagt, nicht getan oder nicht geantwortet haben. Doch das ist keineswegs gesund und treibt den meist eh schon hohen Stresslevel noch weiter nach oben. Daher versuchen diese Menschen Fehler im Vorfeld akribisch zu vermeiden und fallen oft einem übertrieben hohen Perfektionismus anheim. Denn sie wissen, dass sie durch ein Missgeschick sehr aufgewühlt werden, viel zu lange für das "Abhaken" eines Fehlers benötigen und sich und ihre Kompetenzen meist vollständig infrage stellen, wenn ihnen ein Lapsus passiert ist. Deswegen vermeiden sie Fehler - immer.

Oder aber sie verfallen in eine Starre, trauen sich gar nichts mehr zu und probieren auch nichts mehr aus. Das ist dann das andere Extrem.

Zugegeben: Wenn etwas richtig schiefläuft, dann wird wohl niemand Luftsprünge machen und rufen: "Hurra, ich habe es richtig vergeigt!". Doch selbst wenn Menschen so richtig tief ins Fettnäpfchen getreten sind oder etwas "tüchtig versemmelt" haben, gibt es einige

Menschen, die relativ schnell wieder mit sich selbst und dem Misserfolg ins Reine kommen. Doch wie ist das möglich? Wie schaffen diese das?

Der Unterschied liegt in der Fehlerkultur, die diese haben. Menschen, die in der Lage sind, mit Fehlern und Patzer besser zurecht zu kommen, haben bestimmte Strategien, mit denen ihnen das gelingt. Außerdem sind sie von ihrem Selbstglaube, ihren Prägungen und ihren Vorstellungen anders gelagert, sodass diese zwar auch aus der Bahn geworfen werden, wenn ihnen etwas misslingt. Aber sie finden sehr viel schneller zurück zu ihrer Mitte und können das Ganze bald hinter sich lassen.

Nun könnte man meinen, dass diese Menschen einfach durch ihre Veranlagung (also ihre "Gene") besser damit zurechtkommen. Doch das stimmt so nicht. Das meiste von den Strategien und Mustern, die diese Menschen anwenden, haben diese im Verlaufe ihres Lebens gelernt oder wurde durch Erfahrungen geprägt. Und weil dieses eben "nur gelernt" wurde und nicht (nur) genetisch bedingt ist, haben auch Sie die Chance, dies zu lernen und sich zu verändern: Denn wenn etwas gelernt und geprägt wurde, lässt es sich auch wieder verlernen und verändern.

Und genau dabei möchte ich Ihnen mit diesem kleinen Handbuch helfen:

Lesen und lernen Sie hier die Strategien der Menschen, die eine gute Fehlerkultur haben, und überprüfen Sie Ihre Muster und Gewohnheiten! Sie erhalten dadurch die Chance, weniger grübeln zu müssen, sich weniger den Kopf zu zermartern, viel schneller wieder zur Normalität zurückzukehren, Ihren Stresslevel erfolgreich zu senken und wieder deutlich besser zu schlafen, wenn Sie dieses Wissen anwenden. Auch einen ausufernden Perfektionismus können Sie dadurch ablegen. Mehr als 100 Strategien werden Ihnen dabei helfen, Ihre Ziele zu erreichen.

Und das wünsche ich Ihnen sehr!

Viel Erfolg!

Nicole Teschner

1.2 Gender-Hinweis

Um die Lesbarkeit zu erleichtern habe ich mich in diesem Buch dazu entschieden, mich auf die männliche Sprachform bei personenbezogenen Substantiven und Pronomen festzulegen. Dennoch möchte ich ausdrücklich betonen, dass ich dieses Buch für alle Menschen geschrieben habe: egal welchen Geschlechts, welcher Ethnie und welcher Hautfarbe! Es mögen sich daher bitte alle herzlich angesprochen und eingeladen fühlen, dieses Buch zu lesen und mir die Vereinfachung der Ansprache zugunsten des Textflusses nachsehen!

1.3 Wichtiger Hinweis

Falls Sie sehr darunter leiden, wenn Ihnen Misserfolge passieren und sich Symptome zeigen, die Ihre Lebensqualität erheblich einschränken und einer Therapie bedürfen, sollten Sie einen Therapeuten zurate ziehen. Dieses Buch kann und soll keine Therapie ersetzen, sofern sie nötig ist. Auch gebe ich hier kein Heilversprechen.

Wenn Sie merken, dass Unruhe Ihr Dauerbegleiter ist, dass Sie permanent unter Druck stehen, erhebliche Schlafprobleme und/oder sonstige (massive) körperliche Beschwerden haben, wenn Sie störende oder außergewöhnliche Symptome bei sich wahrnehmen, wenn Sie stress- und symptombedingt sogar Schwierigkeiten bei der Lebensbewältigung haben und großen Leidensdruck verspüren, dann gehören Sie unbedingt in die Hände von Ärzten und Therapeuten. Sie sollten sich dort unbedingt vorstellen und über Ihre Schwierigkeiten sprechen!

Das gilt insbesondere, wenn sich Ihnen Wünsche oder Vorstellungen über Tod, Sterben oder darüber, sich selbst oder anderen etwas anzutun, aufdrängen: Besonders dann müssen (!) Sie bei einem fachlich versierten Arzt vorstellig werden und sich dort auch helfen lassen! Gehen Sie bitte notfalls in eine psychiatrische Klinik und sprechen Sie offen über Ihre Suizidgedanken oder Suizidabsichten oder darüber, dass Sie Angst haben, sich selbst oder andere zu gefährden! Ich verlasse mich darauf, dass Sie das tun werden!

1.4 Haftungsausschluss

Die hier enthaltenen Anleitungen und Darstellungen wurden von mir als Autorin nach bestem Wissen und Gewissen erstellt und in der Praxis vorab sorgfältig überprüft. Da ich Anwendungsfehler trotzdem nicht ausschließen kann, erfolgt die Anwendung und Nutzung dieses Buches auf eigene Gefahr hin und ohne jegliche Verpflichtung des Autors oder des Verlages zur Haftung bei falscher Anwendung, Nicht-Gelingen oder auch bei Nicht-Anwendung der Methoden und Strategien.

Des Weiteren übernehme ich als Autorin und auch der Verlag keine Haftung bei missverständlichen Textpassagen, Textfehlern, missbräuchlicher An- und Verwendung oder unerwünschten Entwicklungen nach dem Lesen, Nicht-Lesen oder der Verwendung des Buches und der hier veröffentlichten Methoden. Eventuell namentlich genannte Beispiele von "persons of interest" dienen der lehrenden Veranschaulichung der zu vermittelnden Inhalte und stellen keine Diskriminierung oder Diffamierung dar.

1.5 Fehler - ein Präzisierungsversuch

Bevor es mit der Veränderungsarbeit losgeht, lassen Sie uns kurz betrachten, was hier mit "Fehlern" gemeint ist:

"Fehler" meint hier alle für Sie unangenehmen Entwicklungen, an denen Sie sich selbst einen Anteil geben - sich also schuldig oder "falsch" fühlen. Das können kleine Missgeschicke sein, wie ein Glas umwerfen oder auch große, wie z. B. den Chef aus dem Affekt heraus zu beleidigen. Oder aber es sind Worte, die Sie gesagt haben und die

Sie hinterher gerne wieder zurückgenommen hätten. Oder aber Sie trafen in bestem Wissen und Gewissen eine Entscheidung, die sich im Nachhinein aber als "ein großer Fehler" entpuppte. Oder aber all die Dinge, die Sie bereuen - weil Sie es getan haben. Oder andere signalisieren deren Unzufriedenheit mit Ihnen und Sie fühlen sich nun schuldig. Fehler meint aber auch den konkreten Fehler - also z. B. auf der Arbeit etwas falsch gemacht zu haben. Oder aber genau solche Situationen, wo Sie rot anlaufen und sich genieren, weil dies für Sie ebenfalls das Signal ist, sich falsch zu fühlen. Auch das klassische ins "Fettnäpfchen" treten mit empörter Reaktion des Gegenübers gehört dazu...und, und, und.

All das zählt zu den Fehlern. Und trotzdem ist die Aufzählung noch lange nicht vollständig, weil es so viele Konstellationen gibt, wo für Menschen etwas falsch läuft und sie dann daran zu knabbern haben. "Fehler" sind höchst individuell und das Spektrum riesengroß. Ein "Fehler" lässt sich also gar nicht präzisieren.

Wohl aber können wir festlegen, was Fehler bei Ihnen auslösen. Und das schauen wir uns im nächsten Kapitel an.

1.6 Die Auswirkungen von Fehlern auf Körper, Geist und Psyche

Die Auswirkungen von Fehlern und Misserfolgen auf Körper, Geist und Psyche lassen sich ganz einfach zusammenfassen:

Fehler lösen Stress aus.

Wenn wir uns nach einem Ereignis also mental schlecht fühlen, dann wissen wir, dass etwas schiefgelaufen ist. Irgendetwas hat uns die Suppe versalzen, die Laune vergällt, ist uns auf den Magen geschlagen oder kommt uns aufs Bett, sodass wir nicht schlafen können. Vereinfacht können wir also festhalten: Nehmen wir an uns irgendwelche Stresssymptome wahr, dann ist irgendwas nicht zu unserer Zufriedenheit verlaufen.

Je nachdem, was passiert ist, wirkt sich der Stress dann auf Körper, Geist und Psyche aus. Und dabei hat jeder ein individuelles Stresssymptom-Profil: Die einen reagieren eher mit Rückenschmerzen, bei dem anderen ist es eher der Magen, der quält, und wieder ein anderer zerbricht sich den Kopf und bekommt höllische Kopfschmerzen oder anderes. In schweren Fällen kommt es auch schon mal zu Panikattacken, unkontrollierten Affekthandlungen oder bleibender Antriebslosigkeit.

Die Zwischenstufe zwischen Ereignis und Körpersymptom(en) - das Fühlen der entstandenen Gefühle - findet meist anfangs noch nicht statt, um unbewusst erst einmal wieder Kontrolle über die Situation zu bekommen. Daher wird die Fehler-Spannung oft direkt in den Körper abgeleitet, in ein Symptom umgewandelt und so konserviert, bis wieder Ruhe einkehrt und sich die Psyche dem widmen kann, was eigentlich passiert ist. Erst dann lösen sich die Spannungen und Symptome allmählich wieder auf und die Gefühle dahinter steigen hoch und werden präsentiert - wenn Sie denn zugelassen und nicht durch Ablenkungs- oder Betäubungsmanöver unterdrückt werden.

Einiges von den Ereignissen, wo wir uns anschließend schlecht fühlen, werden wir sicher nicht selbst verschuldet haben. Trotzdem ärgern, toben oder fürchten wir uns und schmurgeln laut oder leise vor uns hin. Wir können dann versuchen, uns angemessen Luft zu verschaffen, indem wir es ansprechen und die Dinge beim Namen nennen. Meist lässt sich dadurch noch Einfluss auf den Verlauf nehmen und der Schaden begrenzen. Doch sämtlichen Ärger und sämtliche Angst nimmt es mitunter nicht.

Doch manches, was Unwohlsein auslöst, geht leider auf die eigene Kappe: Wir haben es verbockt und das Unheil nahm dadurch seinen Lauf. Und dadurch tauchen jetzt unangenehme Gefühle auf. Manchmal haben wir nur ein bisschen Schuld an dem, was passiert ist. Manchmal aber auch sehr viel mehr. Anfangs ist es dann meistens sehr schmerzhaft, sich diese Schuld einzugestehen, weswegen sie oft vehement abgewehrt wird. Stattdessen sind gerne die “Umstände” oder “die anderen” schuld, weil es leichter ist, die Schuld abzuwälzen oder zu verdrängen. Je größer der Fehler dabei erscheint, umso stärker fällt meist das Bedürfnis für eine solche Abwehr aus. Dieses Abwehren kann übrigens neue Körpersymptome machen.

Doch auch wenn es zunächst abgewehrt wird: Trotzdem bleibt tief im Inneren das Wissen um die Wahrheit. Und diese Wahrheit mit der sie begleitenden Schuld und oft auch Scham gärt im Inneren und macht früher oder später auf sich aufmerksam. Immer lauter werden sich Schuld- und Schamgefühle aufdrängen - manchmal bald zusätzlich in Form von Körpersymptomen oder gar Depressionen -, bis sie nicht mehr zu verdrängen sind.

Und ab hier gibt es nur zwei Wege, wie damit umgegangen werden kann: entweder weiteres Verdrängen oder das Zulassen.

Für das Verdrängen werden aber mit der Zeit immer größere “Geschütze” nötig: Suchtmittel oder auch andere Süchte, wie Arbeits-, Kauf-, Sex-, Dramasucht o. a. oder zwanghafte Verhaltensweisen müssen genutzt werden, um die Gefühle weiter in der Verdrängung zu halten.

Zulassen und Verarbeiten ist daher der gesündere Weg – allerdings auch vorerst der schmerzhaftere. Denn niemand durchlebt gerne Schuld- und noch weniger gerne Schamgefühle. Mit geeigneten Strategien ist jedoch auch das möglich und wir werden uns später noch weiter damit beschäftigen.

Besonders schwierig fällt das Zulassen dann, wenn es bereits in der Vergangenheit Situationen gab, die Schuld und Scham ausgelöst haben. Dann nämlich fällt der Schmerz des Zulassens noch deutlich größer aus und Betroffene wählen instinktiv lieber wieder die Flucht vor den Gefühlen durch Verdrängung, statt sich dem großen Schmerz durch Zulassen zu stellen. Besonders wenn alte schuld- und schambelastete Ereignisse schon in der Verdrängung schlummern, ist das Zulassen jüngster Schuld- und Schamgefühle ein hohes emotionales Risiko: Könnte es doch die Büchse der Pandora aufmachen und all die alten verdrängten Gefühle auch mit hochspülen - was sicher zunächst sehr fordernd, wenn nicht sogar überfordernd wäre. Wie Sie zur Verbesserung der Fehlerkultur mit solchen alten und schon verdrängten Gefühlen umgehen können, erkläre ich später auch.

Schuld- und Schamgefühle aufzuarbeiten ist niemals ein Zuckerschlecken - da bin ich ganz ehrlich. Dennoch gibt es auch daraus etwas zu lernen. Wenn Sie diesen etwas Konstruktives abgewinnen können, dann werden Sie auch dies schaffen. Hierzu bekommen Sie ebenfalls Hilfestellung.

Alles in allem hängen die Auswirkungen von Fehlern immer davon ab, was überhaupt schiefgelaufen ist und welche Relevanz diese unglückliche Veränderung für Sie und Ihre Umgebung hat. Je schwerer ein Fehler oder Misserfolg wiegt, desto größer sind natürlich auch die Tragik und der Schmerz. Denn wer viel verliert, hat auch viel zu beklagen. Und natürlich sind in solchen Fällen auch die Menschen, die bereits eine gute Fehlerkultur haben, sehr gefordert. Nur kommen diese auch dann noch insgesamt besser damit zurecht und bleiben nicht darin verhaftet.

Und wie auch Sie das für sich erreichen können, erfahren Sie nun in den nächsten Kapiteln.

2 Erstmaßnahmen

2.1 Atmen Sie!

Die "Survival"-Strategien, die ich hier für Sie notiert habe, damit Sie Misserfolge, Fehler und Pannen besser überwinden können, beginnen mit der wohl banalsten Strategie von allen. Da sich aber immer wieder zeigt, dass es genau das ist, was als Erstes aus dem Ruder läuft und nicht funktioniert, notiere ich diese hier trotzdem gern noch einmal:

☞ Wenn etwas Überraschendes passiert ist, denken Sie ans Atmen! Je gleichmäßiger, ruhiger und tiefer, desto besser!

Natürlich ist es schwierig, zu einem vernünftigen Atemrhythmus zurückzukehren, wenn gerade eben etwas passiert ist, was Sie massiv unter Stress setzt - besonders, wenn Sie diesen selbst verursacht haben. Und natürlich sind Sie aufgeregt und es kann Ihnen definitiv den Atem verschlagen oder Schnappatmung auslösen.

Doch das nach Luft japsen, ein unkoordiniertes "fast-garnicht-" oder "nur so-halb"-Atmen macht alles nur noch schlimmer:

Im schlimmsten Fall entwickelt sich daraus ein Hyperventilieren, welches in der Folge eine Panikattacke auslösen kann. Oder aber Sie werden ohnmächtig und fallen um, weil Sie die ganze Zeit unbewusst die Luft angehalten und gar nicht geatmet haben. Dann wird Ihnen plötzlich schwarz vor Augen, weil Ihr Gehirn keinen Sauerstoff mehr bekommt.

Des Weiteren können Sie keinen klaren Gedanken fassen, weil die überschnelle Atmung den Panikmodus aufrechterhält und Sie in diesem Zustand garantiert keine weise Lösung für den nächsten Schritt finden werden.

Außerdem lässt sich das Stresssystem wunderbar über das Atmen beruhigen, sodass durch ruhiges Atmen allmählich wieder "ein Gefühl von Kontrolle" zurückkehrt.

Also Regel Nr. 1 - immer:

☞ Atmen Sie! Je gleichmäßiger, ruhiger und tiefer, desto besser!

2.2 Lassen Sie erst mal rigoros sacken, was passiert ist - sofern Sie nicht unmittelbar handeln müssen!

In den meisten Fällen unseres Lebens müssen wir nicht unmittelbar handeln, weil Leib oder Leben – unseres oder das von anderen - gefährdet sind. Ausnahmen sind Unfälle, Unglücke oder medizinische Notfälle. In diesen Fällen sollen und müssen Sie sofort handeln. Sicher wird Ihnen dabei Ihr Unbewusstes helfen, welches meist intuitiv weiß, was zu tun ist.

In allen anderen Fällen, wo nicht Leib, Leben oder Existenz unmittelbar bedroht sind, können Sie sich Zeit nehmen und das sacken lassen, was passiert ist. Viele Folgeprobleme und eine Verschlimmbesserung treten nämlich oft deswegen auf, weil viele Menschen *sofort* versuchen, irgendetwas zu unternehmen und zu verändern und dadurch impulsiv reagieren, etwas Unbedachtes sagen oder falsch handeln. Oft stellt sich hinterher heraus, dass genau diese überschnellen Reaktionen alles nur noch schlimmer gemacht haben.

☞ Lassen Sie immer erst mal sacken, was passiert ist! In fast allen Fällen können Sie hinterher immer noch etwas dazu sagen, sich erklären, entschuldigen, etwas wieder geraderücken, ansprechen oder glattziehen. Meist fährt dieser Zug nicht sofort ab und Ihnen bleibt dafür Zeit. Also nehmen Sie sich diese!

Ich weiß, dass es sich für Sie in dem Moment zunächst unerträglich anfühlen mag, gar nichts zu tun. Wenn Sie sich aber im dichtesten Nebel verlaufen haben, werden Sie die richtige Richtung nicht erkennen. Und genau darin befinden Sie sich, wenn Ihnen etwas passiert ist: in dichtem Nebel. Also bleiben Sie erst mal dort stehen, wo Sie sind, bevor Sie sich noch weiter verlaufen! Und zwar so lange, bis Sie wieder klarere Sicht bekommen!

2.3 Seien Sie gnädig zu sich selbst!!

- **Was ist das Wertvollste, das Sie auf der Welt haben? Wie sehr pflegen Sie dieses?**
- **Und wie gut pflegen Sie sich, wenn Ihnen ein Misserfolg passiert ist?**

Wahrscheinlich ist Ihnen gerade aufgefallen, dass Sie mit sich selbst hart ins Gericht gehen, wenn Sie etwas falsch gemacht haben. Und damit sind Sie in guter Gesellschaft: Viele Menschen sind sehr rüde, schroff und manchmal gar selbstzerstörerisch und boshaft zu sich selbst, wenn sie etwas falsch gemacht haben. Sie packen die innere Keule aus und schlagen symbolisch damit immer und immer wieder auf sich selbst ein. Sie beschimpfen sich und fangen an, sich abzuwerten. Sie behandeln sich besonders schlecht und versagen sich schöne Erlebnisse, Luxus, Ruhepausen, Essen, Urlaub, gesunde Lebensformen, Sex, liebevolle Gesten o.ä.

Stattdessen betäuben Sie sich mit Suchtmitteln, wie Alkohol oder Drogen, mit Essen, mit Selbstschädigung, wie z. B. Ritzen mit

Rasierklingen oder mit der Faust / Kopf gegen die Wand schlagen usw. Sie bestrafen sich, indem Sie sich etwas verbieten, vorenthalten, antun oder entziehen, in der Hoffnung, dass die unangenehme innere Spannung damit verschwinden möge. Zum Teil wird diese auch tatsächlich geringer, weil diese Verhaltensweisen als Ventil dienen. Jedoch sind Stress-Ventile oft destruktiv, wenig sinnvoll, ungesund und können längerfristig noch sehr viel mehr Leid und Schaden produzieren, weil diese Körper oder Beziehungen schädigen.

Daher ist dabei immer Vorsicht geboten. Wenn Sie nämlich so hart mit sich selbst ins Gericht gehen und sich an den Pranger stellen, stressen Sie sich zusätzlich. Denn es ist inzwischen allgemein bewiesen, dass Stress sehr schädlich für Sie und Ihren Körper ist. Längerfristig riskieren Sie durch solche Entgleisungen nach Misserfolgen nämlich ernsthafte Erkrankungen, wie z. B. Herzinfarkte, Schlaganfälle, Krebs oder andere. Denn Ihr Stresslevel wird durch solche Verhaltensweisen künstlich weiter nach oben gepusht oder bleibt oben.

☞ Lassen Sie Gnade walten! Sie haben nur sich und diesen einen Körper! Sie sind das Wertvollste, was Sie besitzen!

Wenn erst mal Ihr Körper oder Ihre Psyche schwächelt, kann es gefährlich für Sie werden. Oft werden dadurch Lebensweichen verstellt, die nicht mehr zurück verstellt werden können. Also bleiben Sie trotz Fehler und Misserfolg nett und gut zu sich selbst!

Dabei hilft oft der Gedanke, dass Sie in den meisten Fällen in der besten Absicht gehandelt und es nach besten Möglichkeiten versucht haben. Doch manchmal funktioniert das halt nicht und das Ergebnis fällt anders aus als geplant. Aber das ist das Leben - so ist es nun mal. Dennoch ist das kein Grund, um sich selbst dafür so hart zu bestrafen!

☞ Haben Sie Erbarmen mit sich selbst! Lassen Sie jegliche Form von Selbst-Kasteiung!

2.4 Stoppen Sie die Selbstzweifel-Kaskade!

Nicht nur, dass Menschen anfangen, die entstehenden Spannungen nach einem Misserfolg an sich auszuleben, wie im vorherigen Kapitel beschrieben. Meistens geht auch noch eine Kaskade an Selbstzweifeln verschiedenster Formen und Variationen los.

All diese schwächen weiter und stellen einen Versuch dar, mit entstehenden Gefühlen wie Enttäuschung, Wut, Frust und Trauer irgendwie zurechtzukommen. Beispielsweise wird die Enttäuschung über sich selbst und das Nicht-Erhaltene geringer, wenn hinterher durch einen Selbstzweifel behauptet wird, "es sowieso nicht verdient zu haben" oder "das konnte ja sowieso nichts werden" usw.

Auch wenn sie dadurch als Ventil zu helfen scheinen, machen diese Selbstzweifel alles nur noch schlimmer: Die Stimmung wird missmutig und verbitterter, Antrieb und Motivation für eine Schadensbegrenzung oder einen neuen Anlauf gehen verloren und Hoffnungslosigkeit und Frustration machen sich breit. Daher sollten Sie diese schwallartig über Sie hereinbrechenden Selbstzweifel stoppen - zumal die meisten davon auch noch völlig irrational sind. "Vorlaute Selbstzweifel" lauten z. B.:

- "Ist doch wieder einmal typisch für mich: Ich kann sowieso *nichts*..."
- "Wie *immer* habe ich das nicht geschafft..."
- "*Immer* passiert mir so was!"
- "Das konnte ja auch *nichts* werden..."
- "Ich bin eh nicht *gut genug* dafür!"
- "Das habe ich auch nicht *anders* verdient!"

Bei all diesen Selbstzweifeln ist Vorsicht geboten, denn hierbei wird vieles verschluckt, verzerrt oder generalisiert (angedeutet durch die Kursivschrift).

☞ Diese Sätze haben eine Unschärfe, die unglücklich macht. Korrigieren Sie das oder stoppen Sie diese Selbstzweifel-Kaskade sofort!

Doch es kommt noch schlimmer, weil hinter diesen "vorlauten Selbstzweifeln" eine viel größere Destruktivität verborgen ist. Denn hinter dem "Lärm" befinden sich "stille Glaubenssätze", die meistens nicht explizit gedacht oder wahrgenommen werden. Diese sind jedoch die eigentlichen Übeltäter für den gefühlten Misserfolg, die "Katastrophe" und die schlechte Stimmung. Sie sind die Henker, die zu Boden strecken. Zu diesen gehören z. B.:

- *"Ich bin wertlos!"*
- *"Ich bin hässlich / klein / dumm!"*
- *"Ich bin ein Versager!"*
- *"Mit mir kann man es machen!"*
- *"Ich bin nicht gut genug!"*
- *"Ich bin falsch!"*
- *"Ich werde niemals Erfolg haben!"*
- *"Ich werde niemals reich sein!"*
- *"Ich werde niemals glücklich werden!"*
- *"Ich bin zu schwach!"*
- *"Mich will sowieso keiner!"*
- *"Ich bin allein!"*
- *"Ich bin verlassen!"*
- *"Ich bin schlecht!"*

(Wenn sich Ihnen gerade bei einem Punkt der Magen umgedreht hat: Willkommen bei Ihrem stillen Glaubenssatz!)

Diese stillen Glaubenssätze beeinflussen Ihr gesamtes Fühlen und Denken, Ihr Identitäts- und Selbstwertgefühl und auch Ihre Fehlerkultur. Wenn diese durch irgendwelche Vorfälle auftauchen, wird es seelisch schnell zappenduster: Oft fühlen Sie sich dann entmutigt, wertlos, demoralisiert und nichtig.

Allein deswegen sollten Sie eine Selbstzweifel-Kaskade sofort im Keim ersticken. Denn wenn Sie sich die letzte Liste noch einmal anschauen, werden Sie sofort bemerken, wie viel Fehler in jedem Punkt drinsteckt. Daher werden wir uns diese später im Kapitel "Tiefenreinigung" noch genauer vornehmen. Es reicht, wenn Sie diese dann ein letztes Mal hervorkramen. Ansonsten streichen Sie diese bis dahin bitte ersatzlos! Stattdessen dürfen Sie sich nach einem Fehler oder Misserfolg einfach auf das Atmen und "Weiterleben" konzentrieren und "nett" zu sich selbst sein!

2.5 Die Katastrophen-Skala: Wie groß ist Ihr Missgeschick wirklich?

Wenn Sie all das, was schieflaufen kann, jetzt versuchen zu vergleichen, werden Sie sehr schnell feststellen, dass es darunter "schlimme" und "nicht so schlimme" Fehler und Misserfolge gibt. Die Bewertung, ob etwas schlimm ist oder nicht, hängt davon ab, wie relevant die Angelegenheit und der geplante Verlauf für Sie ist und wie viel Sie zu verlieren haben und welche Konsequenzen sich daraus ergeben, wenn etwas nicht klappt.

Es gibt dabei "kleine" Fehler und es gibt "große" Fehler - analog "kleine" Misserfolge (also eher Missgeschicke) und "große" Misserfolge, meist auch Niederlagen genannt.

Fehler und Misserfolge lassen sich demnach quantifizieren. Und je nach Bedeutung, Verlust und Konsequenz des Fehlers lassen sich die Auswirkungen auf Sie ebenfalls quantifizieren. Dabei gibt es dann geringe Auswirkungen bei kleinen Fehlern und Misserfolgen und starke Auswirkungen bei großen.

Bis hierhin ist dies alles pure Logik und vielleicht langweilen Sie sich gerade ein bisschen, weil Sie das lesen sollen. Aber wie immer schreibe ich dies nicht ohne Grund so ausführlich auf.

Der logische Verstand sagt zwar ganz klar: "Natürlich, es gibt kleinere Misserfolge und es gibt große Misserfolge." Doch die Realität sieht ganz anders aus:

Da dieses Buch zu 98 % Perfektionisten lesen, die etwas verändern wollen, bewerten diese jedes Mal (!) einen "kleinen Fehler" wie? Genau! Wie die größte anzunehmende Katastrophe!

Die Bewertung eines Sachverhaltes bestimmt jedoch die Körperreaktion. Und wenn jemand jedes Mal aus einem noch so kleinen Fehler immer gefühlt einen Super-GAU macht, ist dieser Mensch häufig dem Total-Zusammenbruch nahe, weil sich Fehler nun mal nicht vollständig vermeiden lassen - vor allem kleinere nicht. Und das muss aufhören!

Perfektionisten haben immer irgendetwas sehr Großes und Wichtiges zu verlieren - von dem sie aber meist bis zum Kapitel "Tiefenreinigung" noch nicht wissen, was genau es ist. Und daher machen Sie momentan noch buchstäblich

"Aus jeder Mücke einen Elefanten".

Das bedeutet: Die Bedeutung von "korrekt sein" und "richtig handeln / richtig sein" wird so hoch gehängt, dass diese **Elefanten-Kopplung** jedes Mal entsteht, wenn nur das Geringste schiefläuft: Aus einer 5-minütigen Verspätung wird dann im Kopf so etwas gemacht wie: "Weil ich 5 Min zu spät gekommen bin, bin ich wertlos / falsch / ein Versager / ungeliebt!". Diese Elefanten-Kopplungen, wie Sie entstehen und warum sie da sind, werden wir uns später in der Tiefenreinigung (Kapitel 5.28) anschauen.

Hier soll es zunächst darum gehen, dass Sie aus einer Mücke eben keinen Elefanten machen, sondern es bei der Mücke belassen. Dazu nutzen Sie bitte eine gedankliche Skala - und zwar nicht Ihre, sondern die der breiten Masse (um den Bewertungsfehler herauszunehmen)!

☞ Bewerten Sie Ihren Fehler auf einer „Katastrophen-Skala" und handeln Sie danach!

Dabei könnte Ihre Katastrophen-Skala, die Ihre Fehler und die notwendige Reaktion einteilt, in etwa so lauten:

Fehler der Stärke...

- **1 =** In der Bedeutung, dem Verlust und Konsequenz sehr nichtig - am besten gleich weiter zur Tagesordnung!
- **2-4 =** Ein bisschen kurzzeitig schlecht fühlen ist ok! Mal darüber nachdenken und nach Möglichkeit korrigieren auch. Doch dann weiter zur Tagesordnung!
- **5 =** Die Warnlampe sollte angehen; jetzt sollten Sie genauer analysieren und Anpassungen vornehmen.
- **6-9 =** Erhöhte Wachsamkeit; verstärkt analysieren und unbedingt daraus lernen; Schadensbegrenzung herauffahren etc.
- **10 =** Vollständige Bedrohung von Leib, Leben, Existenz - Alarmstufe Rot! – **das kommt glücklicherweise nur sehr selten vor!** In diesem Falle stehen Ihnen ungefragt sofort viele Menschen, wie Polizei, Rettungsdienst und Katastrophenschutz zur Seite - vertrauen Sie mir!

Sie dürfen Ihre Skala gerne ausführlich aufschreiben. Machen Sie dabei immer den "andere Leute"-Check: Prüfen Sie, ob Ihre Bewertung realistisch oder überzogen ist!

☞ Wenden Sie diese Skala nun jedes Mal an, wenn etwa falsch gelaufen ist. Fragen Sie sich dabei: "Welchen Wert auf der Katastrophen-Skala würde ich dem nun geben? Und welchen Wert würde ein anderer Mensch diesem Missgeschick / Misserfolg / Fehler geben?"

Nutzen Sie bitte ab heute Ihre Katastrophen-Skala, um "die Kirche im Dorf zu lassen" (wie man norddeutsch so schön sagt) und eine Mücke eben Mücke sein zu lassen:

☞ Bewerten Sie Fehler und Missgeschicke realistisch!

2.6 Relativieren Sie: andere Positionen, andere Perspektiven!

Eine weitere Möglichkeit, um eine verzerrte Wahrnehmung und die damit verbundenen unangenehmen Gefühle nach einem Fehler oder Missgeschick wieder zu korrigieren, ist die Betrachtung des Ganzen aus unterschiedlichen Perspektiven.

- Untersuchen Sie doch einmal das, was Ihnen passiert ist, indem Sie sich vorstellen, Sie würden über dem Ganzen schweben und nur beobachten, was passiert!
- Oder aber stellen Sie sich vor, dass Sie jetzt auf den Malediven am Strand wären: Was wäre dann mit Ihrem Problem?
- Und wie würde jemand anderes das Missgeschick wahrnehmen?

Schlüpfen Sie auch einmal gedanklich in andere Personen hinein und betrachten Sie das, was Ihnen passiert ist. Wie würde

- ein Kind
- eine sehr betagte Person
- ein Clown
- ein Obdachloser
- ein schwer-Erkrankter oder
- der Präsident der Vereinigten Staaten

diesen Fehler wahrnehmen und beschreiben?

Und welche Bedeutung hat dieses Missgeschick in 1 Woche, in einem Monat, in einem Jahr? Oder gar in 5 Jahren, in 10 oder 100 Jahren? Und welche Relevanz hat es in 1000 Jahren?

Lassen Sie sich ruhig mal ein bisschen in die verschiedenen Wahrnehmungspositionen hineinsinken und lernen Sie davon. Beobachten Sie anschließend, wie Sie dann über Ihren Fehler / das Missgeschick denken!

☞ Relativieren Sie Ihren Fehler oder Misserfolg, indem Sie ihn aus verschiedenen Perspektiven betrachten! Meist verliert er dadurch an Schärfe und Schmerz!

2.7 Ist nun wirklich alles verloren oder ist noch was zu retten?

Wahrnehmungseinschränkungen und -verzerrungen sind nach Misserfolgen und Fehlern immer ein ganz großes Thema. Besonders häufig erfolgt dabei ein Aufbauschen der Bedeutung des Misserfolges oder seiner Konsequenzen. Hier erreicht die emotionale und gedankliche Ungenauigkeit dann ihren großen Höhepunkt. Denn alles wird komplett null und nichtig gedacht: Gedanken wie "nun ist alles aus", "ich bin verloren" oder "es ist nichts mehr zu retten", "mein Leben ist vorbei" und "hat alles keinen Sinn mehr" sind dabei die Klassiker. Dieses **Fatalismus-Denken** erzeugt einen Tunnelblick, der das Befinden zusätzlich erheblich verschlechtert. Daher ist dies unbedingt zu stoppen und durch Hinterfragen zu korrigieren.

Denn für gewöhnlich ist es eben nicht so, wie es "schwarzgemalt" wird: Meistens geht immer noch irgendwas - vielleicht durch einen neuen Anlauf, der besser durchdacht, vorbereitet und ausgeführt wird. Oder durch leichte Veränderung der Durchführung. Und über einen Umweg oder Veränderung der Rahmenbedingungen oder verfügbaren Ressourcen lässt sich ein Ziel mitunter später doch noch erreichen.

Für die Selbsthilfe ist es daher wichtig, sich die Frage zu stellen, ob nun wirklich alles verloren ist oder ob es noch was zu retten gibt? Und wenn ja: wie? Meist kann man nämlich noch vieles wieder korrigieren - wenn auch erst im zweiten oder dritten Anlauf. Dazu werden meist nur ein paar neue Ideen oder neue Ansätze gebraucht, sodass Sie noch mal motiviert zum nächsten Anlauf schreiten.

Wenn Sie jedoch spüren, dass Sie aus dem Fatalismus-Denken nicht allein herauskommen, sollten Sie sich jemand zur Hilfe nehmen. Mit diesem können Sie über das Erlebte sprechen, sich sortieren und neu aufstellen. Denn als Betroffener sehen Sie den Wald vor lauter Bäumen nicht – andere aber schon, weil diese nämlich entspannt darüber schauen können.

☞ Stellen Sie sich also realistisch die Frage: Ist nun wirklich alles verloren oder ist noch was zu retten? Und stoppen Sie Fatalismus-Denken!

2.8 Jammern Sie ruhig eine Runde! Aber nur innerlich!

Natürlich entstehen schmerzhafte Gefühle, wenn etwas nicht so läuft, wie Sie es für sich erhofft haben. Wie schon bemerkt: Luftsprünge macht wohl keiner, wenn etwas schiefläuft und Pläne, Träume und Hoffnungen in gefühltem Nichts zerplatzen.

Ihre Gefühle dürfen und sollen Sie dabei sogar zulassen. Und wenn Ihnen danach ist, auch eine Runde in Selbstmitleid verfallen - das ist vorübergehend auch in Ordnung. Um Ihre Gefühle dabei in Fluss zu bringen und Spannungen abzubauen, dürfen Sie – **aber nur innerlich!** - jammern, klagen, schreien, toben:

☞ Beklagen Sie in Ihrem Inneren das, was Ihnen passiert ist, was Ihnen angetan wurde, was Sie erlitten und verloren haben!

Stellen Sie sich ruhig gedanklich an Ihre innere Klagemauer und legen Sie los! Sie dürfen dort auch gerne mit einem theatralischen "warum?" jammernd und schluchzend zusammenbrechen und Ihr Leid ausleben. Machen Sie dies so lange, bis Sie spüren, dass sich Ihre Gefühle abschwächen.

Hüten Sie sich allerdings davor, es tatsächlich im Außen auszuleben! Denn die Menschen in der Umgebung neigen dazu, Sie ganz schnell gedanklich im Kleinkindalter anzusiedeln. Und falls es Ihnen doch notwendig erscheint, sorgen Sie bitte für einen geschützten

Rahmen und zeigen Sie es nur im Kreis von Menschen, denen Sie absolut vertrauen und die daraus keinen Gewinn schlagen werden. Auch auf der Arbeit unter Arbeitskollegen oder vor dem Chef entwickelt ein in Tränen ausbrechen oder lautstarkes Jammern oft schnell eine sehr ungünstige Eigendynamik, die noch viel größere Probleme erzeugen kann - Mobbing inklusive. Wenn Ihnen dort danach ist, dann sollten Sie auf die Toilette verschwinden und dort ins „innere Jammern" gehen.

☞ Lamentieren Sie – aber nur innerlich! **Tun Sie so**, als würden Sie lautstark klagen, schreien und jammern! Je realer Sie es sich vorstellen, desto besser. Es hilft, Spannungen und Gefühle wirksam abzubauen!

2.9 Und dann: Raus aus der Opferrolle!

Wie ich im letzten Kapitel ausgeführt habe, können Sie Ihren Gefühlen innerlich ruhig vorerst freien Lauf lassen. Auch sich selbst zu bemitleiden ist dabei mitunter sehr wichtig. Denn oft bekommen wir wenig Zuspruch von anderen, sodass wir uns jedenfalls gut um uns selbst kümmern sollten. Sich zu bemitleiden spendet etwas Trost - besonders, wenn wir einen Misserfolg hatten. Also soweit vorerst wichtig und auch richtig, sich etwas in Selbstmitleid zu suhlen. Und auch das von anderen "bedauert werden", ist wiederaufbauend.

Doch schon bald sollten Sie diesen Prozess beenden. Denn der Nachteil an dauerhaftem Selbstmitleid ist das Stagnieren: Wenn Sie im Selbstmitleid hängen bleiben, drehen sich Ihre Gedanken immer nur um das, was vorgefallen ist und was Sie dadurch erlitten haben. Sie bleiben in der Opferrolle gefangen, die zwar vorerst leichter zu ertragen ist. Aber insbesondere dann, wenn Sie anderen vollständig die Schuld an der eigenen Misere zuschreiben, bremst Sie diese in Ihrer Entwicklung gewaltig aus.

Denn während Sie nur damit beschäftigt sind, Ihre Wunden zu lecken, angeschossen liegen zu bleiben und die Verantwortung für diesen schmerzhaften Zustand anderen zuschreiben, bleiben Sie handlungsunfähig und suchen nicht nach Lösungen, um diese Rolle zu beenden. Wenn Sie keinen neuen Anlauf starten, verpassen Sie damit die Chance auf Veränderung, Erneuerung und Entwicklung. Solange Ihr Blick also am Problem haften bleibt, bleibt Ihnen auch die Lösung verschlossen, weil Sie gar nicht danach suchen.

Ihre Bedürfnisse, Hoffnungen, Pläne oder Wünsche, die Sie vorher angetrieben hatten, bleiben so auch weiterhin frustriert. Falls Sie nun sagen: "Die habe ich jetzt gar nicht mehr!", dann möchte ich Ihnen widersprechen: Denn da Sie ja immer noch leiden, sind diese definitiv noch genauso da. Wäre dem nicht so, würden Sie jetzt nämlich stattdessen sagen: "Ist gut so, dass es so gekommen ist!". Wenn Sie also in der Opferrolle bleiben, entscheiden Sie sich dafür, diesen "Mangel" auch weiterhin zu ertragen. Und zu 99,99999 % der Fälle wird auch keine gute Fee kommen, die diesen Mangel-Zustand beendet und das Gewollte für Sie herbeizaubert.

Also müssen Sie sich schon selbst auf den Weg machen. Und das schaffen Sie nur, wenn Sie beschließen, das Tal der Tränen zu verlassen und einen Weg zu finden, um das Ersehnte doch noch zu bekommen - anders, besser angepasst, schlauer, intensiver und ohne dieselben Fehler zu wiederholen. Aber stets nur, wenn Sie aufstehen, sich erheben und einen neuen Anlauf wagen:

- ☞ Sagen Sie z. B.: "Ich habe selbst schuld daran, dass…" und blicken Sie der Wahrheit ins Gesicht, um damit die Abwehr aufzugeben!
- ☞ Kommen Sie nach einer gewissen Schonungszeit, wo Sie definitiv Ihre Wunden lecken und jammern dürfen, aus der Opferrolle heraus und starten Sie einen neuen Anlauf, um Ihre Wünsche / Bedürfnisse / Träume / Pläne dennoch zu realisieren. Suchen Sie dafür einen neuen, besseren oder anderen Weg, wenn der vorherige nicht passte!

2.10 Time-out und erst mal nachdenken: Die 24h-Regel

Wie ich in Kapitel 2.2 schon beschrieben habe, haben Sie in den meisten Fällen nach einem unangenehmen Ereignis die Chance, sich Zeit für eine Reaktion darauf zu nehmen.

Natürlich möchte keiner gerne die Spannung aushalten, die entsteht, wenn etwas nicht wunschgemäß verläuft. Fast jeder ist bestrebt, den Schmerz, der entsteht, sofort durch eine Gegenreaktion wieder abzustellen - in der Hoffnung, dass es schon die Richtige sein wird. Doch das ist es meistens nicht: Weil Menschen überhastet, unüberlegt und vorschnell auf das reagieren, was gerade passiert ist, unternehmen sie meist impulsiv und affektgeladen *irgendetwas*, was ihnen in diesem Ausnahmezustand für richtig erscheint. Meistens stellt sich aber genau *diese Reaktion* hinterher als falsch heraus und schafft noch schlimmere Konsequenzen. Und so begehen manche Menschen nach einem Fehler oder Misserfolg durch ihre impulsive Reaktion meist sofort den nächsten.

Hirn-chemisch wird dieses sogar unterstützt:

Wenn etwas Bedrohliches passiert, wird das logisch-rational-denkende, höhere Gehirn (die evolutiv jüngste, aber modernste Abteilung des Gehirns, der Neocortex) meist sofort außer Kraft gesetzt, weil "ein darüber nachdenken" dieser Abteilung in der akuten Bedrohung zu langsam erscheint. Stattdessen übernimmt aus Dringlichkeitsgründen eine andere Abteilung: Das limbische System des Gehirns ist die evolutiv etwas ältere, dafür aber reaktionsschnellere Hirnabteilung. Dieses versucht über einen schnellen Adrenalinschub reflexhaft einen Angriff oder eine Flucht zur Problembewältigung zu initiieren. Und genau dadurch begehen Sie im Falle einer unvorhergesehenen Wendung einer Angelegenheit meist den oben beschriebenen zweiten Fehler. Beispielsweise greifen Sie denjenigen an (hoffentlich nur verbal), der Ihre

Pläne gerade durchkreuzt hat. Oder Sie verlassen aus Überforderung überhastet die Bühne, weil Sie mit der aktuellen Wendung der Ereignisse nicht klarkommen (Flucht). Je größer die "Bedrohung" in dem Moment erscheint, desto heftiger fällt auch Ihre Angriff- oder Fluchtreaktion für gewöhnlich aus. Für das unmittelbare Überleben macht dies meistens auch Sinn. Für das längerfristige gute Miteinander zwischen Ihnen und Ihren Mitmenschen meistens aber nicht, weil Sie die Angelegenheit verzerrt wahrnehmen, sicher das eine oder andere gerade ausblenden und emotional viel zu geladen sind.

Um dieser reflexhaften Gegenreaktion mit massivem Porzellanzerschlagen oder einer Flucht oder der ausgelösten Zerstörung wichtiger Beziehungen durch eine unüberlegte Reaktion zu entgehen, gibt es für Sie eine einfache und effektive Möglichkeit: Sie müssen den Hormonschub aussitzen, ohne irgendjemand zu attackieren oder zu fliehen. Denn erst wenn der hormonelle Ausnahmezustand vorbei ist, wird sich Ihre moderne Hirnabteilung wieder zuschalten und Sie können die längerfristigen Konsequenzen jedweder Reaktion mit klarem Verstand wieder realistisch überdenken. Anders ausgedrückt:

Sie brauchen ein „Time-out“.

Studien haben gezeigt, dass eine hormonelle Stressantwort ungefähr 2 h anhält, bis der Körper die ausgeschütteten Hormone wieder abgebaut hat. D. h. Sie können für gewöhnlich 2 h lang nicht klar denken, sondern möchten in der Zeit am liebsten nur Zuschlagen (Angriff) oder Weglaufen (Flucht). Bei Menschen, die in der Vergangenheit oder in der Kindheit Traumatisierungen erlebt haben, verstärkt sich die Hormonausschüttung: Bei diesen hält dieser hormonelle Ausnahmezustand ca. 6 - 8 h an, bis wieder eine Beruhigung eintritt. Daher empfiehlt es sich, - wenn es nicht um Leib, Leben oder Existenz geht -, mindestens 24 h abzuwarten, bevor Sie überhaupt irgendetwas unternehmen. Zusätzlich haben Sie dann auch noch "eine Nacht darüber geschlafen", sodass sich Ihr kreatives Unbewusstes auch noch mal mit dem Vorfall beschäftigen kann. Oft bekommen Sie dadurch über Nacht noch neue Ideen, einen anderen Blickwinkel und neue Lösungsmöglichkeiten.

n den meisten Fällen des täglichen Lebens haben Sie mindestens 24 h Zeit für diesen Time-out. Als Faustregel gilt: **Je mehr es Ihnen die Kinnlade zu Boden verschlägt** und je mehr Sie "aus dem Häuschen" sind, **desto länger sollten Sie sich Zeit nehmen**, um wieder herunter zu kühlen und wieder klar über die Sache nachdenken zu können.

Um keinen Gesichtsverlust zu erleiden, können Sie z. B. als direkte Reaktion darauf sagen, "dass Sie *das* im Moment so stehen lassen, doch zum Zeitpunkt [xy] darauf zurückkommen werden", um Ihr Gegenüber nicht als Sieger vom Platz gehen zu lassen. Oder Sie schweigen einfach aufrecht und gehen wortlos weg - das ist meistens auch in Ordnung. Der vermeintliche Sieger wird zum Zeitpunkt [xy] schon merken, dass er eben doch nicht gesiegt hatte, sondern Sie sich nur für Ihren "Gegenschlag" präpariert haben.

☞ Da viel „Porzellanzerschlagen" nach einer überraschenden Wendung meistens keinen Sinn macht, nehmen Sie sich ein Time-out: Die meisten Probleme müssen nicht sofort bearbeitet werden!

☞ Nutzen Sie stattdessen lieber die 24h-Regel: Warten Sie jedes Mal, wenn möglich, konsequent 24 h ab, bevor Sie auf irgendetwas reagieren! Und dann dürfen Sie mit Sinn und Verstand Ihre Antwort in die Welt schicken!

2.11 Was gibt es zu lernen daraus?

Damit kommen wir zur nächsten Strategie, die Sie während des Time-out wunderbar in Angriff nehmen können:

☞ Was gibt es aus dem Fehler, dem Missgeschick oder Misserfolg, den Sie gerade hatten, für Sie zu lernen, was Ihnen in der Zukunft weiterhelfen könnte?

Falls Sie jetzt denken, dass es aus der "Sch....", die nun gerade passiert ist, garantiert nichts Gutes zu lernen gibt, dann widerspreche ich Ihnen. Denn die Erkenntnis, "dass es *so* jedenfalls nicht klappt", haben Sie auf jeden Fall gelernt!

Dem Erfinder der Glühbirne, Thomas A. Edison, wird das Zitat zugesprochen, dass er nach etlichen Versuchen unterschiedlichster Drähte und Drahtstärken gesagt haben soll: "Ich habe nicht versagt. Ich habe nur 10000 Wege gefunden, wie es nicht geht". Keine Sorge, Sie müssen jetzt nicht das, was Sie vorhaben, weitere 9999 Mal probieren und vor allem weitere 9999 Mal einen Misserfolg erleiden! Sie sollen nur verstehen, dass es manchmal eben nicht beim ersten Anlauf funktioniert und Sie meist nur dann eine Information erhalten: Nämlich, dass es *so* noch nicht funktioniert (hat).

Alles, was passiert, sollten Sie zunächst einmal neutral als Reaktion oder Ergebnis, also als Feedback auf Ihr Handeln verstehen. Wenn Sie dieses "Feedback" sachlich betrachten, nehmen Sie Ihre emotionalen Filter heraus und können vernünftig und korrekt analysieren, was passiert ist. Aus dieser Verzerrungs-bereinigten Analyse können Sie dann einen nächsten oder erneuten Schritt ableiten. Gleichzeitig vermittelt diese Vorgehensweise das Gefühl, dass man eigentlich gar nichts "falsch" machen kann, sondern immer nur eine "Reaktion", also Feedback, erzeugt[1].

Den ganzen Rest, den Sie darüber hinaus bemerken, wie "das tut so weh!", "ich bin ein Versager!" usw. fügen Sie in Ihrem Kopf hinzu, weil Sie in Ihrem Leben Muster und Prägungen gelernt haben, die Sie jetzt glauben machen wollen, dass sofort die Welt untergeht. Kein Wunder, dass Sie dann wie das Kaninchen vor der Schlange erstarren und keinen Weg finden, wie Sie es anders zum Funktionieren bringen könnten. Wenn Sie dagegen möglichst neutral an das Ergebnis herangehen, ersparen Sie sich einen solchen Schockzustand[2] und finden neue Wege und Lösungen (schauen Sie sich dazu auch gerne noch mal das Kapitel 2.9 an).

Bei jedem Fehler und Misserfolg gibt es sogar immer eine ganze Menge zu lernen. Z. B. dass gewisse Fähigkeiten noch nicht ausreichten. Dass besseres oder mehr Material herbei muss. Dass Sie noch andere Menschen benötigen, um gewisse Vorhaben umzusetzen. Dass die Rahmenbedingungen noch ungünstig waren. Dass noch Informationen benötigt werden usw. Wenn Sie diese Erkenntnisse aus der Analyse heraus gewinnen, werden Sie Ihren Fehler oder Ihren Misserfolg zu schätzen wissen. Fehler werden dann zukünftig gar nicht mehr so schlimm für Sie sein, sondern Sie werden diese als Entwicklungshelfer würdigen.

☞ Nutzen Sie Fehler oder Misserfolge immer konstruktiv und lernen Sie aus dem, was Ihnen widerfahren ist! So werden Fehler, bzw. das Feedback, zukünftig ihren Schrecken verlieren und Sie werden schneller wieder zur Tagesordnung oder einen weiteren Versuch übergehen können.

(Was es speziell noch aus den Gefühlen zu lernen gibt, welche Misserfolge mit sich bringen, werden Sie in Kapitel 3.5 lesen. Und wie Sie aus Ihrer Erkenntnis außerdem noch Tugenden machen können, erfahren Sie in Kapitel 4.17.)

1 Dennoch erwarte ich, dass Sie die moralischen und auch die sonstigen Gesetze einhalten!

2 Wenn Sie dennoch in diesem Zustand bleiben und nicht herausfinden, holen Sie sich bitte Hilfe!

2.12 Machen Sie etwas Sinnvolles daraus!

Nachdem Sie bereits im letzten Kapitel gelernt haben, Nützliches aus einem Fehler oder einer überraschenden Wendung zu lernen und dies konstruktiv zu nehmen, gehen wir jetzt noch einen Schritt weiter. Kennen Sie das Sprichwort

"Aus der Not eine Tugend machen"?

Ganz genau das sollen Sie nach Möglichkeit ab jetzt mit jedem "Fehler" oder scheinbaren Misserfolg versuchen.

Überlegen Sie stets:

☞ Wie können Sie aus dem, was nun falsch gelaufen ist, etwas Sinnvolles machen?

Natürlich ist das Herausfiltern der Lehre aus einem Fehler an sich schon etwas sehr Sinnvolles. Manchmal entpuppt sich ein Fehler zusätzlich jedoch als absoluter Gewinn - man muss es nur bemerken und dazu machen:

Sir Isaak Newton saß z. B. unter einem Baum, als ihm ein Apfel auf dem Kopf fiel. Wenn er jetzt daran gegangen wäre und diesen Apfel auf Lebenszeit verflucht hätte, ohne über den Apfelrand zu schauen, dann hätte er niemals das Prinzip der Schwerkraft gefunden. Stattdessen hat er etwas höchst Sinnvolles aus dem Apfelfall gemacht und entwickelt: nämlich, dass die Erde den Apfel anzieht und nicht umgekehrt.

Auch die Erfindung des Klettverschlusses geht auf eine scheinbare Unbill zurück: Sein Erfinder George de Mestral, bemerkte nach einer Jagd, wie die Früchte der Klett-Pflanze an ihm hängen blieben. Statt sich maßlos darüber aufzuregen, hat er sich das Prinzip näher angeschaut und den heute überall verwendeten Klettverschluss entwickelt.

Auch die Corona-Krise hat viel Gutes produziert: Z. B. ist die Nachbarschaftshilfe deutlich angestiegen. Viele Unternehmen und Mitarbeiter erkannten das Homeoffice als gute Alternative und die Digitalisierung von Unternehmen und Amtsvorgängen wurde mit Lichtgeschwindigkeit vorangetrieben.

Es gibt noch viele Beispiele, wo aus etwas scheinbar Schlechtem etwas höchst Sinnvolles gemacht wurde. Oft sind daraus sogar geniale Erfindungen geworden.

☞ Es lohnt sich daher auch stets für Sie, darüber nachzudenken, wie Sie aus einer scheinbaren Niederlage eventuell noch etwas Sinnvolles oder sogar noch einen Sieg machen! Denken Sie einfach öfters mal darüber nach!

2.13 Deuten Sie es um!

Nehmen Sie sich einmal kurz Ihre "Schwächen" vor und überdenken Sie diese: Wann sind Ihre "Schwächen" "Stärken"?

Beim Bettenkaufen ist es z. B. sicherlich schwierig, wenn man 2,20 m groß ist. Als Basketballspieler ist dieses aber ein überaus wertvoller Vorteil, weil man den Gegner beim Dunking jedes Mal abhängt. Wenn Sie z. B. nie den Mund halten können und immerzu reden müssen, sind Sie als Barkeeper sicher Gold wert, als Angel-Partner eher weniger...

Wie diese Beispiele zeigen, kann eine "Schwäche" in der einen Umgebung ein absoluter Nachteil sein, während sich diese in einem anderen Kontext als Super-Vorteil erweist. Dieses Umdeuten einer Schwäche zu einer Stärke in einen anderen Kontext oder Rahmen, bezeichnet man auch als Kontext-Reframing (Kontext-Umdeutung). Diese Umdeutung geht auf die Familientherapeutin Virginia Satir zurück, die dieses in ihren Sitzungen konstruktiv zur Heilung von Familiensystemen einsetzte.

Neben dem Kontext-Reframing gibt es auch noch das Inhalts-Reframing. Dabei wird ein und derselben Beobachtung ein anderer Sinn erteilt. Das wohl bekannteste Beispiel ist das berühmte halb volle Wasserglas: Für die einen es ist halb voll, für die anderen jedoch halb leer.

Dieses Umdeuten können Sie auch bewusst nach Fehlern oder Misserfolgen einsetzen. Beginnen Sie Ihre Suche dann mit den Worten:

- "Na ja, jetzt kann ich jedenfalls..." oder
- "Jetzt brauche ich immerhin nicht mehr...".

Sie werden sicherlich Antworten auf diese Sätze bekommen!

Beispiele sind auch:

- Eine Kündigung verschafft Ihnen nun viel Freizeit.
- Der zu teure Wagen lehrt Sie jetzt das Sparen.
- Ein unbedacht geäußerter Satz hält jetzt einen Kollegen fern, sodass Sie nicht ständig bei der Arbeit gestört werden.
- Die Corona-Krise hat so manchen Keller und Dachboden endlich aufgeräumt.
- Der nie-erreichbare Chef hat dann auch wenig Zeit, um Ihnen auf die Finger zu schauen usw.
-

☞ Jede Medaille hat zwei Seiten - und so auch das größte Unglück oder der dickste Misserfolg. Finden Sie die andere Seite, die auch etwas Gutes hat!

Es gibt keine Schwäche, die nicht ihre Stärke hätte.
Aus Wales

2.14 Die 2-Wochen-Frage

Wie viel Ihnen ein gescheiterter Plan / der Misserfolg oder ein Fehler bedeuten, können Sie schnell mit folgender Übung untersuchen:

Wenn ich nur noch 2 Wochen zu leben hätte, was wäre dann?

Würden Sie diesen Misserfolg immer noch genauso tragisch nehmen? Oder würden Sie noch schnell versuchen, trotzdem noch etwas auf die Beine zu stellen? Würden Sie noch losziehen, um dem einen oder anderen Ihre Meinung zu sagen, weil Sie ja nichts mehr zu verlieren hätten? Oder würden Sie sich sogar rächen wollen?

Mit dieser Übung können Sie sehr schnell Ihre Prioritäten untersuchen. Ist diese Entwicklung, die gerade für Sie schiefgelaufen ist, so wichtig, dass Sie diese in den noch verbliebenen 2 Wochen korrigieren wollen? Oder liegt der Wunsch / der Traum / der Plan doch weiter hinten in Ihrer Priorität, sodass Sie von diesem Plan abrücken können?

☞ Wenn etwas anders verlaufen ist, als Sie es geplant haben, dann beleuchten Sie die Situation mal unter der Vorstellung, dass Sie nur noch 2 Wochen zu leben hätten! Sie werden überrascht sein, was Sie dabei manchmal herausfinden!

Übrigens: Keine andere Übung priorisiert Sie schneller durch! Sie sollten Sie auch ohne Fehlentwicklung ruhig hin und wieder mal machen und untersuchen, wie Sie Ihre letzten 2 Wochen verbringen würden!

2.15 Wenn heute Ihr letzter Tag wäre?

Eine weitere Strategie hilft, eine völlig übertriebene Sichtweise und Reaktion auf einen Misserfolg zu beenden:

Was, wenn heute Ihr letzter Tag auf Erden wäre: Was wäre dann mit Ihrem Problem? Würden Sie es sich genauso vorwerfen oder würde das etwas ändern?

Dies ist auch eine besonders spannende Übung, weil Sie viel über die ganzen Verzerrungen und Übertreibungen aussagt, die Sie unangenehmen Wendungen verpassen. Aber auch die Anteile am Gewünschten werden Ihnen vor Augen geführt: Brauchen Sie das wirklich für das Überleben oder bilden Sie sich das nur ein?

Sie werden bei dieser Übung außerdem spüren, wie schnell Sie von so einem "Problem" loslassen können, während Sie es sich im Tagesbewusstsein wie oft noch mal vormachen, es nicht zu können?... Spannend, nicht?

Diese Übung relativiert noch schneller als die vorhergehende die Art und Weise, wie Sie über einen Fehler oder ein Missgeschick denken, wie Sie es verzerrt aufbauschen, wie Sie künstlich an dem Scheitern festhalten, wie Sie damit umgehen und wie wichtig oder nichtig dies für Sie ist.

☞ Sie sollten einen Fehler oder einen Misserfolg daher stets auch mit dieser Übung einmal untersuchen - denn wie viel Brisanz ein Scheitern oder ein Misserfolg wirklich für Sie hat, werden Sie hinterher wissen!

2.16 Überlegen Sie, was Sie NICHT verloren haben!

Einer meiner Grundsätze lautet:

Wer richtig vergleichen kann, ist immer glücklich!

Wenn Sie nach einem Fehler oder Misserfolg denken, dass Sie sehr *viel* verloren haben, dann fangen Sie bitte an darüber nachzudenken, was Ihnen trotzdem noch alles geblieben ist und was Sie *nicht* verloren haben:

- Da Sie dies momentan lesen können, scheint es Ihnen immerhin halbwegs gut zu gehen: Sie leben, Sie atmen, Sie haben den Kopf frei, um mir hier zu folgen, Sie haben die Zeit, um zu lesen, Sie sind klug genug, um alles auch zu verstehen und kreativ genug, um für sich hier nach Lösungen zu suchen…

- Natürlich habe ich jetzt nicht darauf geschaut, ob Ihr Bankkonto nach der letzten Entwicklung noch voll ist, ob die Nachbarn Sie zur letzten Fete eingeladen haben, ob Sie berühmt sind oder nicht, ob Ihr Gewicht und Aussehen für Sie gerade in Ordnung sind und ob Ihnen das Essen heute bekommen ist oder nicht (was ich aber fast bejahen kann, denn sonst wären Sie gerade sicher mit etwas anderem auf der Toilette beschäftigt…) - und ob Ihr letzter Plan geklappt hat oder nicht.

Warum nicht? Weil mein Set-Point anders gesetzt ist! Sie leben erst mal und kommen soweit erst mal klar, dass Sie sogar ein Buch lesen können und scheinen immerhin eine Grund-Zufriedenheit zu haben, denn sonst hätten Sie keinen Kopf für das hier Geschriebene! Das ist für mich persönlich schon mal eine gute Basis. Anderen, die einen übertriebenen Luxus gewohnt sind und nie Schwierigkeiten hatten -

geschweige denn existenzielle Not! -, wird das sicher deutlich zu wenig sein - wenn sie es nicht sogar für unzumutbar halten.

Wie Sie daran sehen können, kommt es immer darauf an, wie nach oben oder nach unten hin verglichen wird:

Menschen, die in ihrem Leben vieles durchmachen mussten, haben so manche Tiefen persönlich kennengelernt. Daher kommen ihnen manche Probleme nicht einmal wie Probleme vor. Da sie nämlich ein anderes Vergleichsrepertoire mit existenziellen Nöten haben, kommt ihnen z. B. ein Wassereinbruch im Keller wie eine abwechslungsreiche Freizeitgestaltung vor. Andere dagegen, die nie in echter Not waren, tun in gleichen Fall dann so, als wäre das Armageddon gerade hereingebrochen - und das, obwohl sie schwimmen können und jede Feuerwehr das Wasser in 10 min wieder raus pumpen würde...

Was Letzteren fehlt, ist die Erfahrung von relativierender existenzieller Not. Dadurch ist es Ersteren nämlich möglich, absolut ruhig zu bleiben, während Letztere sofort an ihre Grenzen kommen. Erst wenn erstere befürchten, dass sie ohnmächtig werden könnten und mit dem Gesicht nach unten im voll-laufenden Keller landen, würde daraus für sie ein echtes Problem. Aber zu einer solchen Weisheit gelangt man meist nur, wenn man existenzielle Not persönlich kennengelernt hat.

Doch Sie müssen nicht alles selbst durchmachen. Wenn Sie damit Schwierigkeiten haben, sich vorzustellen, was Sie alles *nicht* verloren haben, dann fragen Sie doch mal andere:

- Wer nicht laufen kann, wird Ihnen sicherlich gerne etwas dazu sagen.
- Wer keine Freiheit hat, auch.
- Wer todkrank ist, würde sich nur wünschen, genauso lang wie wahrscheinlich Sie zu leben.
- Wer blind ist, würde Ihnen sagen, dass Sie jedenfalls sehen können.
- Und wer nichts zu essen hat, versteht Ihr Problem überhaupt nicht und fragt Sie stattdessen sicher nach einem Euro - damit er sich ein zwei Tage altes Brot kaufen kann, um endlich satt zu werden...

☞ Wenn Sie also das nächste Mal einen Fehler, einen Misserfolg oder ein Problem haben, dann denken Sie erst darüber nach, was Sie alles nicht verloren oder immer noch besser als andere haben! Bedenken Sie: Das Leben ist immer für eine Überraschung gut und schlimmer geht immer!

2.17 Wenn Sie wissen, was frustriert wurde, können Sie es eventuell anders mildern!

Der Grund, warum sich Misserfolge und Fehler oder ein Scheitern häufig so unangenehm anfühlen, sind neben den ganzen Gefühlen, die die Entwicklung mit sich bringt, die Konsequenzen, die diese nach sich zieht.

Denn mit Ihrem Anlauf etwas zu erreichen, haben Sie versucht, spezielle Bedürfnisse für Sie zu erfüllen. Diese bleiben nun durch den Misserfolg oder das Nicht-Erreichen Ihrer Pläne unerfüllt und werden somit frustriert.

Wenn Sie herausfinden können, welche Ihrer Bedürfnisse frustriert wurden, bekommen Sie jedoch die Möglichkeit, sich auf die Suche zu machen, wie Sie die Bedürfnisbefriedigung anders sicherstellen können.

Machen Sie sich dazu eine Liste:

- Was wollten Sie erreichen?
- Was sollte das Gutes für Sie tun?
- Was fehlt Ihnen nun, weil es nicht geklappt hat?
- Wie können Sie diesen Mangel auf andere - gesunde, angemessene und akzeptierte - Art und Weise im Rahmen der moralischen und staatlichen Gesetze für sich erreichen und sicherstellen?

☞ Finden Sie heraus, welche Bedürfnisse durch eine unerwünschte Entwicklung / einen Misserfolg oder einen Fehler frustriert wurden! Suchen Sie nach Möglichkeiten, wie Sie diese auf andere, gesunde Art und Weise befriedigen können, sodass die Entwicklung anschließend weniger schmerzt!

Folgende Beispiele zeigen, wie eine verlagerte Bedürfnisbefriedigung aussehen kann:

- Wenn Sie viel Liebe zu vergeben haben, weil die Liebe Ihres Lebens sie nicht wollte, gehen Sie doch mal ins Ehrenamt!
- Wenn Sie die Beförderung nicht bekommen haben, versuchen Sie sich mehr Anerkennung im Verein zu sichern, z. B. indem Sie ein Amt übernehmen oder holen Sie sich mehr Geld über eine Nebentätigkeit.
- Wenn Sie in Ihrer Firma wenig Wertschätzung bekommen, unternehmen Sie besonders viel mit Ihren Freunden oder Ihrer Familie usw.

2.18 Ent-schuld-igen Sie sich!

Fehler und Misserfolge bringen viele Gefühle mit sich. Vor allem Schuldgefühle und Scham sind häufige Begleiter, wenn Sie sich selbst etwas vorwerfen. Wie Sie aus diesen etwas lernen können und so einen besseren Umgang damit finden, werden wir im Kapitel 3.5 noch näher untersuchen.

Für den Moment möchte ich eine Strategie aufgreifen, die sehr wichtig ist im Umgang mit Schuldgefühlen:

Wenn Sie Schuldgefühle haben, dann bedeutet das übersetzt, dass Sie "etwas Falsches getan haben". Wenn Sie dabei jemanden etwas *angetan* haben, können Sie sich entlasten, indem Sie den Mut aufbringen und sich bei dieser Person *entschuldigen*.

Denn wie die Bezeichnung **Ent-schuld-igung** schon ausdrückt, werden Sie dadurch Schuld los. Somit kann es sein, dass sich Ihre

Schuldgefühle durch die Entschuldigung sofort in Luft auflösen. Ein beherztes "es tut mir leid!" hat so manchen Fehler schon wieder geradegerückt.

Aber bleiben Sie realistisch: Entschuldigen Sie sich nur für Fehler, die wirklich auf Ihre Kappe gehen und nicht für ein Fehlverhalten anderer! Denn das gehört zu denen und nicht Ihnen!

☞ Wenn Sie etwas Falsches getan haben und sich schuldig fühlen, können Sie mit einer Entschuldigung Ihre Schuldgefühle abarbeiten! Nutzen Sie das in den Fällen, wo eine Entschuldigung Ihnen nicht so viel abverlangt!

2.19 Nutzen Sie Sprichwörter und Plattitüden, um sich zu stärken!

Sprichwörter sind allgegenwärtig. Und das aus gutem Grund: Denn Sie transportieren leicht zu merkende, wichtige Informationen oder Lebensweisheiten. Gerade für den Bereich Misserfolg und Fehlerbewältigung gibt es einige gute Sprichwörter, die Sie zu Ihrem Fehler- oder Misserfolgsmotto machen können. Oder nutzen Sie diese, um sich wiederaufzubauen und neue Motivation für einen nächsten Anlauf zu fördern.

Hier ein paar Beispiele für Sprichwörter, die Ihnen helfen könnten:

- *"Andere kochen auch nur mit Wasser!",*
- *"Das ist anderen auch schon passiert!",*
- *"Bis zur Hochzeit ist das wieder weg!"*
- *"Et hätt noch emmer joot jejange" – „es ist noch immer gut gegangen", spricht der Kölner.*
- *"Besser ein Ende mit Schrecken als ein Schrecken ohne Ende."*
- *"Es ist wie es ist!"*
- *"Aus Schaden wird man klug."*

- *"Fehler darf man machen. Nur nicht immer dieselben."*
- ...

☞ Nutzen Sie aufbauende Sprichwörter, um Fehler und Misserfolge gut zu verarbeiten und sich neu zu motivieren!

3 Emotionale Erste-Hilfe-Maßnahmen

3.1 Schlucken Sie die Kröte erst mal!

Wenn Sie eine Niederlage erlebt haben, hilft es, die Kröte, die Ihnen das Leben damit serviert hat, erst einmal zu schlucken. Studien konnten nämlich zeigen, dass Menschen, die Akzeptanz für schwierige Lagen, Veränderungen oder Misserfolge aufbringen können, problematische Phasen deutlich besser überstehen als andere.

Akzeptanz meint dabei kein willenloses Ertragen von Missständen. Vielmehr geht es darum, eine veränderte Situation anzunehmen und die auftauchenden Widerstände gegen die einsetzende Veränderung aufzugeben. Das hat mehrere Vorteile:

A) Sie verschwenden keine Energie mehr darauf, das Geschehene zu bekämpfen. Stattdessen können Sie die freiwerdende Kraft nutzen, um das Erlebte zu verarbeiten und Anpassungen oder Lebensveränderungen in Angriff zu nehmen.

B) Sie werden ruhiger, weil Sie sich durch das Akzeptieren dessen, was ist, für den Status quo *entscheiden*: Die Stressforschung zeigt, dass allein der Vorgang des "Sich-Entscheiden" hilft, Stress zu senken - ganz egal, ob es sich um die "richtige" oder „falsche" Entscheidung handelt. Wahrscheinlich wirkt dabei die Aufhebung von Mehrdeutigkeiten und die Verringerung der Möglichkeiten beruhigend und schafft das Gefühl von größerer Kontrolle - unabhängig davon, ob dieser Zustand für die Zukunft hilfreich oder kontraproduktiv sein wird.

C) Sie helfen Ihrem Gehirn bei der Lösungssuche: Durch Akzeptanz kommen Sie das erste Mal wieder aus der Anspannung heraus. Dadurch kann Ihr Gehirn den Krisenmodus lockern und den Tunnelblick verlassen: Endlich wird die Aufmerksamkeit vom Problem abgezogen und Ihr kreatives Unbewusstes - das sogenannte **Extensionsgedächtnis** - kann mit seiner Arbeit beginnen:

Weil dieses alle Erfahrungen und Erinnerungen Ihres Lebens und alle Informationen in sich trägt, die Sie jemals irgendwo (auch unbewusst) aufgeschnappt haben, ist der große Wissensvorrat des Extensionsgedächtnisses für die Lösungssuche eminent wichtig. Solange Sie jedoch gestresst bleiben, nicht loslassen und sich stattdessen am Problem regelrecht verbeißen, es "weghaben wollen" und mit aller Macht bekämpfen, wird die Arbeit dieser wichtigen Hirninstanz blockiert. Denn evolutiv war es wenig hilfreich, wenn sich das Gehirn mit den malerischen Blumen am Wegesrand und Blütenkranzbinden beschäftigt hat, während ein aggressiver Säbelzahntiger auf Futtersuche daherkam. Daher "lernte" das Gehirn mit der Zeit, das weitschweifig-, dafür aber kreativ- und produktiv-arbeitende Extensionsgedächtnis bei Gefahr abzuschalten und eine hoch-fokussierte Instanz zur Stressbewältigung ("den Tunnelblick") anzuschalten. Mit Akzeptanz signalisieren Sie Ihrem Gehirn, dass die Gefahr vorüber ist und das Extensionsgedächtnis nun seine Arbeit aufnehmen kann.

- ☞ Akzeptanz hilft Ihnen, besser durch eine Krise zu kommen.
- ☞ Wenn Sie "die Kröte erst mal schlucken", entspannen Sie sich und helfen damit Ihrem Gehirn Lösungen zu finden.

Ertrage und missbillige nicht, was nicht zu ändern ist.
Publius Sirius

3.2 Nehmen Sie den Druck heraus!

Beobachten Sie bitte einmal, was das Problem an den folgenden Situationen sein könnte:

1. Sie machen sich auf den Weg, um "schnell noch" aus einem anderen Raum einen Gegenstand zu holen. Doch kaum sind Sie da, können Sie sich nicht mehr daran erinnern, was Sie holen wollten. Sie grübeln dort, was Sie holen wollten, es fällt Ihnen aber einfach nicht mehr ein... Irgendwann verlassen Sie den Raum und geben das Vorhaben auf. Und fast im selben Moment wissen Sie wieder, was Sie holen wollten...

2. Ein Kollege macht einen dummen Spruch und Ihnen fällt nichts Schlagfertiges ein, was Sie erwidern könnten. Stattdessen stehen Sie ohnmächtig vor ihm und ertragen, was Ihnen passiert ist. Wenn die Situation vorbei ist, fallen Ihnen tausend scharfsinnige Konter ein, die Sie nächstes Mal unbedingt herausbringen wollen. Doch kaum stehen Sie wieder vor dem Kollegen, erstarren Sie erneut wie das Kaninchen vor der Schlange und Ihnen fällt nichts ein...

3. Sie möchten eine wichtige Prüfung unbedingt bestehen. Sie bereiten sich topp vor und haben sämtlichen Stoff bestens gelernt und sind vollkommen fixiert auf diese Prüfung. Und dann kommt der große Moment: Sie gehen in die Prüfung und Ihr Gehirn streikt, sodass Ihnen nichts mehr einfällt. Ein totaler Blackout verhindert, dass Sie die Prüfung bestehen... Doch sobald Sie aus der Prüfung sind, können sie alle Fragen mühelos beantworten, sodass Sie jetzt bestehen könnten...

Bei all diesen Beispielen können Sie das Umschalten Ihrer Hirninstanzen, welches ich in Kapitel 3.1 beschrieben habe, direkt bei der Arbeit beobachten - mit dem Unterschied, dass Sie sich hier selbst unter Druck setzen und dadurch die Umschaltung auslösen: Durch den inneren Druck, den Sie sich machen, produzieren Sie einen inneren Stress, der zur Hemmung Ihres Extensionsgedächtnisses führt. Dadurch leidet Ihre Kreativität, das Erinnern, das Fühlen, die Schlagfertigkeit, Ihre Merk- und Gedächtnisfähigkeiten und oft auch die Fähigkeit zu gleichmäßig fließenden Bewegungen. Ihnen bleiben daher kreative Ideen oder Lösungen aus, Sie können sich an manches "einfach nicht erinnern" und stolpern, stoßen sich oder werfen etwas um, weil der "Stressmodus" nur holprige Bewegungen zulässt.

Ein kleines Wort, welches dabei immer wieder inflationär verwendet wird, assistiert bei diesem Shutdown Ihres Extensionsgedächtnisses sehr erfolgreich:

Das "muss".

"Muss" hat immer eine unangenehme Konsequenz im Gepäck, die Sie zwar meistens nie explizit denken, welche Sie aber deswegen nicht weniger in Stress versetzt. Dieser Stress hemmt jedoch Ihr Extensionsgedächtnis. Daher können Sie sich z. B. trotz des "ich muss mich unbedingt an [xy] erinnern", nicht an [xy] erinnern. Und trotz des "ich muss unbedingt schlagfertig sein!", werden Sie ganz und gar nichts herausbekommen. Und trotz des Anspruches, vor der Liebe Ihres Lebens zu glänzen und ein überaus angeregtes Gespräch führen zu müssen, um diese für Sie zu gewinnen, versinken Sie in ohnmächtiges Schweigen und das geistreiche Gespräch fällt aus… Je mehr "muss" Sie dabei verwenden, desto nachhaltiger werden Sie Ihr Extensionsgedächtnis hemmen. Daher:

- ☞ Nehmen Sie die Peitsche weg, die Ihren inneren Druck erzeugt!
- ☞ Lassen Sie das "muss" weg, weil es Ihr Gehirn zum Klemmen bringt! Sagen Sie stattdessen „ich werde…" oder „ich werde nicht…"!
- ☞ Wenn Sie sich zu sehr unter Druck setzen, gelingen Ihnen Vorhaben meistens weniger: Werden Sie gelassener bei allem, was Sie sich vornehmen!

3.3 Tun Sie sich sehr viel Gutes!

Natürlich sollten Sie sowieso regelmäßig für sich "etwas Gutes tun": Essen Sie Ihr Lieblingsessen, machen Sie Ihre Lieblingsaktivitäten, bummeln Sie, machen Sie blau, gehen Sie zum Sport oder schauen Sie mal wieder etwas, was Sie sich gerne ansehen - Kunst, Kultur, Serien, Filme, Videos, Zoos, Gebäude, Landschaften, Musik, Comedy, Konzerte - was immer es auch sein mag. Auch Massagen, Sauna, Friseur- oder Kosmetikerbesuche können sehr hilfreich sein. Und ein Kurzurlaub oder auch Tagesausflug haben ebenfalls so manchem geholfen. „Last but not least" sind auch Ihre Hobbys Quellen der Energie und Sie sollten diesen daher unbedingt regelmäßig nachgehen.

☞ Aus Gründen der Selbstliebe und Selbstpflege sollten solche Aktivitäten immer in irgendeiner Form auf Ihrem Tagesprogramm stehen!

Doch besonders nachdem Ihnen etwas passiert ist oder Sie etwas "versemmelt" haben, sollten Sie sich damit besonders befassen. Denn sich genau dann etwas Gutes zu tun, ist aus mehreren Gründen sehr sinnvoll und wichtig:

- Wie in Kapitel 3.1 und 3.2 ausgeführt, brauchen Sie Ihr Extensionsgedächtnis. Da dieses nur arbeitet, wenn Sie eine psychische Grundentspannung haben, können Sie diese auch wiederherstellen, wenn Sie sich körperlich entspannen. Denn dies wird auf Ihr Gehirn zurückwirken, sodass es sich allmählich ebenfalls entspannen wird. Dadurch findet die Umschaltung in Richtung des Extensionsgedächtnisses statt, welches Ihnen dann bei der Bewältigung des Erlittenen hilft.

- Zusätzlich tröstet es, wenn Sie sich im Anschluss nach Fehlern oder Fehlschlägen mit Dingen beschäftigen, die Sie glücklich machen. Dies kann Ihnen über einen erlebten Misserfolg hinweghelfen und die zugezogenen Verwundungen weniger schmerzlich machen.

- Gleichzeitig tanken Sie Kraft: Egal, was passiert ist, Sie werden geistige und /oder körperliche Kraft benötigen - für eine Veränderung, für Anpassungen, für kommende Anstrengungen oder für die Verarbeitung des Ganzen. Gut ist es, wenn Sie dafür erst einmal Ihre Speicher auffüllen. Und das können Sie sehr fördern, wenn Sie all das tun, was Ihnen guttut.

- Außerdem erhalten Sie das Gefühl von Kontrolle zurück: Wenn Sie sich erfolgreich etwas Gutes tun, spüren Sie, dass manches sehr wohl gelingt - auch wenn *das andere* nicht geklappt hat.

- Ihr Selbstvertrauen wird wieder größer, wenn Sie sich um sich selbst kümmern: Denn es wächst das Gefühl, das nicht alles verloren ist, weil Sie *anderes* immer noch positiv für sich in Bewegung bringen können.

- Ihre Beschäftigung mit Ihren Lieblingsaktivitäten wird Sie auch ablenken: Wenn Sie etwas finden, wo Sie sich ganz geistig hineinversenken können, brauchen Sie für diese Zeit nicht über "das Problem" nachdenken. Sie machen also eine wichtige Stresspause und senken damit Ihr Stresslevel.

- Und wenn Sie in eine Gewohnheit gehen, schöpfen Sie auch wieder Hoffnung: Etwas ist "so wie immer". Dadurch können Sie trotz des eventuell entstandenen Trümmerhaufens wieder zuversichtlicher in die Zukunft schauen und bemerken, dass einiges immer noch geblieben ist.

☞ Wenn Ihnen etwas passiert ist, sollten Sie in die Selbstpflege gehen und sich erst mal unbedingt sehr viel Gutes tun!

3.4 Nehmen Sie Ihre Gefühle wahr - dann wird es sofort leichter!

Unangenehme Angelegenheiten bringen viele belastende Gefühle mit sich. Zwar sagt ein Sprichwort: "Wein' nicht über vergossene Milch!". Doch manchmal ist es genau das, was hilft: Das Zulassen und Durcharbeiten der Gefühle, die ein Missgeschick oder eine Fehlentwicklung mit sich bringen, ist eine gute und vor allem schnelle Methode, um sich nach einem solchen Ereignis zügig zu entstressen und wieder ruhiger und handlungsfähiger zu werden.

Natürlich dürfen Sie Ihre Gefühle unmittelbar nach einem Misserfolg vorübergehend zur Seite schieben, um die erste schwierige Phase zu meistern. Insbesondere wenn Sie bei ungefilterter Zurschaustellung Ihrer Gefühle einen Gesichtsverlust erleiden würden, ist eine solche Selbstdisziplin wichtig.

Doch danach, sobald Sie in einem geschützten Rahmen sind, ist das Zulassen Ihrer Gefühle eine gute Möglichkeit, um sich schnell an eine krisenhafte Situation anzupassen. Zwar ändern Sie damit noch nichts. Wenn Sie Ihre Gefühle jedoch zulassen und beachten (- ohne dabei jedoch irgendetwas oder irgendwen zu verletzten oder zu zerstören! -), haben Sie bereits vieles von dem verstanden, was nun verändert und angepasst werden muss. Denn genau dafür sind Ihre Gefühle da: Sie liefern Ihnen Informationen darüber, was Sie verloren haben oder verletzt, verärgert oder enttäuscht hat. Oder was Sie verändern, anpassen, loswerden müssen. Oder was noch fehlt, wo Sie Hilfe benötigen und wovor Sie Angst haben usw. All dies erfahren Sie aber nur, wenn Sie Ihre Gefühle zulassen. Tun Sie dies nicht, gehen Ihnen wichtige Informationen für Ihre Zukunft verloren.

Durch das Zulassen und Fühlen (ohne ausagieren) werden Sie auch bald das Gefühl bekommen, dass Sie die Situation wieder in den Griff kriegen und sich immer mehr entspannen. Dadurch kommen Sie einer hilfreichen Lösung dichter (siehe die Kapitel 3.1 und 3.2).

Doch wenn das Fühlen, Zulassen und Verstehen immer so einfach und selbstverständlich wäre, bräuchte ich es hier nicht als wirklich brandheißen Tipp zu nennen. Oft ist nämlich das Gegenteil der Fall: Die Erfahrung zeigt, dass "Fühlen und Verstehen" bei den meisten Menschen ungenutzt ist und es in vielen Fällen sogar erheblich im Prozess klemmt. Dafür gibt es verschiedene Ursachen:

- Der allgemeine **Zeitmangel** verhindert Fühlen und Zulassen oft nachhaltig: Es "muss sofort weitergehen". Meistens reicht die Zeit nicht einmal dafür aus, um überhaupt zu bemerken, dass "da Gefühle aufgetaucht sind". Denn die nächste Ablenkung oder die nächste Anforderung prasselt schon wieder auf Sie ein und schon kommen Sie - scheinbar - darüber hinweg. Doch das ist ein Trugschluss: Ungefühlte Gefühle wandern in den emotionalen Keller oder werden körperlich chiffriert und zur späteren Verarbeitung zwischengelagert. Irgendwann sind aber alle Lagerstätten mehr als voll und es muss aufgeräumt werden - welches sich dann meistens plötzlich als Burnout bemerkbar macht.

- Das schnelle **Lebenstempo** sorgt für Ungeduld: Wenn die Dinge ins Stocken geraten und sich Hindernisse in den Weg stellen, soll dieses sofort aufhören, weil es schnell weiter gehen muss. Doch Misserfolge mit ihren begleitenden Gefühlen sind nun einmal Bremsklötze, die nicht sofort beiseitegeschoben werden können. Dazu ist Akzeptanz nötig (siehe Kapitel 3.1).

- Das **Business** der modernen Zeit hat keinen Platz für Gefühle: Diese gelten immer noch als Schwäche und nicht als Lieferant goldener Informationen, die ein eventuell fehlendes Puzzleteil für eine Veränderung liefern könnten. Im Business ist Fühlen verpönt und stattdessen wird die Arbeit zur **gefühlsneutralen Zone** erklärt.

- Durch das oft ohnehin übertrieben lange Arbeiten wird diese gefühlsneutrale Zone meist auch mit in den Feierabend genommen: Denn da die **Freizeit knapp** ist, soll sie nicht mit "Gefühlsduselei" verschwendet werden. Stattdessen soll jetzt "richtig gelebt werden" und "das Angenehme" gefühlt werden. Doch das funktioniert nicht: Einmal Gefühle deckeln heißt immer und auf breiter Ebene Gefühle deckeln. Denn es gilt das **Alles-oder-Nichts-Prinzip beim Fühlen**: Wenn Sie das Unangenehme wegdrücken, werden Sie auch das Angenehme wegdrücken und nicht fühlen können. Die positiven

Gefühle, die Sie sich also nach Feierabend erhoffen, werden sich nicht einstellen, wenn Sie das Belastende verdrängen wollen.

- Zusätzlich wächst mit den massiven Anstrengungen des Alltags und den vielen Unwägbarkeiten des Lebens gerade bei der jungen Generation der **Wunsch, es immer möglichst angenehm und leicht** zu haben – zumal sie es meist so kennengelernt haben. "Fühlen" ist dabei leider das Gegenteil von "angenehm und leicht", weil es oft schmerzhaft ist. Deswegen werden Gefühlsregungen lieber unter den Teppich gekehrt - bis dieser irgendwann so starke Falten wirft, dass jeder Schritt mit Stolpern verbunden ist - Burnout voraus!

- Auch **kindliche Fehlprägungen** bewirkten bei manchen Menschen, dass diese nie mit ihren Gefühlen und dem Fühlen vertraut wurden: Wenn verlangt wurde, Gefühle hinunterzuschlucken oder bedrohliche Lebensereignisse das Fühlen der eigenen Gefühle und Bedürfnisse zur Gefahr machten, wurde das Fühlen zugunsten eines Überleben-Könnens oft eingestellt. Im Verlauf der Kindheit wurde es dann zur Gewohnheit, Gefühle überhaupt nicht zuzulassen. Die lebenswichtigen Bedeutungen, ob sich etwas "gut oder schlecht anfühlt", können selbst im Erwachsenenalter dann meist nur schlecht oder gar nicht wahrgenommen werden. So leben diese Menschen häufig nach einem logischen Prinzip, welches Sie sich mühsam aus den Erwartungen der anderen zusammengereimt haben. Im mittleren Lebensalter stellen diese Menschen oft plötzlich fest, dass "sie sich gar nicht selbst leben" und überhaupt nicht wissen, was Sie selbst eigentlich wollen - auch meistens erst dann, wenn bereits ein Burnout zum Fühlen zwingt.

Doch all diese **Fühl-Blockaden können rückgängig gemacht werden** - auch wenn es im Fall einer ungünstigen Kindheitsprägung ein wenig länger dauert, bis es wieder funktioniert. Es lohnt sich jedoch sehr, daran zu arbeiten! Nicht nur für die Bewältigung von Fehlern und Misserfolgen. Sondern Ihre Welt wird Ihnen wieder viel bunter erscheinen und Ihr Leben tiefer und intensiver und nicht nur rein logisch vorkommen, wenn Sie Ihre Gefühle wieder uneingeschränkt wahrnehmen können. Sie werden sich dann das erste Mal selbst erkennen und auch endlich vollständig und lebendig fühlen – auch wenn es manchmal wehtut!

- ☞ Auch wenn Sie also noch Schwierigkeiten haben, Ihre Gefühle zuzulassen und zu verstehen: "Fühlen und Verstehen" ist der Geheimtipp bei der Bewältigung von Fehlern, Misserfolgen und Krisen!

3.5 Verstehen Sie die goldene Information hinter Ihren Gefühlen!

Wenn Sie nun die Bereitschaft haben, Ihre Gefühle zuzulassen, könnten Sie beim ersten "Blick" nach innen etwas ratlos sein. Denn wahrscheinlich kommt Ihnen - gerade nach einem Misserfolg - eine große, unorganisierte und scheinbar undefinierbare Gefühlsmasse entgegen, bei der Sie zuerst kein Gefühl konkret greifen können. Das verwundert auch nicht, weil nach einer unangenehmen Entwicklung sehr viele verschiedene Gefühle entstehen, die nun alle gleichzeitig darauf warten, von Ihnen gefühlt zu werden. Bleiben Sie trotzdem motiviert, denn das Durcharbeiten Ihrer Gefühle lohnt sich:

- ☞ Nehmen Sie sich ausreichend Zeit und Ruhe und richten Sie Ihre Aufmerksamkeit locker nach innen (machen Sie sich dabei bitte keinen Druck, siehe Kapitel 3.2)!
- ☞ Warten Sie einfach ab, welches Gefühl dieses Gemisches sich als Erstes für Sie in den Vordergrund drängelt und benennen Sie dieses!
- ☞ Was will Ihnen dieses Gefühl mitteilen oder beibringen?

Dabei werden Sie wahrscheinlich in verschiedenen Mengen und Qualitäten fühlen können:

- Enttäuschung
- Frust
- Trauer
- Wut
- Ärger
- Schuld
- Scham
- Hass
- Verzweiflung
- Hoffnungslosigkeit
- Sinnlosigkeit
- Angst
- Ekel
- Ohnmacht

Jedes von ihnen möchte Ihnen zu dem erlebten Sachverhalt etwas mitteilen:

- Trauer und Frust geben Ihnen z. B. Hinweise darüber, was Sie verloren haben und welche Bedürfnisse unbefriedigt bleiben.
- Angst teilt Ihnen mit, wovor Sie sich schützen müssen und was Sie zukünftig zu meiden haben.
- Schuld gibt Ihnen Informationen darüber, was Sie falsch gemacht und anderen angetan haben.
- Scham bewertet Ihr Handeln in Bezug auf Ihre Mitmenschen.
- Verzweiflung und Hoffnungslosigkeit teilen Ihnen etwas über die Bürde des Erfahrenen mit, wie sehr Sie schon eine Lösung sehen und ob sich ein weiteres Kämpfen lohnt.
- Ärger und Wut geben Aufschluss darüber, was andere Ihnen angetan haben usw.

- Jedes Gefühl hat immer eine "goldene Information" für Sie und möchte Ihnen helfen, in der Zukunft besser zurechtzukommen. Erst wenn Sie diese goldene Information verstanden haben, hat das Gefühl als Korrespondent ausgedient und löst sich auf!
- Untersuchen Sie jedes auftauchende Gefühl in einer konstruktiven Haltung, dass dieses etwas überaus Wichtiges für Sie bereitstellt (beachten Sie dazu später auch Kapitel 5.11)!
- Wenn Sie Gefühle auf diese Art zu würdigen und zu schätzen lernen, verlieren diese ihren Schrecken und Sie können sie mit zunehmender Übung immer besser annehmen und verarbeiten!
- Jeder Stress lässt sich durch den Prozess "Fühlen und Verstehen" senken! Manches Mal ist es sogar nur das Einzige, was Sie tun können, wenn alles andere blockiert ist, um das Problem zu lösen!

3.6 Schlafen Sie eine Nacht darüber!

Wenn Sie es nun allmählich geschafft haben, das, was passiert ist zu akzeptieren, Sie sich schon ganz viel Gutes getan haben und Ihre Gefühle zugelassen und sich sortiert haben, sich aber immer noch keine rechte Lösung einstellen will oder Sie noch keine Ideen gefunden haben, wie es nun weiter gehen soll, hilft es oft, eine oder mehrere Nächte darüber zu schlafen. Denn ein Sprichwort sagt:

"Morgen sieht die Welt schon wieder ganz anders aus!"

Um dabei überhaupt schlafen zu können, sollten Sie die Empfehlungen der vorhergehenden Kapitel (3.1 bis 3.5) schon umgesetzt haben. Denn ansonsten wird Ihr erhöhtes Anspannungslevel einen Schlaf erfolgreich verhindern. Doch wenn Sie es schaffen, schlafen zu können, ist dieses sehr wertvoll:

- Sie erholen sich und beruhigen Ihre Nerven. Denn jedes Problem kostet Kraft und Nerven. Und um diese auch längerfristig zu haben, ist Regeneration sehr wichtig. Und diese erhalten Sie durch Schlaf.

- Während Sie nachts entspannen, wird Ihr Extensionsgedächtnis angeschaltet. So kann es passieren, dass dieses bereits morgen früh eine neue Idee oder eine Lösung für Sie parat hat.
- Wenn Sie sich zur Regel machen, eine Nacht darüber zu schlafen, halten Sie die 24 h-Regel ein (siehe das Kapitel 2.10: Time-out). Somit werden Sie sich in puncto unbesonnene Reaktionen besser ausbremsen.
- Über Nacht wird der hormonelle Sturm im Körper, den Misserfolge, Niederlagen und Probleme auslösen, erfolgreich gesenkt.
- Mit Abstand werden manche Probleme und Ereignisse automatisch kleiner: So gesehen sieht die Welt einen Tag darauf meistens wirklich für Sie anders aus.
- Manchmal muss man mit Entwicklungen und Veränderungen sowieso erst einmal schwanger gehen. Regelmäßig schlafen hilft dabei, die Zeit vorübergehen zu lassen.
- Auch Ihre Gefühle sortieren sich über Nacht noch weiter und beruhigen sich allmählich immer mehr.
- Und mit jeder Nacht, die vorüber geht, bekommen Sie immer mehr das Gefühl, dass "das Leben trotzdem weiter geht" und trotzdem "immer wieder die Sonne aufgeht".

☞ Wenn Sie sich soweit beruhigen können, dass Sie schlafen können, sollten Sie dies unbedingt mindestens eine Nacht tun! Denn dann sieht alles meistens schon ganz anders aus!

Vertage die Sorgen
Bis auf morgen,
Eh' du's gedacht,
Kommt Hilfe über Nacht.
Theodor Fontane

3.7 Reden Sie darüber!

Bei unangenehmen Ereignissen entstehen viele Gefühle, die sich ausdrücken wollen. Eine wichtige Technik ist das Fühlen und Verstehen (siehe Kapitel 3.4). Eine weitere, die das noch toppen kann, ist das Benennen und Wiedergeben Ihrer Gefühle. Es gilt der Grundsatz:

Fühlen ist Silber, reden ist Gold!

Studien belegen, dass Stress durch das Benennen von Gefühlen effektiv gesenkt werden kann. Gerade dann, wenn Menschen "Unfassbares" erlebt haben, wird dieses Prinzip konsequent angewendet: Kriseninterventionsteams achten sehr darauf, dass Menschen, denen etwas Schwerwiegendes passiert ist, Ihrem Befinden schnellstmöglich Worte verleihen und das Erlebte sofort versprachlichen. Durch dieses "Talking down" können Menschen effektiv aufgefangen und gestützt werden und das Risiko für Folgestörungen, wie z. B. Posttraumatische Belastungsstörungen, reduziert sich.

Doch nicht nur, dass durch das Benennen innere Spannungen abgebaut und Ihre Gefühle in Fluss gebracht werden. Auch die Verarbeitung der vorhandenen Gefühle beginnt und die goldenen Informationen, die Ihnen diese mitteilen möchten (siehe Kapitel 3.4), kann ins Bewusstsein kommen.

Gerade für Frauen ist das "darüber reden" sehr wichtig: Sie erleichtern sich in stressigen Zeiten und nach unangenehmen Erlebnissen häufig durch das mehrfache Mitteilen dessen, was ihnen passiert ist - und fühlen sich im Anschluss deutlich entstresster und ruhiger. Erlebtes fünf verschiedenen Personen zu berichten, ist dabei eine gute Faustregel, um bald deutlich ruhiger zu werden ;-).

Doch das darüber reden hat noch weitere Vorteile: Wenn Sie mit anderen Menschen sprechen, erhalten Sie oft Trost und Zuspruch (siehe Kapitel 3.8) und oft auch Hilfestellung, um das zu sortieren, was Sie erlebt haben. Gleichzeitig lauschen Ihre Zuhörer aus einer anderen Perspektive und können Ihnen eine andere Sichtweise auf das Ganze spiegeln. Ein gemeinsames „Brainstorming“ kann Ihnen außerdem helfen, um neue Ideen oder Lösungen zu finden.

Sollten Sie niemanden zum Reden haben, gibt es trotzdem eine Möglichkeit, um Gefühle zu versprachlichen und zu benennen: Sprechen Sie innerlich aus, was Ihnen passiert ist - und zwar so, als würden Sie es gerade jemandem erzählen! Dabei hat das "innere Benennen" sogar noch einen großen Vorteil: Sie können alles ungefiltert zum Ausdruck bringen. Im Gespräch mit anderen fällt das eine oder andere manchmal doch einer Zensur zum Opfer, weil es nicht so ungeschminkt ausgesprochen wie gedacht wird.

Und auch das Niederschreiben des Erlebten kann Ihnen helfen, Ihre Gefühle zu verarbeiten. Daher:

- ☞ Gut benannt ist halb verbannt!
- ☞ Um Ihre unangenehme Erfahrung zu bewältigen, sollten Sie über die begleitenden Gefühle innerlich oder mit anderen sprechen oder diese niederschreiben, um bald wieder ruhiger zu werden!

Es verliert die schwerste Bürde die Hälfte ihres Drucks,
wenn man von ihr reden kann.
Jeremias Gotthelf

3.8 Trösten Sie sich!

Trost ist Zuwendung an einen Menschen, der trauert oder einen seelischen Schmerz erleidet. Manchmal kann man sich selbst trösten, manchmal braucht es jedoch Unterstützung und Halt von außen.

Um sich selbst zu trösten, bietet sich alles an, was Sie sich "selbst zuwenden" können und alle Formen von Selbstfürsorge:

- Kaufen Sie sich etwas, was Sie schon lange haben wollten als Schmerzensgeld!
- Essen Sie etwas, was Sie sonst nicht essen! Gönnen Sie sich z. B. einen großen Becher Eis oder ein sehr erlesenes Menü im Restaurant!
- Schonen Sie sich eine Zeit lang: Schinden Sie sich weniger beim Sport oder bei der Arbeit. Oder legen Sie die Aktivitäten für eine gewisse Zeit ganz nieder!
- Gehen Sie langsamer, sprechen Sie langsamer, nehmen Sie auf sich und die vorherrschende Kraftlosigkeit Rücksicht!
- Pflegen Sie Ihren Körper zum Ausgleich: Gönnen Sie sich einen Friseurbesuch, eine Massage etc. Auch entstehen in solchen Zeiten bei manchen Menschen neue Tattoos als Kompensation.
- Hören Sie Musik, die Sie tröstet!
- Schauen Sie Filme, die hilfreich sind, um Ihre Thematik zu "verdauen"! Lassen Sie dabei Dramen und Katastrophenfilme weg, wenn diese eher kontraproduktiv sind und Sie noch mehr nach unten ziehen!
- Lassen Sie sich in Ihrer Vorstellung von Menschen trösten, die nicht mehr da sind, z. B. liebe Verstorbene, die Ihnen sonst immer sehr geholfen haben!

- Machen Sie auch all die Gesundheitsvorsorge, die sonst gerne mal hinten runterfällt!
- Wenn Sie gläubig sind, dann gehen Sie mal wieder in Ihr Gotteshaus und beten Sie da für sich selbst!

Und wenn Sie es selbst nicht schaffen oder Ihr Eigen-Trost nicht ausreicht, nutzen Sie zwischenmenschliche Beziehungen, um sich wiederaufzurichten:

- Suchen Sie sich jemanden, der Ihnen Trost spenden kann! Das können Familienmitglieder oder gute Freunde sein. Manchmal auch Mutti oder Vati, wenn die Beziehung passt!
- Nutzen Sie Sorgentelefone!
- Suchen Sie sich zur Not einen Therapeuten, der Sie stützt!
- Lassen Sie sich umarmen und halten!
- Gehen Sie in Selbsthilfegruppen, wenn das Erfahrene besonders schwerwiegend und schmerzhaft ist!
- Sprechen Sie mit Seelsorgern oder einen Glaubensvorsteher (Pfarrer, Priester, Imam oder Rabbi), wenn Ihnen danach ist!

☞ Kümmern Sie sich gut um sich selbst: Denn im Zweifelsfall sind Sie der Einzige, der es tut!

☞ Fordern Sie aktiv Trost von Menschen ein, die sich um Sie kümmern!

☞ Lassen Sie sich manchmal von anderen tragen, wenn Sie gerade selbst nicht laufen können!

Gott muss die minderen Dinge mit Enttäuschung verbinden, damit sich unsere Seele von ihnen löst.
Siegfried Brunn

3.9 Wenn Sie nicht loslassen können: Woran liegt das?

Wenn Sie nicht loslassen können und immer wieder gedanklich zu einer "Niederlage" oder einem Misserfolg zurückkehren, hat das „gute Gründe“:

1. Es ist möglicherweise noch nicht verarbeitet. Es gibt immer noch Gefühle, deren goldene Information Sie noch nicht gegriffen haben, sodass sich das Thema in Ihnen immer wieder aufdrängen muss. Oder aber Sie fühlen noch gar nicht (siehe Punkt 7).
2. Es hat traumatisches Ausmaß: Sie erleben das Ganze immer wieder in Flashbacks, haben Albträume, sind unruhig und übertrieben wachsam und ziehen sich immer mehr zurück? Dann ist die Wahrscheinlichkeit hoch, dass das Erlebte für Sie traumatisch war. In diesem Fall benötigen Sie Hilfe durch eine Fachperson!
3. Sie sind es nicht gewohnt, etwas nicht zu bekommen. Da hilft nur "Augen zu und durch"! Es ist für Sie dann noch neu zu "verlieren" und Sie müssen sich erst noch daran gewöhnen und haben aus dem Erlebten viel zu lernen. Aber auch das ist machbar!
4. Sie brauchen das Drama, um sich lebendig zu fühlen oder sich von anderen, weit schmerzhafteren Themen in Ihrem emotionalen Keller abzulenken.
5. Sie versuchen sich damit selbst zu bestrafen, indem Sie es sich immer wieder vorhalten und es geistig wieder aufwärmen.
6. Dieser Stress und das Darüber-Nachgrübeln lenkt Sie von anderen Baustellen ab: z. B. Ihre unglückliche Ehe, den Verlust der Liebe Ihres Lebens, generelles Unglücklich-Sein etc.
7. Sie versuchen das Ganze kognitiv zu bewältigen, lassen aber die Gefühle dahinter nicht zu. Dabei dient das Dauer-Grübeln

zum Deckeln der Gefühle in Ihnen, die Sie unbewusst nicht zulassen, weil sie zu schmerzhaft sind.

8. Sie bestätigen damit eine pessimistische Grundstimmung, die Ihnen zu eigen ist.
9. Sie bestätigen damit Glaubenssätze, die Sie in sich tragen: z. B. "es sowieso nicht verdient zu haben", "immer wieder zu dumm zu sein", "ein Versager zu sein", "nie das zu erhalten, was Sie wollen" o. ä.
10. Ihr Perfektionismus verbietet Fehler und Misserfolge und Sie können es einfach nicht fassen, dass Ihnen nun "etwas passiert ist, was nicht hätte passieren dürfen". Und so wird es gedanklich immer wieder hin und her transportiert, um es irgendwann hoffentlich zu begreifen.

Wenn Sie von einem Thema oder Erlebnissen nicht ablassen können, immer wieder in der Vergangenheit leben und sich regelrecht mit der geistigen Wiederholung von unangenehmen Erfahrungen selbst geißeln, sollten Sie unbedingt herausfinden, woran das liegt! Viele Muster, die dahinterstecken könnten, werden später auch noch in der Tiefenreinigung aufgegriffen, sodass Sie daran arbeiten können (Kapitel 5). Für den Moment sollen Sie nur beobachten, was genau da in Ihnen passiert.

☞ Wenn Sie nicht loslassen können, tut das heimlich etwas Gutes für Sie. Finden Sie heraus, was es ist! Denn es bindet Sie am Problem und lässt Sie stecken bleiben!

3.10 Wenn Sie es noch einmal machen könnten: Was würden Sie ändern?

Nutzen Sie Ihren emotionalen Schmerz, um darüber nachzudenken, was Sie - wenn Sie es wiederholen könnten - verändern würden. Denn dadurch werden Sie sehr viel über sich und das, was passiert ist, lernen und sehr wertvolle Hinweise für Ihre Zukunft finden. Dadurch wird dieser "Fehler", Ihr Missgeschick oder das Unangenehme, das Ihnen passiert ist, zu einer Quelle der Bereicherung. Also fragen Sie sich:

- Was hätte ich heute anders gemacht?
- Was fehlte mir an Fähigkeiten? Was konnte ich damals noch nicht?
- Welche Personen würde ich austauschen?
- Würde ich das Ganze anders oder woanders aufziehen?
- Was hat mir an Ressourcen gefehlt?
- Welche Weisheit hat mir zu dem Zeitpunkt gefehlt? Was "weiß ich heute besser"?
- Was würde ich heute stattdessen sagen/nicht sagen?
- Wie würde ich mich anders verhalten?
- Wenn ich den Zeitpunkt bestimmen könnte, ab wann ich noch mal leben wollen würde, um es zu wiederholen: Ab wann würde ich das Drehbuch meines Lebens ändern?

Ein dauerhaftes "hätte, wäre, wenn" ist natürlich nicht hilfreich und Sie sollen sich auch nicht permanent damit belasten, alles immer wieder durchzukauen. Wenn Sie aber verstehen, warum Sie sich "Ihre Hand so richtig an der Herdplatte verbrannt haben", werden Sie in Zukunft genau wissen, dass Sie Herdplatten meiden müssen.

Diese Analyse, was Sie heute anders machen würden, hilft Ihnen Fehler nicht zu wiederholen, sich zu verbessern und sich durch diese unangenehme Erfahrung zu entwickeln.

Aber Achtung: Lernen Sie daraus, aber verurteilen Sie sich nicht mehr: Sie haben es da noch nicht besser gewusst und gekonnt! Seien Sie wiederum gnädig mit sich selbst (siehe Kapitel 2.3) bei dieser Rückschau-Analyse!

☞ Werden Sie aus Ihrem "Schaden klug": Was wird Ihnen nie wieder passieren?

4 Fortgeschrittene Techniken

4.1 Ignorieren Sie kleinere Fehler!

Ignorieren ist eine Strategie, von der niemand glaubt, sie zu können, die aber jeder beherrscht:

Die Regeln der Straßenverkehrsordnung werden im Allgemeinen eher als Richtlinien aufgefasst und nicht als Ge- und Verbote. Und daher werden diese häufig ignoriert. Niemand regt sich darüber auf, es sei denn, er wird erwischt oder es ist daraus ein Unfall entstanden. Sofern Ihnen das auch hin und wieder passiert, wissen Sie jetzt: Ignorieren ist einfach[3]!

Doch obwohl diese Ignorierfähigkeiten im Straßenverkehr mühelos angewendet werden, reagieren viele Menschen mit starker Selbstkritik und erheblichem Stress, wenn sie sonst etwas falsch machen. In diesem Fall schaffen sie es nicht darüber hinwegzusehen. Wie ist das möglich?

Der Unterschied liegt im "Preis", den Menschen glauben zahlen zu müssen, wenn sie – außer im Straßenverkehr - etwas falsch machen: Sogar bei kleinen Fehlern scheint das Ansehen, die Existenz, die Beliebtheit, die äußere Stellung, das Selbstwertgefühl, die guten Beziehungen, Freunde, PartnerIn oder die Familie bedroht zu sein… Beim Autofahren ist dies anders: Dort glaubt jeder, alles unter Kontrolle zu haben und "dass schon nichts passieren wird", wenn die Regeln gebrochen werden – „es ist also nicht so schlimm!“.

---

3 Bitte halten Sie sich dennoch an die Straßenverkehrsordnung!

Doch das ist falsch. Denn bei beidem gibt es sogar noch viel mehr zu verlieren:

Wer jeden Fehler innerlich stark ahndet und sich im Vorfeld massiv unter Druck setzt, bloß keine Fehler zu machen, produziert sehr viel Stress. Stress ist für den Körper höchst ungesund und ein Risiko, weil er die Gesundheit gefährdet. Dabei weiß niemand, wann das Schicksal zuschlägt und der Stress den ersten entscheidenden Treffer landet - aus dem sich später ein Herzinfarkt, ein Schlaganfall, Krebs, Bluthochdruck oder eine andere chronische Erkrankung entwickelt.

Jede Aufregung stellt also eine Gefahr für die Gesundheit dar - ohne dass abgeschätzt werden kann, welcher Art, wie stark und wie nachhaltig negativ sich diese auswirken wird!

Daher lohnt es sich sehr, kleinere Fehler und Missgeschicke zu ignorieren:

- ☞ Korrigieren Sie das, was passiert ist (soweit es geht) und vermeiden Sie zum Schutze Ihrer Gesundheit weitere Aufregung!
- ☞ Geben Sie Ihrer Gesundheit die oberste Priorität, sodass Sie sich immer öfters dafür entscheiden, über kleinere Misserfolge hinwegzusehen[4].
- ☞ Fragen Sie sich jedes Mal: Ist das jetzt wirklich wert, dass ich mich darüber aufrege? Lohnt es sich dafür in Kauf zu nehmen, vielleicht gerade jetzt durch diese Aufregung einen irreparablen Gesundheitsschaden in meinem Körper zu produzieren?
- ☞ Bedenken Sie: Sie können sich darüber aufregen - müssen es aber nicht!
- ☞ Ignorieren Sie, was in seinen Auswirkungen nicht so schlimm ist - Ihrer Gesundheit zuliebe! Denn diese steht über allem! Sie haben nur diesen Körper – also pflegen Sie ihn bestens!

Übrigens: Genauso wie durch Stress verlieren viele Menschen regelmäßig ihre Gesundheit im Straßenverkehr, weil Regeln missachtet

4 Bei größeren Fehlern und wenn andere zu Schaden gekommen sind, sollen und müssen Sie sich kümmern - da bitte auf keinen Fall ignorieren!

werden und dadurch Unfälle passieren. Wenn Sie also im Straßenverkehr ein bisschen mehr auf Ihre „Fehler“ schauen und bei den eigenen weniger, gewinnen Sie statistisch sehr viel Lebenszeit! ;)

4.2 Prüfen Sie die Fakten und lassen Sie es einfach so stehen!

Kommen wir zu den Fehlern, über die Sie sich stark “den Kopf zerbrechen”, ohne diese überhaupt gemacht zu haben:

Jeder Mensch hinterfragt sich hin und wieder, ob er alles korrekt erledigt und ob er sich richtig verhalten hat. Doch manche Menschen sind da geradezu zwanghaft: Durch große Angst vor Versagen oder Misserfolg beschäftigen sie sich ausgedehnt damit, über Fehler nachzugrübeln, die sie gemacht haben könnten, aber meistens gar nicht gemacht haben. Dazu einige Beispiele:

- “Weil mein Chef so komisch geguckt hat, bin ich tagelang nicht zur Ruhe gekommen und habe gegrübelt, was ich wohl falsch gemacht haben könnte. Ich werde mich jetzt noch mehr anstrengen!”.
- “Weil der Kunde immer cholerisch ist, frage ich mich, was bloß falsch an mir ist? Ich fahre dort nicht mehr freiwillig hin. Und wenn ich muss, ist mir tagelang vorher übel…”
- “Ich hatte plötzlich den komischen Gedanken, dass ich meinem Freund immer unrecht tue. Jetzt denke ich die ganze Zeit darüber nach, ob ich ihm schade und ob es nicht besser ist, wenn ich mich von ihm trenne?“
- “Meine Frau hat sich schon 5 Stunden nicht zurückgemeldet - ich glaube, ich habe etwas falsch gemacht. Vielleicht liebt sie mich nicht mehr?”
- “Hoffentlich habe ich eben nichts Falsches gesagt?”

Menschen mit einer hohen Angst vor Fehlern haben den Überanspruch alles richtig zu machen. Oft bezeichnen sie sich als

"Perfektionisten" und vermeiden es vehement, unangenehm aufzufallen. Ihr ganzes Leben kreist um ihre Eigenanalyse und um die Angst zu scheitern. Oft nimmt dies schon Formen von innerer Selbstfolter an, sodass diese Menschen überhaupt nicht mehr zur Ruhe kommen. Sie verlieren sich in sorgenvollem "Hab-Acht!"-Verhalten und Grübeleien. Sie quälen sich in Akten der Selbstkasteiung, um "Fehler, die gar nicht stattgefunden haben", zu erkennen, Fehler zu umgehen und auch wieder auszumerzen - indem sie sich schon im Vorfeld entschuldigen oder ohne angeklagt worden zu sein schon rechtfertigen. Sie können stundenlang darüber nachgrübeln, ob sie nicht „doch etwas falsch gemacht haben", und glauben oft, immer und automatisch Schuld an allem zu haben, was nicht funktioniert. Dadurch leben sie in permanenter Eigenbeschämung, weil durch diese übertriebenen Zweifel und ausgedehnten Gedankenspiralen bei ihnen der Eindruck entsteht, "sowieso unzulänglich zu sein". Und darüber hinaus wird dem "Fehlerwahn" sogar noch die Krone aufgesetzt, wenn diese Menschen sich auch noch mit den Fehlern "der anderen" beschäftigen und diese auch noch als die ihren ansehen.

Doch wie lässt sich dem entkommen?

1. Sobald Sie bemerken, dass Sie sich in einer solchen Gedankenschleife verheddern, in eine Selbstanklage fallen und geneigt sind, sich zu verbiegen, um nicht "unangenehm aufzufallen", sollten Sie zuerst innerlich "Stopp!" sagen!
2. Danach prüfen Sie die Fakten: Was ist wirklich passiert und was nicht? Was sehen Sie verzerrt oder dramatisiert? Was würde ein Beobachter sagen, was passiert ist und was nicht?
3. Suchen Sie nach diesem Faktencheck jetzt nach Beweisen für einen Fehler: Woran erkennen Sie nachweisbar, dass *Sie* wirklich etwas falsch gemacht haben?
4. Wenn Sie etwas falsch gemacht haben: Wie können Sie sich rehabilitieren?
5. Wenn Sie nichts falsch gemacht haben, sprechen Sie sich innerlich frei - ohne zu grübeln, ohne sich zu verbiegen und ohne irgendwelche Schadensbegrenzungsmaßnahmen zu starten!

6. Ändern Sie ab heute Ihre innere Schuldsvermutung hin zur Unschuldsvermutung: Solange ein Fehler nicht zweifelsfrei bewiesen ist, sind Sie unschuldig!

Zusätzlich sollten Sie an den Ursachen dieses Verhaltens arbeiten:

Im einfachsten Fall geht dieses nämlich darauf zurück, dass Sie dauerhaft zu gestresst sind und daher in jede Richtung ängstlich Ausschau halten, ob neuer Stress und Überforderung drohen.

Schwieriger wird es, wenn Sie durch tiefgreifende Glaubenssätze oder Kindheitsprägungen zu diesem Verhalten gekommen sind. Diese brauchen mehr Zuwendung. Diesen Mustern werden wir uns im Kapitel 5, der Tiefenreinigung, noch widmen.

Und oft sind genau die Menschen besonderes schnell in solchen Schleifen gefangen, die bereits viele unangenehme Ereignisse und Missstände in ihrem Leben erlebt haben. Diese wissen, wie belastend und schmerzhaft Stress sein kann und vermeiden jeden zusätzlichen - besonders, wenn sie es durch eigene Anpassung vermeiden können.

Um stundenlanges Grübeln über Fehler und Fehlverhalten jedoch vorerst zu beenden, sollten Sie das Gedankenkarussell stoppen und Beweise für Ihre Fehler suchen! Erst wenn diese definitiv vorliegen, können Sie sich schuldig sprechen! Wenn nicht, dann sollten Sie es einfach so stehen lassen!

☞ Prüfen Sie die Fakten und lassen Sie es einfach so stehen!

4.3 Lassen Sie übertriebene Rechtfertigungen!

Schon die alten Lateiner pflegten zu sagen:

Wer sich verteidigt, klagt sich an.
(Qui se excusat, se accusat).

“Verteidigungen”, d. h. Rechtfertigungen, sind in ihrer Urform Erklärungen oder Begründungen für Ereignisse und Abläufe. Sie sollen beschreiben, warum etwas *so* und nicht anders gelaufen ist. Doch oft haben Rechtfertigungen andere Funktionen. Sie werden auch eingesetzt

- um sich von Schuld freizusprechen und Vorwürfe zu vermeiden: ”Ich wars nicht, sondern…!”
- um zu beschwichtigen und so Streit zu vermeiden: ”Ich musste das tun, denn…!”
- zur Selbstberuhigung, um das eigene Selbstwertgefühl zu retten: ”Ich konnte gar nicht anders, weil…!”
- zur Abwehr, um recht zu behalten und nicht als Verlierer dazustehen: ”Das stimmt so nicht! Stattdessen…!”
- um sich zu trösten und die eigene Enttäuschung zu nehmen: ”Das musste ja so kommen, weil…!”
- zur Ablenkung vor Niederlagen oder Missständen und Schönfärberei: “Das ist auch gut so, denn…!”
- zum Schutz vor Schuld- und Schamgefühlen: “Ich habe das nur getan, weil…”.

Rechtfertigungen sind daher in den meisten Fällen keine sachliche Begründung, sondern eher der Versuch, (gefühlte) Schuld, Missstände, Probleme, persönliche Niederlagen oder Defizite zu kaschieren, abzuwenden oder zu neutralisieren. Manchmal richtet sich die Rechtfertigung dabei an ein Gegenüber, manchmal auch nur an sich selbst. Rechtfertigungen sind damit keineswegs neutrale, "wahre" Aussagen. Die persönliche Sichtweise des Rechtfertigenden, sein aktuelles Gefühl von Stärke oder Schwäche oder Bedroht-Sein und die vorliegenden Umstände beeinflussen die Rechtfertigung massiv und sind daher sehr subjektiv.

Während Vorwürfe wohl als "Schwerter der Kommunikation" bezeichnet werden können, weil es Angriffe sind, um andere zu verletzen, sind Rechtfertigungen das genaue Gegenteil: Als Schutzschilder werden sie vor den Körper gezogen, um eine Bedrohung wie eine seelische Verletzung des ICHs, emotionale Qualen, unangenehme Gefühle, eine Schwächung der eigenen Position oder des Selbstwertgefühls abzuwenden. Je nach Empfindlichkeit, der persönlichen Sichtweise, der Tagesform und dem subjektiven Gefühl des Bedroht-Seins wird dies Schutzschild der Rechtfertigung schneller oder langsamer vor den Körper gezogen.

Menschen mit narzisstischer Persönlichkeit, die in ihrer Tiefe immer mit einem geringen Selbstwertgefühl kämpfen und sich sofort bedroht fühlen, sind übrigens Vielbenutzer von Rechtfertigungen (und aus denselben Gründen auch von Abwertungen).

Doch so "passend", wie Rechtfertigungen für den Moment erscheinen mögen, bergen diese in der zwischenmenschlichen Kommunikation eklatante Risiken:

1) Eine Rechtfertigung ist immer eine hochgradige Selbst-Offenbarung:

Sie zeigt, dass Sie gerade das Schild der Rechtfertigung benötigen, um sich zu schützen und nicht "unterzugehen". Den Anlass Ihrer Rechtfertigung, also Ihr Gefühl von "zu schwach sein", "sich schuldig fühlen", "falsch sein", "sich bedroht fühlen" etc. versteht Ihr Gegenüber intuitiv, während Sie sich rechtfertigen. Und wenn dieser Ihnen schaden möchte, wird er diese Information und den damit offenbarten "wunden Punkt" bei Ihnen direkt oder in Zukunft nutzen.

2) Rechtfertigungen schwächen Sie:

Oft werden Rechtfertigungen benutzt, um den Tatsachen nicht ins Gesicht schauen zu müssen und damit emotionale Schmerzen abzuwenden. Als erste Hilfsmaßnahme bei Überforderung ist dieses manchmal auch sinnvoll. Doch auf die Dauer belügen Sie sich selbst immer mehr und verhindern bei Dauer-Verleugnung der Tatsachen Ihre Entwicklung. Auch andere werden übrigens merken, wie Sie vor sich selbst weglaufen und könnten die Achtung vor Ihnen verlieren. Und da Sie insgeheim selbst wissen, dass Sie vor der Wahrheit fliehen, verlieren Sie am Ende sogar Ihre Selbstachtung und fühlen sich "immer schwächer" - und vor allem auch feige.

3) Sie bleiben in der Opferrolle stecken:

Wenn Sie immer nur "den anderen" die Schuld daran geben, was passiert, werden diese a) nicht gerade glücklich deswegen sein, was Sie früher oder später zu spüren bekommen werden und b) kommen Sie selbst nicht von der Stelle: Da Sie sich in der Opferrolle festschmeißen und glauben, dass "die anderen" oder "die Umstände" bestimmen, wie es Ihnen geht und was Ihnen passiert, sind und bleiben Sie wie ein Spielball auf den Wellen: Sie werden hin- und hergetrieben, ohne selbst steuern zu können. Erst wenn Sie aus dieser Opferrolle herauskommen und nach Möglichkeiten suchen, wie *Sie* das, was passiert, *selbst* beeinflussen können, können Sie sich weiterentwickeln und kommen zurück ans Ruder.

4) Sie wirken unsicher, unreflektiert, kindlich, trotzig, schwach - und werden im Business-Kontext damit eventuell als "inkompetent" aussortiert:

Wenn Sie sich wie ein Aal aus jeder Schwierigkeit über Rechtfertigungen raus winden, wird das Ihre Achtung und Ihren Respekt, den andere vor Ihnen haben, schmälern. Denn es wirkt kindlich, trotzig, schwach und unsicher, wenn Sie sich stets rechtfertigen. Zwar können Sie durch Rechtfertigungen manches Mal einen Pyrrhus-Sieg davontragen und kurzfristig als Sieger hervorgehen. Doch langfristig wird dieses seinen Preis haben: Wenn Sie z. B. immer jegliche Schuld durch Rechtfertigungen leugnen, kann es Ihnen passieren, dass Sie eines

Tages gar keine Möglichkeit zum Leugnen mehr haben, weil man Sie als "inkompetent und unreflektiert" aussortiert hat.

5) Schwert und Schild gegeneinander zu erheben bedeutet Krieg:

Wenn Sie - z. B. in der Partnerschaft - das Schwert zücken und Vorwürfe machen, wird Ihr Gegenüber das Schild der Rechtfertigungen auspacken und hochhalten. Sobald Ihr Angriff dann abgewehrt wurde, wird auch Ihr Gegenüber "wegen des erlebten Unrechts" sein Schwert zücken und zum Gegenangriff blasen und Gegen-Vorwürfe machen. Nun müssen plötzlich Sie Ihr Schild hochhalten und sich rechtfertigen. Und weil Sie sich nun auch wieder ungerecht behandelt fühlen, werden Sie erneut Ihr Schwert zücken usw. Das bedeutet: Ab da haben Sie einen Kommunikationskrieg - auch Streit genannt!

☞ Unterbrechen Sie diesen Krieg, indem Sie selbst Schwert und Schild einfach weglegen, weil Sie weiser sind. Denn dann kann auch Ihr Gegenüber Schwert und Schild weglegen und die Friedensverhandlungen können beginnen.

Übrigens müssen nicht zwangsläufig am Anfang Vorwürfe stehen: Auch Rechtfertigungen, die z. B. Schuld leugnen, ernten häufig Vorwürfe und können so ebenso einen Kommunikationskrieg auslösen.

6) Sie lernen nichts aus dem, was Ihre Gefühle melden:

Wenn Sie alles weit von sich schieben und "weg-rechtfertigen", gehen die damit einhergehenden Gefühle in die Verdrängung. Doch jedes Gefühl hat eine goldene Information und will Ihnen etwas beibringen (siehe Kapitel 3.5). Diese Chance nehmen Sie sich, wenn Sie die schmerzenden Tatsachen durch Rechtfertigungen ausblenden. Damit erhöhen Sie auch den Ballast in Ihrem emotionalen Keller, der eines Tages dennoch aufgeräumt werden möchte.

7) Rechtfertigungen riechen nach „Ausreden":

Auch wenn eine Rechtfertigung ausnahmsweise tatsächlich eine Begründung für etwas sein sollte, wird sie mitunter als Ausrede missverstanden. Auch daraus können sich Nachteile entwickeln, insbesondere, wenn Ihr Vorgesetzter Ihre "Erklärung" missversteht.

8) Prophylaktische Rechtfertigungen machen Sie überhaupt erst angreifbar:

Manche Menschen sind geneigt, sich ohne große Not zu rechtfertigen. Sie erklären z. B. warum etwas schiefgelaufen ist, ohne dass es überhaupt aufgefallen wäre oder ihnen ein Vorwurf drohte. Mit einer prophylaktischen Rechtfertigung versuchen sie eventuelle Schuldzuweisungen, Kritik, Hohn, Spott oder Vorwürfe im Vorfeld abzuwenden.

Doch damit produzieren sie manchmal genau das, was sie vermeiden wollten: Durch die Rechtfertigung markieren sie ihren "Fehler" und dem Empfänger der Rechtfertigung fällt überhaupt erst auf, dass etwas falsch gelaufen ist. Und da ja nun schon eine "Schuld" und auch eine offene Flanke offenbart wurden, werden viele Rechtfertigungsempfänger nun mit einem "Nachtreten" reagieren: Sie werden Schuldzuweisungen, Kritik, Hohn, Spott oder Vorwürfe machen - ganz einfach, weil es sich für diese gut anfühlt und sie selbst aufwertet, während es den Rechtfertigenden abwertet. Hätte der Rechtfertigende einfach geschwiegen, wäre das Gegenüber wahrscheinlich nie auf die Idee gekommen **nachzutreten...**

☞ Aufgrund dieser zahlreichen Risiken sollten Sie Rechtfertigungen nach Möglichkeit komplett streichen - es sein denn, Sie müssen sich wirklich unbedingt erklären, weil ein ernsthafter Schaden entstanden ist.

☞ Fragen Sie sich: Braucht mein Gegenüber unbedingt eine Rechtfertigung oder brauche ich diese? Jedes Mal, wenn Sie zu dem Schluss kommen, dass nur Sie die Rechtfertigung brauchen, weil diese eine der oben in der Liste aufgeführten Funktionen haben soll, sollten Sie eine Rechtfertigung komplett weglassen! Vertrauen Sie darauf, dass Sie schon gefragt werden, wenn das Gegenüber Erklärungen braucht!

4.4 Tun Sie so als wäre alles in Ordnung, wenn Sie einen Fauxpas begehen!

Fauxpas, oder die besser als "Fettnäpfchen" bekannten Phänomene, gibt es mehr als Sand am Meer, z. B.

- ein unterdrücktes, aber dennoch lautstarkes Rülpsen im Meeting mit dem obersten Chef,
- kein Taschentuch zu haben, obwohl man es gerade dringend braucht,
- "Wanstrammeln" (Magenschmerzen) mit heftigen Borborygmen (kollernde und gurgelnde Darmgeräusche) beim stillen Gebet, beim Ja-Wort oder bei der Redepause des Chefs - bei gleichzeitiger Todesstille aller anderen in der Umgebung,
- die Krawatte, die in der Hose oder beim Mittagessen in der Suppe hängen geblieben ist,
- der Body, den man nach dem Toilettengang vergessen hat, im Schritt wieder zu schließen und der dann als Fuchsschwanz hinten unter der Bluse hervorlugt,
- nicht zu verhinderndes Einnicken in der ersten Reihe beim Vortrag der Geschäftsführung,
- die Essensreste, die mindestens schon fünf Gespräche lang im Bart oder am Mundwinkel hingen,
- die Kosmetikpanne, weil Frau sich unbedacht die Augen gerieben hat und die natürlich keine von den Kolleginnen angesprochen hat,
- die schlüpfrige Bemerkung, die eigentlich für den nächsten Chat mit Ihrem Schatz gedacht war und ihnen gerade, als sie Ihnen einfällt, ungefiltert vor dem Chef über die Lippen kommt,
- alles Weitere, was unerwartet und unkontrolliert und wenig still aus Versehen entfleucht,

- die brisante Nachricht im falschen Chat, die natürlich sofort gelesen wurde,
- der Wortdreher in Ihrem Vortrag,
- die Slipeinlage, die sich unter dem Sommerkleid (natürlich ohne Strumpfhose an!) langsam den Weg von Slip zu Fußboden bahnt, weil die Klebestreifen nicht mehr haften - vom Nachfolgenden lautstark mit "Sie haben da was verloren!" kommentiert natürlich,
- und, und, und…

Wie diese Beispiele zeigen, gibt es unendlich viele Möglichkeiten für Fauxpas. Allen gemein ist, dass man sich blamiert fühlt - und das Gefühl hat niemand gerne.

Sie können noch so perfektionistisch veranlagt sein, früher oder später werden Sie einen Fauxpas erleben. Gerade wenn Sie solche Situationen tunlichst vermeiden und sich ganz angestrengt immer wieder im Geiste vorstellen, was Sie *nicht* erleben wollen, wird dieses früher oder später mit hoher Wahrscheinlichkeit eintreten. Denn das Gehirn versucht das umzusetzen, was Sie sich als Bilder immer wieder vorstellen. Und wenn Sie sich stets vorstellen, wie Sie ins Fettnäpfchen treten, dann wird es dieses irgendwann Realität werden lassen. Das "nicht", was Sie sich bei diesen "soll bloß nicht passieren"-Vorstellungen übrigens denken, kann das Gehirn nicht verstehen, weil „nicht" nicht verbildlicht wird. Daher passiert Ihnen für gewöhnlich genau das, was Sie vermeiden wollten.

Doch wie gehen Sie am besten damit um, wenn Ihnen ein Fauxpas passiert?

Dazu gibt es Untersuchungen, wie man einen Fauxpas mit möglichst minimaler Beeinträchtigung "überleben" kann:

☞ Gehen Sie über einen Fauxpas oder besagte Fettnäpfchen einfach drüber hinweg und tun Sie möglichst so, als wäre gar nichts passiert!

Denn dass Sie gerade in ein Fettnäpfchen getreten sind, merken die anderen erst an Ihrer Reaktion: Sobald Sie sich umfangreich entschuldigen, hochrot anlaufen oder den Fauxpas sogar explizit aufgreifen und versprachlichen, markieren Sie das Mini-Problem und machen jetzt eine große gefühlte Katastrophe daraus. Denn nun kommt zu Ihrem "sich genieren" erschwerend noch die Reaktion der anderen dazu. Und diese können sehr schmerzhaft sein:

- Gelächter
- Spott
- Hohn
- ein neuer „running gag", der ab heute nun auf jeder Party wiedererzählt werden wird, weil Sie so schön rot anlaufen
- Vorwürfe
- Verachtung
- Respektlosigkeit
- Fremdschäm-Kommentare ("oh mein Gott!") der anderen
- usw.

Und dadurch wird es Ihnen dann mit Sicherheit noch schlechter gehen. Aus Ihrem anfänglichen Gefühl, sich gerade blamiert zu haben, wird dann oft ein gewaltiges Scham- und Selbstwertgefühl-Problem.

Also versuchen Sie bitte nach Möglichkeit einfach darüber hinweg zu gehen, wenn Ihnen etwas Peinliches passiert ist. Wenn Sie sich dabei für irgendetwas entschuldigen müssen, tun Sie es kurz und knapp. Lassen Sie sich maximal zu einem kurzen Räuspern hinreißen und machen Sie dann weiter, als wäre nichts gewesen! Die Menschen in Ihrer Umgebung werden mitunter leicht irritiert gucken und kurz einen fragenden Blick aufsetzen ("war da gerade was?"), aber da Sie so tun, als wäre gar nichts passiert, werden diese ihren eigenen Wahrnehmungen misstrauen und auch darüber hinweg gehen.

Und damit verhindern Sie Schlimmeres: Wenn Sie sich nicht anmerken lassen, wie peinlich Ihnen das gerade war, kommt auch niemand auf die Idee, sich daran zu ergötzen, wenn er Ihre Scham durch Piesacken, Spotten oder Auslachen noch ein wenig mehr verstärken kann.

☞ Also: Contenance! Shit happens! Rücken gerade und so tun, als wäre nichts gewesen! Dann klappt's auch mit den Fauxpas!

4.5 Lassen Sie Unrat vorbeischwimmen!

Es gibt Situationen, da haben Sie gar nichts falsch gemacht und trotzdem sollen Ihnen "Fehler" übergestülpt werden. Wenn Sie zu den Perfektionisten gehören und sehr bestrebt sind, immer alles richtig zu machen und gut dazustehen, werden Sie solche Situationen aus der Bahn werfen. Doch in den allermeisten Fällen können Sie einen "Gesichtsverlust" ganz einfach verhindern, indem Sie das, was passiert, stoisch an sich vorüber schwimmen lassen - ohne zu reagieren! Dadurch haben Sie zweierlei gewonnen: a) Sie stehen im Anschluss noch genauso gut da wie vorher und b) verlängern Sie Ihr Leben, weil Sie es einfach vorüberziehen lassen (siehe Kapitel 4.1).

Zu solchen Situationen, wo Sie aus der Reserve gelockt werden sollen, aber gar nicht reagieren müssen, gehören:

1) Jemand versucht sich über Sie lustig zu machen:

Es gibt Menschen, die es auskosten, wenn sie die Schwächen anderer benutzen können, um sich selbst aufzuwerten. Dazu nutzen diese Schuldgefühle aus und verstärken ein schlechtes Gewissen oder torpedieren ein eh schon angeschlagenes Selbstwertgefühl mit abwertenden Bemerkungen.

"Sich über jemanden lustig machen" ist eine weitere Taktik, um sich selbst besser zu fühlen und andere abzuwerten. Hierbei greifen Menschen scheinbare Schwächen oder gemachte Fehler von anderen auf, um diese vor einem Publikum belustigend darzustellen und jemanden als „falsch" oder „unfähig" vorzuführen.

Wenn Sie Opfer einer solchen "Belustigung" werden und jemand versucht, sich über Sie lustig zu machen, sollten Sie sich "den Schuh keinesfalls anziehen" und schlecht fühlen. Sinnvoller ist die folgende Strategie:

☞ Ignorieren Sie es vollständig, wenn sich jemand versucht, über Sie oder eine Ihrer Schwächen oder Fehler lustig zu machen! Tun Sie einfach so, als hätte niemand etwas gesagt und gehen Sie einfach zur Tagesordnung über! Verkneifen Sie sich jegliche Reaktion und lassen Sie den aktuellen kommunikativen "Schrott" einfach ins Leere laufen!

Wenn Sie sich nämlich nicht grämen, schämen, abwerten oder zu einer Reaktion hinreißen lassen, wird diese Form der Belustigung für das Umfeld sehr schnell langweilig. Denn der "Spaß" funktioniert ja nur, wenn Sie sich schlecht fühlen und ein Problem mit dem haben, was gesagt wird. Wenn nicht, geht "der Spaß" ins Leere und niemand wird über diesen "Witz" lachen. Und dann kehrt sich das Ganze sehr schnell um: Der "Hofnarr", der Sie zur Belustigung anderer in ein ungünstiges Licht rücken wollte, steht plötzlich selbst unangenehm im Fokus, weil seine "Witze" gar nicht funktionieren…

☞ Lassen Sie Unrat einfach vorbeischwimmen!

2) Provokationen:

Provokationen sind ein weiterer Versuch, Sie vorzuführen und aus der Reserve zu locken. Hier sollen Sie Ihre Position, Ihre Macht oder Ihr Ansehen verlieren. Der Provokateur verspricht sich Vorteile davon, wenn er Sie zu einem "Gesichtsverlust" oder einem "aus der Rolle fallen" bewegen kann. Dazu wird er bewusst wunde Punkte bei Ihnen anpieken, damit Sie peinlich berührt reagieren, sich aufregen, sich massiv rechtfertigen, hoch-emotional werden, "aus der Haut fahren", Fehler machen oder sogar die Kontrolle verlieren. Und je mehr Sie darauf bedacht sind, gut dazustehen, desto leichter wird es ihm sein, Sie zu provozieren. Selbst verzerrte und falsche Sachverhalte werden dabei benutzt, um Sie herauszufordern. Im ungünstigen Fall gelingt ihm dies auch irgendwann und er kann Sie soweit schwächen, dass Sie Ihren "guten Ruf" oder Ihr "Gesicht" tatsächlich verlieren - was zu 99 % das Ziel der Provokation war. Daher gilt auch hier:

☞ Zeigen Sie keine Reaktion bei Provokationen! Tun Sie so, als hätte es sie nicht gegeben und machen sie einfach weiter. Dadurch verlieren Sie nichts! Wenn Sie jedoch reagieren, könnten Sie alles verlieren. Also lassen Sie auch hier wieder Unrat vorbeischwimmen!

Wenn Provokationen jedoch soweit gehen, dass dadurch sogar Straftatbestände gegen Sie entstehen, dann sollten Sie reagieren. Überlassen Sie es dann bitte Profis, sich gegen Derartiges zu wehren!

3) Ihnen werden Fehler unterstellt, die Sie aber gar nicht gemacht haben:

Ein weiteres Szenario ist das Folgende: Ihnen wird unterstellt, dass Sie etwas falsch gemacht haben, was aber gar nicht wahr ist. Und da Sie einen sehr hohen Anspruch an sich selbst haben, fangen Sie trotzdem an zu grübeln, ob Sie doch etwas falsch gemacht haben könnten. Im schlimmsten Fall gehen Sie sogar in eine Rechtfertigung und tappen damit in die Falle, die ich in Kapitel 4.3 dargestellt habe: Weil Sie sich rechtfertigen, wirken Sie nun schuldig, obwohl Sie es gar nicht sind. Damit entsteht der Eindruck, dass Sie die Unwahrheit gesagt haben und das Ganze einfach leugnen möchten. Also gilt auch hier:

☞ Prüfen Sie kurz, ob Sie einen Fehler gemacht haben. Und wenn Sie unschuldig sind, dann "ziehen Sie sich den Schuh" auf keinen Fall an! Gehen Sie zur Tagesordnung über und lassen Sie den Unrat wieder an sich vorbeischwimmen!

4) Jemand bauscht einen Mini-Fehler von Ihnen zu einem Mega-Fehler künstlich auf:

Auch in diesem Fall sind meistens keine guten Absichten am Werk: Sie haben beispielsweise einen klitzekleinen Fehler gemacht. Doch dieser wird, weil Sie sonst nie Fehler machen, zu einem Riesenfehler künstlich aufgebauscht. Nun könnten Sie auch hier wieder reagieren und sich fürchterlich aufregen. Am Ende könnte sich das Ganze so weit aufschaukeln, dass Sie aus der Fassung geraten und es plötzlich für Sie ganz andere unangenehme Dimensionen erreicht. Und da Sie nun „aus der Rolle gefallen sind“, haben Sie einen weiteren Fehler zu verkraften.

☞ Fragen Sie sich dann: Lohnt es sich, sich darüber aufzuregen und überhaupt zu reagieren? Falls nicht: Lassen Sie Unrat vorbeischwimmen!

5) Ihnen werden unbegründete Vorwürfe gemacht oder es wird einfach gestichelt:

Gerade in engen Beziehungen kommen Sticheleien und Vorwürfe manchmal vor. Meist entstehen diese, weil einer glaubt, dass der andere etwas falsch gemacht hat. Daher reagiert er immer wieder mit Vorwürfen und Sticheleien, um etwas in seinem Sinne zu verändern. Wenn Sie nun darauf reagieren, kann sich wieder eine unangenehme Dynamik entwickeln.

Daher ist es auch in diesen Fällen weiser, wenn Sie Vorwürfe und Sticheleien ebenfalls unbeantwortet vorüberziehen lassen - dann hören diese am ehesten wieder auf!

☞ Sie haben zu jeder Zeit die Wahl, auf was Sie reagieren wollen und auf was nicht! Wählen Sie weise und lassen Sie "Unrat" einfach an sich vorbeischwimmen! Ihre Nerven werden es Ihnen danken!

Bleibe gelassen mein Herz! Schon größere Frechheit ertrugest du.
Homer

4.6 Nennen Sie gewisse Worte erst gar nicht!

Unpräzise und unbedachte Sprache kann sehr viel Stress auslösen - zwischenmenschlich, aber auch gedanklich. Daher sollten Sie hier unbedingt nachbessern und sich gedanklich oder sprachlich präziser fassen:

Im großen Zweifel, ob sie immer alles richtig machen, betiteln Perfektionisten Kleinigkeiten schon sehr gerne als "Fehler". Doch "Fehler" ist als unscharfes Wort schon Stress-besetzt. Wenn Sie dieses Wort aus Ihrem gedanklichen Vokabular mehr und mehr verbannen und präziser denken, was wirklich passiert ist und was nicht, können Sie sich damit bereits sehr viel Stress nehmen. Und da sie damit auch Anspannung nehmen, können Sie wahrscheinlich auch Probleme schneller lösen (siehe auch das Kapitel 3.2).

Auch im zwischenmenschlichen Bereich ist es schwierig, wenn Sie den Begriff "Fehler" inflationär benutzen. Denn es könnte sein, dass Sie damit ein falsches Bild von sich erzeugen, obwohl Sie immer alles sehr genau erledigen. Wenn Sie nicht wollen, dass gewisse - falsche - Ideen im Kopf Ihres Gegenübers auftauchen, dann sollten Sie dieses Wort einfach ungenannt lassen. Sagen Sie "Fehler" nur dann, wenn Sie sich für einen tatsächlichen Fehler, der zweifelsfrei zu belegen ist, entschuldigen müssen oder etwas ausbügeln müssen. Ansonsten produzieren Sie sich ein Umfeld, welches Sie immer kritisch beäugt - und das wird Sie noch mehr unter Druck setzen, alles richtig machen zu wollen.

Insbesondere Frauen sind Meisterinnen darin, sich schnell dafür zu entschuldigen, wenn etwas noch nicht ganz so gut läuft wie erwartet. Daher sprechen sie schnell von "Fehler", "falsch"; "noch nicht gut sein". Männer tun das weniger - und stehen im Vergleich in der Wahrnehmung, z. B. auf der Arbeit vor dem Chef, oft viel gewissenhafter und genauer da (siehe dazu später auch das Kapitel 6.6). Also verkneifen Sie sich das Benennen von "Fehlern" lieber, sofern es nicht absolut notwendig ist!

Genauso sollten Sie Sätze streichen wie:

- *"Ich will keinen Fehler machen…"*
- *"Ich will Dir keinen Vorwurf machen…"*
- *"Vielleicht habe ich da etwas falsch gemacht…"*
- *"Es mag falsch klingen, aber…"*
- *"Könnte sein, dass ich etwas falsch mache…"*
- …

Diese Sätze sind zur prophylaktischen Beschwichtigung Ihres Gegenübers gedacht. Doch auch hier produzieren diese Wörter Bilder im

Kopf Ihres Gegenübers: Dieser stellt sich nun automatisch "einen Vorwurf", "einen Fehler" oder "falsch sein" vor, ob Sie wollen oder nicht. Und da auch das Gehirn Ihres Gegenübers ebenso wenig mit Verneinungen umgehen kann, wie Sie selbst (siehe Kapitel 4.2), lässt sich dieses auch durch ein "keinen" oder ein "nicht" nicht mehr verhindern. Daher:

- ☞ Sprachliche und gedankliche Ungenauigkeiten machen Probleme nur noch schlimmer. Denken und sprechen Sie präziser! Streichen Sie unscharfe Begriffe mehr und mehr aus Ihrem Vokabular!
- ☞ Sprechen Sie nicht von Fehlern - sonst werden diese auch als Fehler gehandelt!
- ☞ Üben Sie sich in positiver Sprache! Streichen Sie Verneinungen aus Ihrem Denken und Ihrer Sprache!

Doch Sprache kann noch fataler wirken. Warum, das lesen Sie im nächsten Kapitel!

4.7 Definieren Sie bitte einmal "Versagen"!

Einer meiner Lieblingsinterventionen in der Therapie mit perfektionistischen Menschen ist diese:

"Definieren Sie bitte einmal 'Versagen'"!

Die Antworten darauf fallen immer gleich aus: "Zu versagen bedeutet, dass man etwas nicht schafft!". Kognitiv wissen alle, dass „Versagen“ eigentlich nicht mehr bedeutet. Doch emotional löst es ein völlig anderes Gefühl aus, als "nur etwas nicht zu schaffen":

Das Wort "Versagen" produziert bei diesen Menschen die Vorstellung eines lebensbedrohlichen Zustandes, bei dem sie sämtliche Lebens- und Daseinsberechtigung, die Zugehörigkeit zur Gesellschaft und ihren kompletten Selbstwert vollständig verlieren. Ihr Leben wird damit schlagartig enden und "zu versagen" kommt einer

"Hinrichtung" gleich. Kein Wunder also, dass diese Menschen versuchen, ein „Versagen" akribisch zu vermeiden.

Doch all das, was sich mit "Versagen" vorgestellt wird, wird niemals eintreten:

Selbst wenn etwas erheblich schiefläuft, werden Sie immer noch derselbe wertvolle Mensch bleiben - auch wenn sich das für Sie nicht so anfühlen mag. Ihnen droht kein Verlust der Staatsangehörigkeit oder der Verweis des Landes, wenn Sie einen Fehler begangen haben. Selbst wenn Sie gegen das Gesetz verstoßen haben, müssen Sie sich vor Gericht dafür verantworten und eine angemessene Strafe abbüßen. Doch Ihre Lebens- und Daseinsberechtigung wird Ihnen trotzdem niemand entziehen.

Das bedeutet: „Zu versagen" ist nicht so schlimm, wie Sie es in Ihrer Vorstellung machen!

- ☞ Streichen Sie daher den Begriff und die Vorstellung von Versagen aus Ihren Gedanken und Ihrem Wortschatz!
- ☞ Lösen Sie die gedankliche Verzerrung auf!
- ☞ Überdenken Sie sachlich und präzise, was hätte anders laufen sollen, wenn etwas schiefgelaufen ist - nicht mehr und nicht weniger!

4.8 Andere könnten die Macke haben - und nicht Sie!

Perfektionistische Menschen haben eine regelrechte **Fehlerphobie**. Sie halten ständig Ausschau, ob etwas schieflaufen könnte und sie daran Schuld haben. In Kapitel 4.2 ist beschrieben, wie sie selbst ungewöhnliche Verhaltensweisen oder abnorme Befindlichkeiten der Menschen in ihrem Umfeld auf die eigene Schuldig- und Verantwortlichkeit hin überprüfen. Noch schlimmer wirkt es sich jedoch aus, wenn Perfektionisten von anderen ungerechtfertigt angegangen werden, z. B. durch

- unberechtigte Kritik oder Tadel,
- stetig abgefeuerte Spitzen, boshafte Bemerkungen oder Hinterlist (meist zwischen Frauen),
- "schlecht gemacht werden" oder Unwahrheiten,
- abwertenden Bemerkungen oder Herabsetzungen (insbesondere durch Narzissten),
- haltlosen Unterstellungen,
- Aufbürden von Fremd-Schuld oder
- permanentem Lästern über sie.

Während sich die meisten Nicht-Perfektionisten durch den Gedanken "der/die andere liegt falsch - ich bin in Ordnung!" gegen diese falschen Aussagen wehren und dieses so an sich abtropfen lassen, gelingt Perfektionisten dies nicht: Da sie einen "gefühlten Makel" oder "Mängel" zu haben glauben, die sie durch Perfektionismus auszugleichen versuchen, tauchen sehr schnell Selbstzweifel auf, wenn ihnen Derartiges passiert. Sie werden unsicher und fangen an darüber nachzugrübeln, ob "der andere nicht sogar recht haben könnte" - und stellen sich selbst infrage, statt das Gegenüber.

Doch ganz genau da liegt der eigentliche Fehler:

Durch die Selbstzweifel erkennt der Perfektionist nicht, dass solche „Attacken" mehr mit dem Gegenüber zu tun haben als mit ihm selbst: Da er seine eigene Unsicherheit bekämpft, kommt er nicht auf die Idee, dass "der andere die Macke haben könnte und nicht er selbst".

Denn obige Verhaltensweisen kommen im zwischenmenschlichen Bereich leider häufig vor:

Weil sich nur wenige Menschen reflektieren können und verändern, was „falsch ist", erliegen viele der Versuchung, ihrem „inneren Äffchen" (d. h. ihren neurotischen Bedürfnissen) zu dienen: Aus purer Berechnung, aus der Abwehr von Schuld, einem Gefühl von Minderwertigkeit, Eifersucht, Neid oder sonst einem Bedürfnis heraus, beginnen sie andere unberechtigt zu kritisieren, sie abzuwerten, Schuld auf diese abzuwälzen, sie schlecht zu machen, zu tyrannisieren oder herabzuwürdigen. Unter dem Deckmantel von "Wahrheit" und "Recht" verkaufen sie lautstark verzerrte Sachverhalte, nur um ihren Egoismus zu befriedigen, sich selbst zu schützen oder sich durch die Abwertung anderer selbst aufzuwerten.

Doch egal, was genau es ist: In der Tiefe hat auch der „Angreifer“ ein Gefühl von „nicht zu genügen“ oder „falsch sein“ und ist unsicher - nur versucht er dieses mit anderen Strategien zu kompensieren als mit Perfektionismus. Stattdessen lässt er halt das Äffchen tanzen - und den Perfektionisten leiden.

Doch Sie müssen ja nicht mitmachen:

- ☞ Arbeiten Sie daran, sich weniger reflexhaft selbst infrage zu stellen! Wenn das Problem oder der Fehler zum Gegenüber gehört, dann siedeln Sie es auch bitte dort an! Haben Sie auch den Mut, es notfalls klar zu benennen!
- ☞ Wenn Sie einen eigenen Fehleranteil finden, arbeiten Sie daran bzw. korrigieren Sie das! Sorgen Sie dafür, dass jedenfalls Sie Ihre Äffchen in Griff haben!
- ☞ Wenn Sie keinen Fehleranteil finden, sagen Sie sich: "Ich bin ok!" und lassen Sie den anderen mit seinem Äffchen allein spielen - ohne dass Sie es sich zu Herzen nehmen.
- ☞ Denken Sie immer daran: Der andere könnte die Macke haben und nicht Sie!

4.9 Suchen Sie sich Vorbilder mit guter Fehlerkultur!

Wahrscheinlich haben Sie beim Lesen bis hier her schon so manchen neuralgischen Punkt bei sich entdeckt: Welche Fehler Sie besonders schmerzen, was noch zu verbessern ist, woran Sie lange zu knabbern haben, was Sie aus der Bahn wirft, was nicht usw.

Um für Ihre "to do's", die Sie dabei erkannt haben, noch eine weitere, sehr einfache Strategie zur Hand zu haben, möchte ich unbedingt die älteste Technik überhaupt erwähnen:

☞ Schauen Sie sich ab, was Sie lernen wollen!

Diese Strategie mag sehr einfach daherkommen. Dennoch ist ihre Anwendung noch sehr ausbaufähig in der breiten Masse. Denn obwohl es heute im Internet-Zeitalter viele Beispiele überall zu finden gibt, werden diese als Vorbilder viel zu wenig genutzt. Einerseits liegt das daran, dass generell zu wenig über sich selbst nachgedacht wird. Andererseits treibt das Leben viele Menschen vor sich her. Und bevor eine Selbstreflexion stattfinden kann, steht bereits die nächste Anforderung drängend vor der Tür, sodass für Veränderung meist wenig, bis gar keine Zeit bleibt.

Umso mehr sollten Sie sich jedoch die Zeit dafür nehmen! Denn Missgeschicke und Fehlentwicklungen in Ihrem Leben könnten schnell dazu führen, dass Sie demnächst noch mehr unter Druck stehen und noch weniger Zeit zur Verfügung haben werden. Daher sollten Sie starten und konsequent an sich arbeiten. Sie können dabei z. B. wie folgt vorgehen:

- Was ist Ihr größtes Problem, welches immer wieder dazu führt, dass Sie ein unerwünschtes Ergebnis erzielen? Starten Sie mit diesem!
- Recherchieren Sie im Internet: Gibt es Menschen, die zu einem anderen Ergebnis kommen oder solche Schwierigkeiten überwunden haben?
- Wenn Sie ein Modell gefunden haben: Schlüpfen Sie gedanklich in dieses hinein und erforschen Sie, was genau diese Person anders denkt, fühlt oder tut, damit dabei ein anderes Ergebnis herauskommt als bei Ihnen! Nehmen Sie dieses in allen Einzelheiten wahr!
- Packen Sie das, was Sie nun entdecken, in ein gedankliches Take-Home-Körbchen und schlüpfen Sie anschließend mit diesem Körbchen in der Hand aus dem Modell wieder heraus!
- Nehmen Sie den Inhalt des Körbchens und verleiben Sie sich diesen ein! Spüren Sie, wie Sie diese Fähigkeiten nun in allen Facetten integrieren und versuchen Sie das, was ansonsten misslingt, mit dieser neuen Ausstattung ein weiteres Mal!
- Wenn Sie feststellen, dass Sie noch mehr Fähigkeiten benötigen, wiederholen Sie diesen Prozess mit weiteren Modellen!

Als Modelle können auch Personen in Ihrem Umfeld dienen. Denn viele Menschen gehen sehr unterschiedlich mit Fehlern und Misserfolgen um. Auch von diesen können Sie lernen:

☞ Was machen diese anders als Sie? Welche Geisteshaltungen haben diese, die auch Ihnen helfen könnten, Fehler besser zu überwinden? Schlüpfen Sie gerne auch in diese hinein und sammeln Sie wichtige Fähigkeiten von diesen ein!

Paradebeispiele für Menschen mit einer gut entwickelten Fehlerkultur sind **resiliente Menschen**. Diese haben gelernt, mit widrigen Umständen in der Vergangenheit erfolgreich umzugehen, diese zu überwinden und trotzdem ein glückliches und erfolgreiches Leben zu führen. Dabei ist diesen sicherlich auch vieles falsch vorgekommen. Dennoch haben sie es geschafft, nicht daran "kleben" zu bleiben und sich weiterentwickelt. Auch von diesen können Sie lernen. Suchen Sie doch mal im Internet nach den Lebensläufen folgender Persönlichkeiten

Abraham Lincoln, Henry Ford, Eminem, Steve Jobs, Oliver Kahn

und überlegen Sie, wie diese sich im Verlauf Ihres Lebens gefühlt haben? Was glauben Sie, wie oft diese aufgeben wollten und sich neu organisieren mussten? Und was hat diesen wohl geholfen, wieder und wieder aufzustehen und weiterzumachen? Finden Sie es heraus und nehmen Sie diese zum Vorbild!

- ☞ Machen Sie ein Forschungsprojekt daraus: Wer beeindruckt Sie? Was können Sie von diesen für eine bessere Fehlerkultur lernen?
- ☞ Ahmen Sie diese unauffällig nach, bis Sie selbst die nötigen Fähigkeiten erlangt haben!

Aber Achtung: Sie sollen sich natürlich keinen noch größeren Perfektionisten als Modell suchen, sondern jemanden, der krisen- und fehlererprobt ist und von dem Sie lernen können, entspannt und weniger perfektionistisch sein zu können! ;)

4.10 Warum sind Sie in anderen Bereichen gelassener? Finden Sie es heraus!

Perfektionismus hin oder her - es gibt immer Bereiche im Leben, wo es trotzdem durchaus gelassen zugeht und Fehler oder "Falsches" überhaupt nicht tragisch genommen werden.

Beispiele:

- Einige Menschen sind vis á vis sehr still und halten sich mit ihrer Meinung zurück. Im Internet positionieren sie sich dagegen lautstark.
- Während auf der Arbeit kein Staubkörnchen liegen darf, bleibt im Haushalt regelmäßig was liegen.
- Während sie das ganze Jahr über still und angepasst sind, geht bei einigen Menschen an Karneval geradezu die ungebremste Post ab.
- Während sie als Manager perfekt, hart und selbstdiszipliniert agieren, tauchen zu Hause regelmäßig Kontrollverluste mit Alkohol auf, die viel Ärger einhandeln.
- Während mit den Regeln des Straßenverkehrs sehr großzügig umgegangen wird, wird auf der Arbeit jeder Fehler z. B. eines Kollegen hart geahndet (siehe Kapitel 4.1).
- Während im Haushalt peinlich genau auf Sauberkeit und Ordnung geachtet wird, ist es im Urlaubsdomizil völlig egal und alles darf verwüstet werden.

Wie Sie sehen, ist die Diskrepanz zwischen "perfekt funktionieren" und "gelassen aussitzen können" manchmal sehr groß.

Doch woran liegt das?

Während der Perfektionismus durch gewisse Ängste getrieben wird, sind diese in anderen Bereichen nicht vorhanden. Während ein drohender Verlust von Status, Anerkennung oder Liebe oder eine Angst vor Ablehnung dazu treibt, möglichst alles richtig zu machen, werden die dadurch ausgelösten stressbedingten Spannungen quasi durch nicht-perfekte Bereiche kompensiert. Dort herrscht dann große Gelassenheit mit sich selbst. Dies zeigt wieder einmal, dass Gelassenheit bei sonst starkem Perfektionismus möglich ist.

Wenn Sie solche Gegensätze auch von sich kennen, ist es wichtig herauszufinden, warum Sie in manchen Bereichen entspannt sein können, während Sie es in anderen nicht sind. Denn dadurch erhalten Sie Hinweise auf Ihre Motive, die Sie zu perfektionistisch sein lassen. Diese zu kennen ist einerseits wichtig, damit Sie diese später noch bearbeiten können.

Andererseits können Sie versuchen, Ihre Gelassenheit in die Bereiche, wo Sie sonst höchst angespannt "perfekt sein wollen", zu übertragen. Wenn Sie das schaffen, haben Sie auch schon allerhand gewonnen.

Daher:

- ☞ Untersuchen Sie, in welchen Situationen Sie souverän bleiben können, auch wenn Sie einen Fehler gemacht haben! Was ist der Unterschied zwischen diesen Situationen und jenen, in denen Sie glauben, "perfekt sein zu müssen"? Was genau gibt es bei Letzteren zu verlieren?
- ☞ Versuchen Sie die Gelassenheit der einen Situation auf die andere Situation, in der Sie keineswegs gelassen sein können oder wollen, zu übertragen!

4.11 Lernen Sie Veränderungen zu ertragen!

Das Leben ist immer für eine Überraschung gut. Doch im Bestreben, alles unter Kontrolle und sicher zu halten, geraten viele Menschen bei einer plötzlichen Wendung in großem Stress. Die eben noch geglaubte Kontrolle ist plötzlich weg und viele unangenehme Begleitgefühle können auf die Schnelle nicht bewältigt werden. Oft bedrohen auftauchende Veränderungen zusätzlich das eigene Ansehen, die eigene Stellung, die Existenz, den Status, das Leben, die Gesundheit, die Beziehung oder die Familie. Kein Wunder also, dass Menschen einen solch unheilvollen Zustand sofort wieder loswerden wollen.

Denn die Ohnmacht, die so etwas mit sich bringt, ist schwer auszuhalten. Reflexhaft werden Rettungs- und Schutzmaßnahmen eingeleitet, die oft eine Verschlimmerung statt einer Verbesserung bewirken. Doch Reflexaktionismus sollte unterbleiben: Sofern Leib, Leben und Existenz nicht akut bedroht sind, können Sie abwarten und den aktuell gefährlich erscheinenden Zustand (der aber nicht wirklich gefährlich sein muss) erst einmal aussitzen. Dazu brauchen Sie Akzeptanz. Und Sie müssen Veränderungen aushalten können. Denn:

☞ Altes geht und Neues kommt. Das ist ein Naturgesetz. Und wenn Neues kommt, wo noch Altes steht, muss das Alte weichen, damit das Neue Platz hat.

In der Baubranche ist dies Tagesgeschäft: Damit ein neues Haus entstehen kann, muss ein altes abgerissen werden. Entweder geplant, weil ein altes Haus ausgedient hat und nur noch Nachteile mit sich bringt, für die Bedürfnisse nicht mehr ausreicht oder nur noch schlechte Gefühle erzeugt. Oder weil das alte Haus langsam in sich zusammenfällt, weil es marode ist oder das Fundament ausgehöhlt wurde, die Wände nicht mehr tragfähig sind oder das Dach undicht.

Oder weil es eine Katastrophe, wie ein Orkan, ein Erdbeben, eine Überschwemmung oder eine Lawine plötzlich und unerwartet zum Einsturz gebracht haben oder zersetzten. Immer dann wird das alte Haus unaufgeregt abgerissen und eben ein neues Haus gebaut.

Doch bei persönlichen Veränderungen ist das anders. Hier ist die Aufregung oft sehr groß, wenn eine Veränderung droht. Dabei verhält es sich hier ganz genauso:

☞ Wenn Neues kommt, wo noch Altes ist, muss das Alte zerfallen, damit das Neue Platz hat.

Und egal, ob Sie diese Veränderung selbst initiiert haben, sie eine unweigerliche Folge ist oder plötzlich nach einer Katastrophe notwendig wird: Sie kommen nicht umhin, die Veränderung geschehen zu lassen und sich anzupassen. Und eines passiert dann mit absoluter Gewissheit:

Es kommt der Moment, da stehen Sie mitten in einem Trümmerhaufen.

Und das fühlt sich schlecht an - weil das Alte weg ist und das Neue noch nicht da. Gleichzeitig erscheint der Trümmerhaufen unüberwindbar hoch. Und wenn die Veränderung überraschend kam, gibt es manchmal nicht einmal einen Bauplan für etwas Neues.

Wie groß die Verwüstung bei einer Veränderung ist, richtet sich danach, was zusammengefallen ist: War es nur "ein kleiner Schuppen", ist der Trümmerhaufen kleiner. Ist dagegen ein ganzer "Wolkenkratzer" eingestürzt, fühlt sich der Trümmerhaufen verheerend an. Und dann brauchen Sie Zeit, bis Sie sich an den neuen Anblick gewöhnt haben.

Außerdem dauert es, bis Sie anschließend alle Trümmer sortiert und weggeschafft haben. Meist sehen Sie in dieser Zeit keine Fortschritte und müssen einfach daran glauben, dass eines Tages alles bereinigt sein wird und dort, wo jetzt noch eine übergroße Baustelle ist, etwas Neues entstanden sein wird: besser, stabiler, passender, tragfähiger. Und ohne die Mängel, die das Alte hatte.

☞ Doch bis die Trümmer sortiert sind und Sie die Verwüstung behoben haben und das Neue erschaffen ist, wird es Sie Schweiß, Tränen und Zeit kosten. Auch das ist ein Naturgesetz.

Das "Niemandsland der Trümmer und Verwüstung" bleibt keinem erspart und ist für jeden eine Herausforderung. Früher oder später kommt der eine oder andere "Einsturz" auf jeden Menschen zu. Der einzige Unterschied besteht nur darin, wie gut ein Mensch bereits darin geübt ist, Trümmer zu sortieren und wegzuschaffen und wie viel helfende Hände und Ressourcen mobilisiert werden können.

☞ Altes geht und Neues kommt. Immer und immer wieder. Gewöhnen Sie sich daran!

Sie können dagegen ankämpfen. Sie können sich aber auch der Veränderung ergeben. Lernen Sie dies geduldig auszuhalten: Siehe Kapitel 4.12!

4.12 Werden Sie geduldiger!

Ein Sprichwort sagt:

Geduld ist die Kraft, das zu ertragen,
was man eigentlich gar nicht will.
Unbekannt

Auftauchende Trümmerfelder nach Veränderungen, wie ich sie im letzten Kapitel beschrieben habe, sind genau das: Chaos und Gefühle ("Trümmer"), die man gar nicht will. Daher sollen solche Trümmerfelder gar nicht erst entstehen oder sofort wieder verschwinden. Ungeduld macht sich breit, weil das Leiden sofort wieder ein Ende haben soll.

Doch wenn Sie die entstandenen Trümmer aus dieser Ungeduld heraus einfach beiseiteschieben, werden Ihnen diese für gewöhnlich früher oder später wieder vor die Füße fallen. Und spätestens dann wissen Sie, dass es ein Fehler war, sie einfach so weggeschoben und nicht sortiert und abtransportiert zu haben.

Zugegeben: Jedes Trümmerteil einzeln aufzuheben, es schonungslos zu betrachten, seine Geschichte und die damit verbundenen Gefühle zuzulassen und zu verstehen, ist schmerzhaft. Doch genau das ist der Weg, wenn Sie ein nachhaltig sortiertes Areal mit solidem Neubau erhalten wollen. Tun Sie dies nicht, wird der Trümmerhaufen liegen bleiben. Und wenn Sie sogar noch mehr "Abriss" darauflegen, wird sich Ihr Trümmerhaufen immer mehr anhäufen. Bis er zum Müllberg geworden ist und Sie eines Tages deswegen nicht einmal mehr zu sich selbst zurückfinden.

Doch nicht nur die Stolper- und Müllberg-Gefahr durch herumliegende Trümmer wird früher oder später zum Problem: Viel tragischer ist es, dass Sie aus Ihren Trümmern nichts lernen, wenn Sie sie nicht sortieren. Damit wird das neue Haus, welches Sie auf der entstandenen Freifläche bauen werden, wahrscheinlich wieder dieselben Mängel aufweisen wie das alte Haus: Weil Sie die Trümmer nicht untersucht haben, sich nicht die Mühe gemacht haben zu verstehen, warum das alte Haus nicht mehr passte und einstürzte, warum es brüchig wurde, und was verstärkt, verbessert und verändert werden muss. Zwar haben Sie schneller ein neues Haus, wenn Sie die Trümmer außer Acht lassen - aber kein besseres!

- ☞ Nutzen Sie daher die Phase, in der Sie eh nichts tun können, um Ihre Gefühle zu verstehen und daraus Ableitungen für die kommende Zeit zu bilden! Wie müssen Sie sich jetzt verändern? Wie einrichten oder umorganisieren? Was bricht jetzt weg und was gewinnen Sie eventuell auch dadurch?
- ☞ Werden Sie leidensfähiger: Lernen Sie, auch unangenehme Gefühle, ohne zu bewerten oder *sofort-weg-haben-wollen,* eine gewisse Zeit lang zu ertragen!
- ☞ Geben Sie allem die Zeit, die es braucht: Dem Ende, dem Neuanfang und auch dem Wachsen und Werden dazwischen!

Ein jegliches hat seine Zeit, und alles Vorhaben unter dem Himmel hat seine Stunde:
geboren werden hat seine Zeit, sterben hat seine Zeit;
pflanzen hat seine Zeit, ausreißen, was gepflanzt ist, hat seine Zeit;
töten hat seine Zeit, heilen hat seine Zeit;
abbrechen hat seine Zeit, bauen hat seine Zeit;
weinen hat seine Zeit, lachen hat seine Zeit;
klagen hat seine Zeit, tanzen hat seine Zeit;
Steine wegwerfen hat seine Zeit, Steine sammeln hat seine Zeit;
herzen hat seine Zeit, aufhören zu herzen hat seine Zeit;
suchen hat seine Zeit, verlieren hat seine Zeit;
behalten hat seine Zeit, wegwerfen hat seine Zeit;
zerreißen hat seine Zeit, zunähen hat seine Zeit;
schweigen hat seine Zeit, reden hat seine Zeit;
lieben hat seine Zeit, hassen hat seine Zeit;
Streit hat seine Zeit, Friede hat seine Zeit.

aus dem Alten Testament
(Prediger 3,1-8)

4.13 Lernen Sie Unvollkommenheiten auszuhalten!

Aus dem Bedürfnis heraus, bloß keine Fehler zu machen, versuchen Menschen mit geringer Fehlertoleranz alles richtig zu machen und sämtliche Erwartungen zu 100 % zu erfüllen. Perfektionisten legen sogar noch eins drauf: Damit sie eine "Sicherheitsreserve nach unten" haben und auf jeden Fall richtig liegen, streben Sie sogar weit über 100 % an - und landen dann nicht selten sogar bei 130 % Zielerreichung, sofern das möglich ist.

Mit solch hohen Ansprüchen ist der Stress vorprogrammiert: Denn "Unvollkommenheiten", also Situationen, die nicht zu 100 %-igem

Ergebnis führen, sind normal und das stete Erreichen eines Optimums und völlige Fehlerfreiheit ein Mythos.

Denn das Leben ist keine simple Mathegleichung mit eindeutigem Ergebnis, sondern ein komplexes System aus unzähligen Sub-, Sub- und noch mehr Subsystemen. Jedes Sub-System (z. B. ein beteiligter Mensch) hat bereits potenziell unzählige Verhaltensmöglichkeiten und in der Summe der Subsysteme (z. B. in einer Gruppe von Menschen) potenziert sich dies noch. Daher lassen sich die meisten Begebenheiten nicht vorhersagen oder berechnen. Selbst wenn Wahrscheinlichkeit und Statistiken mit einbezogen werden und ein gewünschtes Ergebnis möglichst präzise forciert wird, ist es dennoch möglich, dass ein "doofer Zufall" oder ein unberechenbarer Faktor zu einem ungewollten Ergebnis führen.

Dazu ein einfaches Beispiel:

Sie nehmen sich vor, mit Ihrer Freundesclique von 20 Personen am kommenden Wochenende geschlossen ins Kino zu gehen. Da Sie Perfektionist sind, müssen alle mit Ihrer Event- und Filmauswahl einverstanden sein und natürlich auch alle "begeistert" mitgehen. Ihr Anspruch der Zielerreichung liegt also bei 100 %. Und da Sie selbst begeisterter Kinogänger sind, wollen Sie diesen Kinoabend mit der geschlossenen Clique 1x monatlich wiederholen. Was glauben Sie, wie erfolgreich werden Sie am kommenden Wochenende mit Ihrem Plan sein? Werden alle fröhlich und diskussionslos mit Ihnen in den von Ihnen geplanten Film gehen? Und wie erfolgreich wird Ihr Vorhaben sein, dieses einmal pro Monat wiederholen zu können?

Wie Sie an diesem Beispiel schon erkennen können, ist es sehr ungünstig, wenn Sie sich absolute Ziele setzen. Denn wahrscheinlich werden Sie nicht alle motivieren können, mit Ihnen ins Kino zu gehen und der ein oder andere ist mit Ihrer Filmauswahl nicht einverstanden. Darüber hinaus werden Sie es wahrscheinlich noch weniger schaffen, alle 20 Personen jeden Monat in ein und denselben Film zu bekommen. Sofern Sie jetzt sehr penibel sind, werden Sie sich dies als "unvollkommene Zielerreichung" vorwerfen.

Anders sieht es schon aus, wenn Sie anfangen relativ zu denken: Wenn Sie es schaffen, ca. 90 % Ihrer Freunde mit ins Kino zu bekommen, werden Sie sich zwar schlecht fühlen, weil Ihr Anspruch bei 100 % liegt. Aber in der Summe haben Sie sehr viele mit ins Kino genommen. Und niemand wird Ihnen einen Vorwurf machen, da Sie die meisten erreicht haben mit Ihrem Vorhaben.

Eine Lösung, um Unvollkommenheiten besser ertragen zu können, besteht also darin, sich nach Möglichkeit **nicht absolute Ziele zu setzen, sondern relative**:

- "Wenn schon mehr als 80 % mitgehen, bin ich zufrieden!"
- "Wenn ich im Zweier-Bereich lande, bin ich zufrieden!" (bei Benotung)
- "Wenn ich in der Summe mehr Positives als Negatives erziele, bin ich zufrieden!"
- "Wenn schon mehr als 90 % sauber sind, bin ich zufrieden!"
- „Wenn mein Leben mehr Positives als Negatives aufweist, bin ich glücklich!"

☞ Vermeiden Sie absolute Erwartungen! Relativ gesehen schneiden Sie wahrscheinlich sehr oft mindestens gut ab - bedenken Sie das!

☞ Wenn Sie absolute Ziele verfolgen, sind alle Ergebnisse, die dieses absolute Bild nicht erfüllen, eine Enttäuschung. Dadurch werden Sie sofort und oft Frustration und ein Gefühl von Scheitern empfinden! Wenn Sie relativ denken, werden Sie im Gegensatz feststellen, dass Sie wahrscheinlich immer im oberen Bereich der Erfolgsskala landen! Und das ist dann immer ein Gewinn!

4.14 Bremsen Sie sich aus mit dem Pareto-Prinzip!

Untersuchungen haben gezeigt, dass die meisten Menschen große Schwierigkeiten haben, zwischen einem Ergebnis von 90 % und einem Ergebnis von 100 % zu unterscheiden. Wenn dem so ist, stellt sich die Frage, warum viele Menschen vor allem in Bereichen, wo die letzten 10 % nicht über Leben und Tod entscheiden, so sehr darum kämpfen, auf 100 % Zielerreichung zu kommen. Sicher gibt es Bereiche, wo ein 100 %-iges Ergebnis zwingend nötig bzw. wünschenswert ist: z. B. bei einer Operation, im Bankensektor, in der Medizin, bei Bilanzen und im Rechnungswesen sind korrekte und präzise Ergebnisse sehr wichtig. Auch im Baubereich wäre es wünschenswert.

Doch ist es nötig, dass Sie im Haushalt jedes Mal noch die Fliesen hochklappen, um darunter zu wischen? Oder ist es wirklich nötig, jedes herunter gefallene Laubblatt im Garten sofort zu entfernen? Und muss der Wagen wirklich jede Woche gewaschen und auch noch poliert werden? Müssen Sie eine E-Mail tatsächlich erst 20-mal lesen, bevor Sie diese losschicken, und einen Vorgang wirklich 50-mal prüfen und 5x absichern, bevor Sie ihn als erledigt sein lassen können?

Für die Überlegung, wie *viel* Sie investieren müssen, um ein 100 %-iges Ziel zu erreichen, möchte ich Ihnen das **Pareto-Prinzip** vorstellen:

☞ Das Pareto-Prinzip besagt, dass Sie in den ersten 20 % der Zeit 80 % einer Aufgabe erledigen, während Sie dann noch mal 80 % Zeit aufwenden, um das Ergebnis nur noch um weitere 20 % zu steigern.

Lassen Sie uns das am Beispiel "Aufräumen" betrachten:

Wenn Sie anfangen, haben Sie demnach in kürzester Zeit schon 80 % weggeräumt. Und das bestätigt sich, wenn Sie sich vergegenwärtigen, dass Sie wahrscheinlich erst einmal die größeren Teile, wie Geschirr, Müll und getragene Kleidung einsammeln und wegbringen und den Rest in überschaubare Ansammlungen (Stapel) auf eine Stelle legen. Im Anschluss investieren Sie dann noch weitere 80 % an Zeit, um sich der Stapel und sonstiger Kleinigkeiten zu widmen.

Ganz genauso verhält es sich mit vielen anderen Aufgaben auch. Wenn Sie dabei bedenken, dass Sie für 20 % zusätzliche Zielerreichung noch 80 % an Zeit draufpacken und die meisten Menschen ein Ergebnis von 90 % nicht einmal von 100 % unterscheiden können: Wie viel Sinn macht es jetzt noch für Sie, in wirklich allen Bereichen auf 100 % - oder noch darüber - zu kommen?

☞ Wäre es da nicht eine bessere Idee zu überlegen, wo 100 % absolut nötig sind und dort diese 80 % zusätzliche Zeit zu investieren, während Sie in anderen Bereichen, wo auch 90 % ausreichen, auch mal "Fünfe gerade sein" lassen?

Mit etwas Übung und Akzeptanz können Sie lernen das auszuhalten!

4.15 Lernen Sie Unschärfen zu ertragen!

Perfektionisten haben den Wunsch nach Perfektion nicht ohne Grund entwickelt. Oft steckt dahinter der Wunsch nach Kontrolle und Klarheit. Doch Veränderungen und das Leben als solches sind nicht immer klar und kontrollierbar. Und diese „Unschärfe" sorgt regelmäßig für Stress.

Dabei kann eine Unschärfe oder Unklarheiten in nahezu jedem Bereich auftauchen, z. B.

- in der Kommunikation, wenn nicht klar ist, wie "der andere das wohl gemeint hat"
- im Alltag beim Lauschen von Nachrichten
- in Partnerschaft, Familie und Freundschaft, wenn gewisse Dinge nicht angesprochen werden
- auf der Arbeit, wenn Arbeitsprozesse wenig überschaubar oder undurchsichtig sind
- oder wenn sie nicht alle Zügel selbst in der Hand halten.

Perfektionisten tun dann so einiges, um die auftauchende Unschärfe zu beheben und wieder Kontrolle über die Situation zu bekommen: Sie strengen sich mehr an, leisten mehr, kontrollieren und überprüfen noch mehr, werden noch vorsichtiger, sprechen Dinge immer wieder an oder bemühen sich um noch mehr Perfektion. Meist bemerken sie selbst, wie übertrieben und zwanghaft ihr Kompensationsverhalten ist, können es aber nicht lassen.

Dabei sind solche Reaktionen sehr sinnvoll, wenn es echte Unklarheiten und Unsicherheiten gibt. Doch oftmals gibt es nur "gefühlte Unschärfen" und die Reaktionen von Perfektionisten sind stark übertrieben. Doch lassen können sie es nicht, weil

- sie sofort mit großer Angst oder Überforderung reagieren, wenn ein Geschehen diffus wird. Daher halten Sie immer Ausschau und versuchen unklare Situationen zu vermeiden oder jedenfalls Gegen-, Schutz- oder Neutralisierungsmaßnahmen zu ergreifen, wenn sie eine Gefahr ausmachen.
- sie im Inneren meist unsicher und wenig selbstbewusst sind und Situationen damit schneller diffus erscheinen.
- sich nicht zugetraut wird, stets angepasst und korrekt reagieren zu können, wenn eine Situation unklar wird.
- sie sich generell wenig zutrauen.
- sie große Unsicherheit und vielleicht sogar Kontrollverlust in der Vergangenheit kennengelernt haben und sie Wiederholungen nun vehement vermeiden.
- sie eine allgemeine Angst vor Menschen, der Zukunft oder Autoritäten haben und versuchen, dies über Kontrolle auszugleichen usw.

Um solche Phasen von Unschärfe in Zukunft besser aushalten zu können, ist es daher sehr wichtig, an den Ursachen zu arbeiten. In Kapitel 5 ("Tiefenreinigung") werden wir uns damit noch genauer befassen. Für den Moment hilft es Ihnen jedoch schon, wenn Sie erst einmal bemerken, dass es meist nicht an der Situation als solches liegt, die bei Ihnen für Stress sorgt, sondern an Ihren Mustern, die Ihre Unsicherheiten produzieren oder zumindest verstärken. Und mit dem Erkennen schaffen Sie für Ihr Unbewusstes bereits einen Ansatz, um nach einer Lösung für dieses Problem zu suchen. Fragen Sie sich daher in solchen Phasen:

- Bewerte ich die Situation richtig? Gibt es ein echtes Problem oder existiert das Problem nur, weil ich eines davon mache? Überhöhe ich das Problem sogar?
- Was glaube ich gerade zu verlieren?
- Warum will ich das Problem jetzt unbedingt weghaben?

- Was genau verunsichert mich?
- Was drohe ich zu verlieren, wenn ich jetzt einfach mal nichts tue?
- Kenne ich dieses Gefühl von früheren Phasen meines Lebens?

Halten Sie dieses gerne schriftlich fest!

4.16 Stoppen Sie Automatismen und Reflexe, wenn etwas schiefgelaufen ist!

Die Reaktionen auf Missgeschicke fallen sehr vielfältig aus. Manche Menschen

- fangen an, einfach *irgendwie* zu reagieren und machen einfach *irgendwas,*
- fangen an zu stammeln oder zu stottern oder zu reden ohne Punkt und Komma,
- werden aufbrausend oder cholerisch, gehen lautstark in die Abwehr,
- verfangen sich in Rechtfertigungsschleifen oder Entschuldigungen,
- fangen "Maßnahmen" an, um die Situation "zu beheben", Verschlimmerung zu vermeiden oder den Schaden zu begrenzen,
- neigen zu Schimpf- und Beschuldigungstiraden, um das Ganze auf andere oder die Umstände zu projizieren,
- nehmen stets alle Schuld sofort auf sich und werfen sich blitzschnell in die Opferrolle,
- raufen sich die Haare, stampfen mit dem Fuß auf oder zeigen sonst irgendwelche Marotten, die die innere Spannung abbauen sollen,

- neigen zu Übersprunghandlungen: Z. B. etwas sinnlos hin- und herräumen, die Umgebung zwanghaft putzen, stundenlanges Einkaufen oder Umherlaufen ohne Sinn etc.,
- bombardieren andere Menschen unkontrolliert mit Nachrichten, um sich zu entlasten oder jemand anderen zu beschuldigen,
- neigen zum Betrinken, zum Feierexzess, nehmen Drogen, um sich zu betäuben oder nutzen sonst ein effektives "Selbst-Ablenkungsmanöver",
- reiten zur Attacke und greifen jeden an, der in die Quere kommt,
- fluchen, schreien, weinen vor Wut,
- nehmen "magische" Gegenhandlungen vor (pathologisch),
- glauben plötzlich todkrank zu sein (mitunter pathologisch) usw.

Es gibt noch unzählig viele weitere Automatismen und reflexhafte Reaktionen, die Menschen nach einem unangenehmen Erlebnis oder einem persönlichen Misserfolg zeigen können. Doch fast alle davon entstehen wegen einer verringerten Selbstregulationsfähigkeit in solchen Momenten und können mehr oder weniger ersatzlos gestrichen werden. Denn meistens dienen diese nur dem ersten Spannungsabbau und machen es nicht besser. Im Gegenteil: Manchmal kommt es damit sogar zu einer Eskalation, weil andere mit hineingezogen werden oder dadurch erst ein wirklicher Schaden (z. B. im Renommee) entsteht. "Panisch durch die Gegend laufen und irgendwas machen" gibt sicher erst mal ein besseres Gefühl, weil man damit der Ohnmacht entflieht, aber:

☞ Wenn Sie keine Maßnahmen ergreifen müssen, um Leib, Leben oder Existenz zu schützen, tun Sie am besten erst mal NICHTS!

☞ Kümmern Sie sich stattdessen um Ihre Selbstregulation und die Wahrnehmung dessen, was überhaupt passiert ist und sitzen Sie es aus, bis Sie wieder eine klare Sicht auf die Dinge haben!

Um erfolgreich NICHTS zu tun, nachdem Ihnen etwas passiert ist, können Sie sich auch innerlich "reporten", was passiert ist:

- ☞ Nutzen Sie Ihr "Inner Speech" (das innere Selbstgespräch), um sich zu erzählen, was gerade passiert ist! Erzählen Sie es so, als würden Sie es einem engen Vertrauten, Freunden, anderen lieben Menschen oder der ganzen Welt berichten!
- ☞ Erzählen Sie, was passiert ist, was Ihnen angetan wurde oder Sie sich nun damit selbst angetan haben - ohne direkt zum Telefon zu greifen oder jemanden aufzusuchen und dort darüber zu erzählen, was geschehen ist! Machen Sie dies solange, bis Sie merken, dass Sie innerlich wieder klarer und sortierter werden!

Im zweiten Schritt können Sie darüber nachdenken, warum Sie immer in denselben Automatismus oder Reflex fallen:

- ☞ Was steckt dahinter? Wann haben Sie gelernt, so zu reagieren? Was tut es Gutes/Wichtiges, wenn Sie so reagieren? Was soll damit geschützt werden?
- ☞ Finden Sie einen anderen Weg, um das sicher zu stellen, sodass Sie dieses nicht mehr durch diesen Reflex oder den Automatismus tun müssen!

4.17 Jeder Fehler bietet Chancen für Wachstum!

Aus jedem Fehler oder Misserfolg gibt es auch etwas zu lernen (siehe Kapitel 2.11). Doch das verläuft buchstäblich „im Sande", wenn Sie diese Lernerfahrungen nicht nutzen, um sich zukünftig für kommende Szenarien besser zu wappnen. Wenn Sie also aus dem, was Ihnen passiert ist, bereits sehr viel gelernt haben, fragen Sie sich:

- Wie lassen sich diese Erkenntnisse nun nutzen, damit es zukünftig besser oder positiver verlaufen wird?
- Kann ich noch zusätzlich etwas lernen, sodass ich nach Möglichkeit niemals wieder in ein solches Szenario falle?
- Gibt es Profis, die jetzt mit mir zusammen und meiner Erkenntnis daraus im Nachhinein noch etwas Gutes machen können?

Es gibt immer irgendwo Angebote, um sich zu schulen, zu trainieren oder sich zu verbessern, damit Ihnen unangenehme Erfahrungen in Zukunft erspart bleiben. Suchen Sie z. B. nach

- Büchern
- Seminaren
- Webinaren
- Videos
- Coaches
- Trainings
- Therapeuten
- Fachleuten
- Lehrgängen

um neue Fähigkeiten zu erlangen oder inadäquate Verhaltensweisen aufzulösen oder zu verändern. Gehen Sie immer nach folgendem Sprichwort vor:

Fool me once, shame on you. Fool me twice, shame on me!
(Linkst Du mich einmal, Schande über Dich. Linkst Du mich ein zweites Mal, Schande über mich!)

Das heißt: Dass Ihnen Fehler unterlaufen oder irgendwas manchmal etwas unglücklich verläuft, ist normal. Wenn Sie aber nicht daraus lernen und es nächstes Mal besser machen wollen, dann dürfen Sie sich gerne einen Vorwurf machen. Doch auch dann ist immer noch nichts in Stein gemeißelt: Manchmal muss es halt auch der dritte oder vierte Anlauf sein, bis Menschen etwas verändern - auch das ist normal! ;)

☞ Schulen Sie sich! Besuchen Sie Seminare, Online-Webinare, Trainings oder was oder wen auch immer - aber werden Sie besser, geübter, talentierter! Denn nur Übung macht den Meister!

4.18 Andere machen auch Fehler - nur reden die nicht darüber!

Perfektionisten haben manchmal das Gefühl, dass "andere nie etwas falsch machen". Doch der Schein trügt: Jeder macht Fehler und bei jedem läuft auch etwas schief. Nur nutzen manche Strategien, die Fehler nicht so offensichtlich werden lassen und sind weniger offenherzig und ehrlich:

So können einige Menschen hervorragend darüber hinwegschauen, wenn sie etwas falsch gemacht haben. "Ein Fehler" wird in ihrer Wahrnehmung einfach getilgt - und schon gibt es ihn nicht mehr. Und wenn es ihn nicht mehr gibt, dann kann er auch gar nicht auffallen. Dem selbstkritischen Perfektionisten fällt dies schwer: Ein Übersehen von Fehlern ist für ihn ein "no go" und er wird sich sehr wohl mit seinen Fehlern auseinandersetzen und dazu stehen.

Außerdem beißen sich manche Menschen lieber auf die Zunge, als einen Fehler zuzugeben. Auch wenn es sie gibt, werden diese nicht publik gemacht. Perfektionisten tun sich auch damit schwer: Sich selbst und andere zu belügen oder anderen etwas vorzumachen, kommt für Sie nicht infrage. Aus ihrem hohen Anspruch an Ehrlichkeit und Unsicherheit heraus werden Fehler zugegeben – oftmals, um andere im Vorfeld zu beschwichtigen (siehe auch das Kapitel 4.6). Fatalerweise werden Fehler durch diese Offenherzigkeit in vielen Fällen erst sichtbar.

Während andere bei Fehlern auch ganz gerne mal schummeln und diese kaschieren, vertuschen oder verkleinern, verbietet sich dies dem wahrheitsliebenden Perfektionisten ebenfalls. So werden die Kriterien im Nachhinein nicht verändert, damit Fehler plötzlich zu Nicht-Fehlern werden oder Sachverhalte oder Zusammenhänge verzerrt, damit sie besser dastehen. Auch werden diese nicht durch Tilgungen heruntergespielt oder im Nachhinein als "Lappalie" abgetan. Und ein nachträgliches "anders" verkaufen der Fehler als "so geplant!" und höchst sinnvoll ("gut, dass das jetzt passiert ist") oder ein "sich herausreden" fällt ihnen auch schwer.

Doch damit noch nicht genug. Auch bei Ergebnispräsentationen sieht es schlecht aus für Perfektionisten: Ein 85 %-iges Ergebnis wird als 85 % -Ergebnis benannt - allerdings mit einer Befangenheit wegen der nicht erreichten 100 %, sodass Beobachter einen sehr negativen Eindruck vom Perfektionisten bekommen. Andere verkaufen dasselbe 85 %-Ergebnis dagegen einfach als topp-Leistung und tun so, als hätte es nie besser laufen können. Kein Wunder, dass diese dann in der Wahrnehmung bei anderen viel besser dastehen und der Perfektionist deutlich schlechter wegkommt!

Das Repertoire von Nicht-Perfektionisten in puncto Fehler-Verschleierung ist also groß. Da Perfektionisten all diese Strategien jedoch nicht nutzen, trauen sie diese anderen auch nicht zu. Und daher wirken diese in ihrer Wahrnehmung oft sehr fehlerfrei. Doch dem ist nicht so:

- ☞ Schauen Sie hinter die Kulissen! Andere machen auch Fehler! Nur bemühen sich diese nicht so sehr, auch in Sachen Ehrlichkeit und Korrektheit so perfekt zu sein wie Sie!
- ☞ Vielleicht können auch Sie in Zukunft einfach etwas entspannter mit sich selbst und ihren Patzern sein, wenn dadurch keiner gravierend zu Schaden kommt?

Natürlich sollen Sie nun nicht alle Ihre moralischen Ansprüche komplett über Bord werfen und zum neuen Gewohnheitslügner werden. Doch könnten Sie sich hin und wieder auch einmal dafür entscheiden, den Dingen einfach ihren Lauf zu lassen und abzuwarten, ob ein Fehler von Ihnen ins Gewicht fällt oder nicht. Einfach mal zu schweigen und geringfügige Fehler nicht kleinlich öffentlich zu machen, ist manchmal sogar der bessere Weg…

Es ist nicht alles Gold, was glänzt!
Sprichwort

4.19 Kultivieren Sie Ihren Galgenhumor!

Mögen Sie Comedians? Wenn ja: Wie oft haben Sie über deren Outfit oder die liebevoll präsentierten Schwächen dieser Darsteller gelacht? Oder aber über die maßlosen Übertreibungen über sich selbst, die diese zur Schau gestellt haben? Die Fähigkeiten, die Comedians haben, sollten Sie in Momenten, wo Sie einen Misserfolg erlitten haben oder Ihnen ein Fauxpas passiert ist, auch für sich nutzen:

☞ Karikieren Sie sich (innerlich), wenn Sie so richtig ins Fettnäpfchen gesprungen sind! Machen Sie eine lustige Vorstellung daraus, wie Sie mit Anlauf dort hinein hüpften! Versuchen Sie dabei, nicht zynisch zu werden (d. h. nicht bissig über sich selbst zu spotten und autoaggressiv zu reagieren)!

Zwar macht es eine erlittene Niederlage oder einen Fauxpas noch nicht besser, wenn Sie versuchen darüber zu lachen, indem Sie es karikieren. Doch gerade im Umgang mit eigenen Schwächen und Fehlern ist es sehr hilfreich, wenn man Humor hat und sich diesen bewahrt. Denn Humor distanziert und nimmt die Schärfe aus schwierigen Situationen.

Humor in die Sache zu bringen hat dabei nicht nur den Effekt, dass Sie im Idealfall bald schon über sich selbst und das, was Sie "verbockt haben" lachen können, sondern Sie sollen damit wieder ein ganz klares Ziel verfolgen:

Wenn Sie anfangen können, darüber zu lachen, entspannen Sie sich. Und wenn Sie sich entspannen, nehmen Sie den Druck aus der Situation (siehe Kapitel 3.2). Dadurch schaltet sich Ihr Gehirn wieder in den nötigen Kreativ- und Verarbeitungsmodus um, der Ihnen letztlich hilft, Lösungen zu finden bezüglich Ihres Misserfolges und ihn zu verarbeiten. Also:

☞ Lachen Sie darüber - wenn es passt!

(Wenn der "Fehler" auf Ihrer Skala jedoch sehr weit oben liegt, funktioniert Galgenhumor wegen der Bedrohlichkeit meist nicht. In diesen Fällen sollten Sie andere Strategien aus diesem Buch bevorzugen).

4.20 Entscheiden Sie sich dafür, sich nicht mehr damit stressen zu wollen!

Jeder Stress verkürzt das Leben. Einerseits, weil Puls und Blutdruck in die Höhe schnellen und mechanische Verletzungen und arteriosklerotische Veränderungen in den Blutgefäßen das Risiko für Herzinfarkt und Schlaganfall erhöhen. Andererseits **sinkt mit jedem Extra-Herzschlag die Lebenserwartung**. Denn Studien haben gezeigt, dass die Gesamtanzahl der Herzschläge, die ein Individuum im Verlaufe seines Lebens hat, bei verschiedenen Säugetier-Arten erstaunlich konstant ist. Jeder hat demnach ein **nicht-steigerbares Kontingent an Herzschlägen** zur Verfügung. Wenn dieses verbraucht ist, kommt es zum natürlichen Tod (sofern keine andere Ursache diesen vorher verursacht).

☞ Jeder zusätzliche Herzschlag, den das Herz aus Stress, Aufregung oder Wut machen muss, verkürzt damit das Leben[5].

Jede Aufregung, die entsteht, wenn etwas nicht so gelaufen ist, wie gewünscht und jeder Druck, den Sie sich machen, um perfekt zu sein, lässt den Puls nach oben schnellen und verringert Ihre Lebenserwartung.

Wollen Sie das wirklich?

5 Auch Sport "kostet" Herzschläge dieses Kontingentes. Da aber im Allgemeinen der Ruhepuls bei regelmäßigem Sport deutlich sinkt, wird die Bilanz dadurch aber wieder positiv.

Falls nicht, dann sollten Sie sich ab jetzt aktiv dafür entscheiden, Puls-schonender zu werden:

- Hören Sie auf, sich über "Kleinigkeiten" aufzuregen!
- Hören Sie auf, sich permanent unter Druck zu setzen!
- Hören Sie auf, Ihr Stresslevel und Ihren Puls durch dauerhafte Anspannung stetig weiter nach oben zu pushen!
- Hören Sie auf, jede "Lappalie" als Katastrophe zu werten!
- Hören Sie auf, perfekt sein zu wollen!

Denn all das lässt Ihren **Puls nach oben schnellen und Sie früher sterben**! Je mehr Sie das Risiko der verkürzten Lebenserwartung durch zu hohen Puls verinnerlichen, desto häufiger können Sie Ihrem Bedürfnis nach Perfektion das Bedürfnis nach Überleben entgegenstellen und sich mehr und mehr ausbremsen:

- Überlegen Sie dazu jedes Mal, ob es die Aufregung gerade wert ist und Sie deswegen jetzt Herzschläge und Lebenszeit verschwenden wollen! Oder ist es die Sache nicht wert? Dann beruhigen Sie sich wieder und sparen Sie Herzschläge!
- Lernen Sie, "auch mal fünfe gerade sein zu lassen"!
- Werden Sie nachsichtiger und werden Sie gelassener!
- Sorgen Sie auch für einen gesunden Ruhepuls, z. B. durch Sport!

Ihre Lebenserwartung wird es Ihnen danken!

4.21 Zerlegen Sie Ihren Fehler bis zum Kern - was bleibt dann noch übrig?

In vielen Fällen lassen sich “Probleme”, “Fehler” oder Misserfolge allein dadurch schmälern, dass sie gedanklich zerlegt werden. Dabei ist die Unterscheidung zwischen zwei Bereichen besonders wichtig, nämlich zwischen

- **dem, was wirklich passiert ist und**
- **dem, was es mit Ihnen macht bzw. was *Sie* daraus machen.**

“Was wirklich passiert ist” stellt dabei meist nur eine kleine Teilmenge von den gefühlten Ausmaßen des Fehlers oder der persönlichen Niederlage dar. Weil Eitelkeiten bzw. “das Ego” mehr oder weniger stark durch einen Fehler verletzt werden, fühlt sich ein eigentlich kleines Ereignis häufig wie eine “große Katastrophe” an.

Dazu ein Beispiel:

Stellen Sie sich vor, dass Sie von einer Person, mit der Sie sich “mehr wünschen“, einen Korb bekommen. Ihre Reaktion darauf liegt nun nicht nur daran, dass Ihr Wunschpartner Ihr aktuelles Date- oder Flirtangebot abgelehnt hat. Und keineswegs werden Sie dann denken: „Na gut! Suche ich mir halt was anderes!“. Sondern Sie fühlen sich stattdessen tief gekränkt, verletzt, verschmäht oder blamiert. Oder Sie reagieren wütend und frustriert. Denn Ihre Ziele wurden mit der Absage erheblich durchkreuzt und Sie wissen, dass es nun nicht so einfach und schön verlaufen wird, wie Sie es sich vorgestellt haben. Weil „Ihre biologische Uhr sehr laut tickt“, sind Sie vielleicht eh vehement auf Partnersuche und daher verzweifelt. Und weil Sie sowieso nicht mit sich selbst im Reinen sind und sich wenig liebenswert finden, haben Sie inzwischen gar unermessliche Tor-Schluss-Panik…

All das fügen Sie zu der reinen Absage der/des Angebeteten hinzu – wodurch der „Korb“ zum großen Desaster für Sie wird.

Wenn Sie all diese “Zusätze” gedanklich wegstreichen würden, würde nur übrigbleiben, dass Ihr Wunschobjekt (für den jetzigen Moment) nicht auf Ihr Angebot eingegangen ist - was sich bei einer gewissen Hartnäckigkeit oder in Zukunft vielleicht sogar noch ändern könnte…

Dieses Beispiel ist stellvertretend für viele andere Situationen: Immer fügen wir im Geiste etwas hinzu, sodass aus einer ungünstigen Erfahrung eine unangenehme Erfahrung wird, die sich weit schlimmer anfühlt, als sie sich anfühlen müsste, wenn nur die Fakten betrachtet werden würden.

Fragen Sie sich daher stets:

- ☞ Wenn ich die Schmach für mein Ego einmal weglasse: Was bleibt dann noch von dem übrig, was passiert ist? Welche Nachteile oder Schäden bleiben dann „nur“ noch zurück?
- ☞ Welche persönlichen Verwundungen und Narben hat dies für mich produziert? Was davon ist nur Vorstellung, was tatsächlich?
- ☞ Wie würde ein anderer dasselbe erleben (siehe Kapitel 2.6)?
- ☞ Was daran nehme ich viel zu persönlich?

Unterscheiden Sie genau! Denn erst die “Schmach” oder die “Schande”, die Ihr Ego hinzufügt, macht etwas in seinen Auswirkungen für Sie “riesengroß” und “schwer”.

Fehler des Gemüts sind häufiger als Fehler des Verstandes.
François de La Rochefoucauld

4.22 Sie müssen Fehler nicht ständig wiederholen! Sie dürfen auch etwas lernen!

Gerade bei kleineren Missgeschicken wird oft kein Wert darauf gelegt, sich zu reflektieren, sich besser zu schulen oder daraus etwas zu lernen. Und so kommt es immer wieder einmal zur Wiederholung von Fehlern oder Misserfolgen, was sich Perfektionisten dann besonders vorwerfen. Denn „wieder“ etwas falsch zu machen steht im noch krasseren Gegensatz zu ihrem Anspruch nach Perfektion.

Nehmen wir als Beispiel “das Schludern mit der Steuererklärung”:

Jahr für Jahr müssen die Belege zum Steuerberater. Doch sobald dieser Termin wieder vorbei ist, neigen einige Menschen dazu, die neuen Belege wieder nicht abzuheften oder sie jedenfalls in einen Karton zu sammeln. Stattdessen verteilen sie diese wieder gleichmäßig “irgendwo”. Und ehe sie sich versehen, ist das Jahr schon wieder herum und der Steuerberater führt erneut - und zwar zu Recht - vor Augen, dass die Hälfte der Belege fehlt und dass “man Belege auch abheften kann, statt sie ungeordnet irgendwo hinzupfeffern...” Und wie jedes Jahr fühlen sich diese Menschen dann ertappt, beschämt und sehr schlecht…

Sollte sich dieses oder etwas anderes - trotz Perfektionismus - bei Ihnen immer wiederholen, sollten Sie sich fragen:

- Was genau “passiert” Ihnen immer wieder aufs Neue vollkommen gleich, sodass Sie sich hinterher sehr über sich selbst ärgern?
- *Warum* wiederholt es sich genauso immer und immer wieder?
- Was genau tun *Sie* dazu, sodass es immer wieder so ungünstig verläuft und Sie sich am Ende schlecht fühlen, weil es “schon wieder” passiert ist?

- Woran müssen Sie noch arbeiten, sodass diese Negativ-Serie endlich aufhört?

Bei manchen Menschen scheint manches wie ein roter Faden immer wieder gleich schiefzulaufen. Doch statt sich zu verbessern oder einfach mal etwas anders zu machen, wird dieses oft unbearbeitet und unverändert gelassen. Und weil nichts verändert wird, kommt am Ende auch immer wieder dasselbe Ergebnis heraus und Bereuen und Ärger sind groß.

Perfektionisten leiden ganz besonders darunter: Da ihr Anspruch an sich selbst sehr hoch ist, schämen sie sich sehr und geraten in großem Stress, weil sie dieses „schon wieder" nicht so hinbekommen haben, wie "eigentlich" gewünscht. Und dieses schlechte Gefühl und die innere Selbstgeißelung hält mindestens drei Wochen an…

Falls es Ihnen auch so ergeht, können Sie zwar beginnen, derartige Situationen zu meiden, damit Sie diesen Schmerz nicht wieder fühlen müssen. Doch immer ist dies nicht möglich. Daher ist es besser, in diesem Fall ausnahmsweise keine Gelassenheit mit sich selbst walten zu lassen, sondern der Wiederholung den Kampf anzusagen:

☞ Sobald sich etwas ein drittes Mal in Ihrem Leben ganz genau parallel unangenehm ereignet, ist es an der Zeit, bei Ihnen (!) zu forschen, woran das liegt!

Denn die Ursache dafür könnte z. B. eine unbewusste Re-Inszenierung einer traumatischen Erfahrung aus Ihrer Vergangenheit sein. Oder aber die Selbst-erfüllende-Prophezeiung ungünstiger Glaubenssätze ("das habe ich sowieso nicht verdient!"). Oder aber die unbewusste Wiederholung eines "Familienschicksals", welches eigentlich zu Vati, Mutti, Onkel, Tante, Oma oder Opa gehört - aber nicht zu Ihnen usw. Oder aber Sie folgen unbewussten Loyalitäten, sodass Sie immer wieder dasselbe tun.

Daher sollten Sie, wenn das "Stück" immer genau dasselbe ist, aber die Darsteller andere, immer hinterfragen, warum sich eine Entwicklung wieder "exakt gleich" bei Ihnen ereignet:

☞ Beobachten Sie, woher Sie dieses kennen und wann es angefangen hat!

Wenn Sie selbst nicht darauf kommen, sollten Sie sich Hilfe holen, um das Ganze zu durchleuchten. Denn das Aufdecken der eigenen „blinden Flecke“ gestaltet sich häufig schwierig. Sprechen Sie mit guten Freunden darüber oder besuchen Sie einen Coach oder Therapeuten, der Ihnen helfen kann. Überlegen Sie außerdem:

- ☞ Was können Sie noch lernen, sodass sich ein solches Szenario nicht noch einmal wiederholen wird?
- ☞ Was in Ihnen muss noch geheilt werden, sodass sich diese unangenehme Entwicklung nicht noch mal zeigen muss?
- ☞ Was daran könnten Sie einfach einmal anders machen?

Manche Fehler kann man sich nämlich auch sparen, wenn man in die persönliche Entwicklung geht. Es geht dabei allerdings nicht darum, „perfekter zu werden“, sondern darum, zukünftig weniger schmerzhafte Situationen erleiden zu müssen. Denn diese würden Sie wiederum antreiben, noch „perfekter werden zu wollen“ (zur Vermeidung von Fehlern siehe später auch Kapitel 7).

Sie müssen also „Fehler“ nicht ständig wiederholen - Sie dürfen auch etwas (ver)lernen, sodass sie sich nicht mehr zeigen! ;)

4.23 Legen Sie Ihre Masken ab und werden Sie endlich Sie selbst!

Die meisten Perfektionisten tragen eine "perfekte Maske" nach Außen und verwenden sehr viel Zeit, Energie und Ressourcen darauf, um diese hochzuhalten. Beispielsweise investieren sie

- übertrieben viel Zeit in das Schminken des Gesichtes und dem Herstellen der perfekten Optik, sodass sie zu jeder Zeit einen perfekten Außenauftritt hinlegen können.
- sehr viel Geld in teure Autos und Statussymbole, um den vermeintlichen Erwartungen des Umfeldes gerecht zu werden oder diese zu beeindrucken.
- sehr viel Energie, um das Auto, den Garten oder das Haus blitzeblank zu halten, sodass kein Staubkörnchen oder Blatt an einer Stelle zu finden ist, wo es nicht hingehört.
- sehr viel Aufwand in puncto sauberer und ordentlicher Kleidung, sodass niemand jemals einen Fleck oder eine Knitterfalte an der falschen Stelle zu sehen bekommt - geschweige denn die *falsche* Kleidung.
- sehr viel Kraft und Selbstdisziplin, um sich für andere zu verbiegen und anzupassen, damit sie den vermeintlichen Erwartungen der Umgebung gerecht werden und bloß keine Ablehnung ernten.
- übertrieben viel Zeit in Überstunden und Projekte, um auf der Arbeit immer über 100 % und natürlich den perfekten Auftritt hinzulegen.

Sehr oft nimmt das Aufrechterhalten der Maske sogar zwanghafte Züge an. Doch Perfektionisten können meist nicht aus ihrer Haut und müssen das alles tun - aus Gründen, die wir in Kapitel 5 noch beleuchten.

Doch aus diesem starken Bedürfnis nach der permanent perfekten Außenmaske erwachsen neue Probleme:

Nicht nur, dass die eigene Kraft immer mehr schwindet und es enorm viel Zeit und Geld frisst, um diese Maskerade nach außen zu erschaffen und hochzuhalten. Auch das persönliche Stresslevel steigt und die "Angst zu versagen" wird stetig höher, sodass irgendwann ein **Burnout und Panikattacken** drohen (siehe die Kapitel 5.3. und 5.4).

Oft entwickeln Perfektionisten durch diese Maskerade sogar ein latentes **Hochstapler-Syndrom (engl. imposter syndrome)**: Sie brauchen die perfekte Außenfassade, weil sie glauben, dass das wahre Bild hinter der Maske "so nicht vorzeigbar" ist und von Mitmenschen abgelehnt oder verurteilt wird. Doch gleichzeitig entwickeln sie durch das "Vorspiegeln falscher Tatsachen" und dem Gefühl, "in Wahrheit gar nicht so zu sein" das Gefühl, ein Aufschneider, Blender oder Hochstapler zu sein. Sie fürchten stets, dass jemand "die Wahrheit" hinter der Fassade entdecken und sie entlarven könnte. Daher ist der häufigste ängstliche Gedanke des am Hochstapler-Syndrom leidenden Perfektionisten: "Wenn die wüssten, wie ich wirklich bin (es wirklich ist) …!

Doch mit ihrem Streben nach der perfekten Fassade stecken sie bald in einem großen Dilemma: Das "perfekt sein", welches Beschämung, Ablehnung, Liebesentzug oder Ausschluss aus der Gruppe verhindern soll, wird zum großen Risiko und steigert die Wahrscheinlichkeit, dass erst recht das eintritt, was sie eigentlich vermeiden wollen: Am Ende beschämt (also verspottet), abgelehnt, nicht geliebt oder ausgeschlossen zu werden, weil sie so perfekt sind (zur Funktion von Perfektionismus und die Auflösung dieses Dilemmas siehe Kapitel 5).

Wenn sich ein Hochstapler-Syndrom erst einmal gefestigt hat, werden alle erreichten Erfolge und das sowieso stets korrekte Auftreten ausgeblendet und sofort von Selbstzweifeln und dem tiefen Glauben, "schlecht" und "ein Aufschneider zu sein", begraben: Egal was sie machen und tun - sie können gar nicht perfekt sein, weil sie ja ein "Hochstapler" sind…

Doch Masken zu tragen ist keineswegs nötig und wie eben beschrieben mit Risiken verbunden. Wie wir im nächsten Kapitel noch erarbeiten werden, sind Sie nämlich einzigartig, mit all Ihren Vorzügen und vermeintlichen Schwächen! Außerdem "kochen andere auch nur mit Wasser", wie ein Sprichwort sagt. Daher: Haben Sie Mut und legen Sie immer mehr Ihre Masken ab:

- Fangen Sie an, sich mehr und mehr so zu geben, wie Sie sind!
- Fangen Sie an, Dinge so zu erledigen, dass es *Ihren* Ansprüchen genügt und vor allem gemäß Ihrer Kraft *sinnvoll und möglich* ist!
- Zeigen Sie den Menschen da draußen, wer Sie wirklich sind! Denn da auch andere Ecken und Kanten haben, werden diese sogar erleichtert reagieren, dass Sie "doch normal sind" und nicht der "Überflieger", für den Sie immer alle gehalten haben und mit dem man sowieso nicht mithalten kann!
- Machen Sie die Erfahrung, dass Sie nicht sterben werden, wenn Sie "ungeschminkt", unmodelliert und unverblümt auftreten und leben werden (siehe auch Kapitel 5.5)!
- Werden Sie immer authentischer - dann werden Sie auch authentische Beziehungen finden!

Wenn Sie diesen Prozess durchlaufen haben, werden Sie sich eines Tages vielleicht verwundert fragen, warum Sie überhaupt jemals geglaubt haben, sich so verbiegen zu müssen. Vielleicht werden Sie sich sogar ein wenig darüber ärgern, wie viel Kraft, Lebenszeit und Ressourcen Sie verschwendet haben, nur um anderen zu gefallen. Also stoppen Sie das bereits jetzt, bevor Sie sich ärgern müssen:

☞ Legen Sie immer mehr Ihre Maske ab und werden Sie endlich Sie selbst!

Am meisten verbiegen wir uns für Menschen, die wir gar nicht mögen.

4.24 Machen Sie Abstriche! Sie haben nur 100 % zu vergeben!

Wenn Sie Perfektionist sind und jeden Bereich - also Beruf, Partnerschaft, Familie, Freunde, Haushalt, Auto, Garten, Ansehen, Aussehen, Statussymbole, Freizeit, Vergnügen - zu 100 % bedienen und überall perfekt sein wollen, dann rechnen Sie jetzt bitte zusammen:

☞ Wie viel Kraft und Zeit benötigen Sie rein rechnerisch, um jeden der obigen Bereiche zu 100 % zu bedienen?

Die Antwort lautet: 1200 %. Selbst wenn man berücksichtigt, dass nicht jeder Bereich rund um die Uhr versorgt werden muss, so wären dennoch ca. 600 % Kraft und Zeit nötig, um all die Anforderungen in allen Bereichen perfekt zu erfüllen...

☞ Doch wie viel Kraft und Zeit haben Sie im besten Fall überhaupt zu vergeben?

Mit diesem kleinen Gedankenspiel sollte Ihnen gerade klar geworden sein, dass es ein unmögliches Unterfangen ist, in jedem Lebensbereich konstant 100 % zu erreichen. Denn Sie haben insgesamt nur 100 % Energie und Zeit zu verteilen. Und wenn Sie Ihrem hohen Perfektionsanspruch folgen und es dennoch probieren wollen, überall auf 100 % zu kommen, dann kann das nur schief gehen und darin enden, dass Sie eines Tages völlig erschöpft und überfordert auf die Bretter gehen.

Sie müssen sich also zwangsläufig entscheiden: Wo will ich oder wo kann ich Abstriche machen?

☞ Machen Sie dazu einen "Inselplan":

- Nehmen Sie einen großen Zettel und zeichnen Sie im Zentrum einen Kreis mit der Beschriftung „100 %"!
- Und jetzt zeichnen Sie ringsherum Kreise und beschriften diese mit Ihren verschiedenen Lebensbereichen: „Partnerschaft", „Arbeit", „Familie", „Freunde", „Haushalt"…usw.!
- Und nun bewerten Sie: Wie viel % Ihrer 100 % Lebensenergie/Lebenszeit können Sie in Wahrheit in die einzelnen Lebensbereiche investieren? Machen Sie in jeder Lebensbereich-Insel eine Prozentangabe! Setzen Sie dabei realistische Prioritäten!
- Überlegen Sie weiter: Wie können Sie nun Ihren Perfektionsanspruch auf das überhaupt mögliche Kontingent jeder Lebensinsel senken? Was ist dafür nötig?
- Können Sie das Investment in den unterschiedlichen Bereichen durch andere Maßnahmen oder zuarbeitende Menschen dennoch auf ein gutes Maß bringen, sodass Sie für sich einen guten Kompromiss finden?

Es ist normal, dass Sie sich "*gegen* etwas entscheiden" müssen, wenn Sie sich "*für* etwas anderes entscheiden". Natürlich kann das sehr stressig sein - gerade, wenn Sie Perfektionist sind. Doch egal wie sehr Sie es versuchen werden: Sie werden den Kampf nicht gewinnen können, überall perfekt zu sein! Da hilft nur Akzeptanz (siehe Kapitel 3.1) und das Herunterregulieren der Ansprüche und Anstrengungen auf ein realistisches Maß. Denn niemand ist Superman oder Wonder Woman. Daher:

☞ Machen Sie Abstriche! Sie haben nur 100 % zu vergeben! Ihr fertiger Inselplan wird Ihnen dabei helfen!

Von dem Geld, das wir nicht haben, kaufen wir Dinge,
die wir nicht brauchen, um Leuten zu imponieren, die wir
nicht mögen!
(aus dem Film "Fight Club")

4.25 Hüten Sie sich davor, anderen Ihren Perfektionismus überzustülpen!

Manche Perfektionisten haben eine Eigenschaft, die für sehr viel Zündstoff sorgt:

Da sie ihre Mitmenschen meist als deutlich weniger perfektionistisch und weitaus fehlerfreudiger oder gar "schlampig" erleben, löst diese gefühlte Nachlässigkeit sehr viel Stress bei ihnen aus. Also versuchen sie auf die "Nicht-Perfektionisten" in ihrer Umgebung einzuwirken, um ihre Vorstellungen trotzdem zu verwirklichen und ihren eigenen Stress zu senken. Doch dieser **übergestülpte (delegierte) Perfektionismus** begeistert nicht alle ihre Mitmenschen. Im Gegenteil: Oft führt er zu renitenter Abwehr, heftigen Widerständen, Trennungen und Verlassenwerden oder sogar zu heimlichen Sabotage- und Racheakten der Menschen in ihrer Umgebung. Denn meistens lassen sich "die anderen" nicht verbiegen und rebellieren heimlich oder sogar öffentlich stark dagegen an - und zwar zu Recht, denn jeder kann sich dafür entscheiden, auch weniger perfektionistisch zu sein.

So passiert es denn häufig, dass der eingeforderte Perfektionismus auf der Arbeit zu Stress, Streit und Problemen führt. Noch dramatischere Züge nimmt dieses sogar an, wenn Perfektionisten diese Ansprüche auch im Privatbereich auszuleben versuchen: Oft ist der Familienfrieden durch delegierten Perfektionismus erheblich gestört, weil das perfektionistische "Grundbedürfnis" überall und bei jedem durchgesetzt werden soll und dabei sehr viel Druck ausgeübt wird. Viele Streits und Konflikte, oft auch heftige Paarprobleme und manchmal ganze Ehekrisen und Trennungen sind die Folge. Oder aber der Perfektionist kann sich nicht durchsetzen und reagiert erheblich verschnupft, stark frustriert, depressiv oder sogar aggressiv, weil die Familienmitglieder "nie das tun, was er verlangt und was er erwartet" und weil sie so "nachlässig und schlampig" und rücksichtslos ihm gegenüber sind.

Auch der Freundeskreis leidet manchmal unter den hohen Erwartungen nach Perfektion. Und da so mancher Freund dem hohen Anspruch nicht folgen kann und will, wird es um den Perfektionisten herum immer einsamer.

Für Kinder birgt delegierter Perfektionismus sogar sehr große Gefahren. Denn oft macht der überhohe Perfektionsanspruch nicht einmal Halt vor ihnen. Auch sie und ihre Belange sollen optimiert werden - weswegen perfektionistische Eltern beginnen, alles zu kontrollieren und nichts mehr dem Zufall zu überlassen: Die Erziehung, die Ernährung, die schulische Leistung des Kindes, ihr Aussehen, ihre Hobbys und ja, selbst die Geburt (die unbedingt natürlich verlaufen soll), muss perfekt verlaufen. Auch ist das Stillen in der ersten Phase des Lebens unbedingt vorzuziehen, um dem Kind den "perfekten Start in das Leben" und die allerbesten Voraussetzungen zu geben.

Doch so intelligent und wohlwollend diese Optimierungsmaßnahmen auch erscheinen mögen, so bewirken sie langfristig sogar eher das Gegenteil. Denn all dieses **Kinder-Controlling** verunsichert den Nachwuchs, schränkt ihn massiv ein, verhindert eine gesunde Persönlichkeitsentwicklung und macht sie auf Dauer sogar regelrecht krank:

Im leichtesten Fall leidet ein Kind nur unter **einem zu geringen Selbstwertgefühl und Selbstvertrauen**: Da ihm ein viel zu schwerer Erwartungsrucksack aufgeschnallt wird, den sie jedoch auf Dauer gar nicht tragen können, bekommen sie aufgrund des perfektionistischen Anspruches eines oder beider Elternteile bald permanent das Gefühl, "*so* nicht richtig zu sein". Sie fühlen sich falsch und wertlos und dabei häufig auch sehr ungeliebt. Es erscheint ihnen so, dass - egal, was sie tun - sie sowieso nie ausreichen werden und erst recht nicht die Erwartungen der Eltern erfüllen können. Wenn unzufriedene Eltern sie dann auch noch mit den Leistungen anderer "erfolgreicherer" Kinder vergleichen, verstärkt sich ihr Gefühl von Minderwertigkeit noch und sie fühlen sich immer beschämter. Ihr irgendwann manifester **Minderwertigkeitskomplex** äußert sich bald durch verschiedene Verhaltensauffälligkeiten oder Leistungseinbußen oder wird an verschiedenen Symptomen sichtbar.

Mit etwas Glück und viel Charakterstärke erkennen manche heranwachsenden Kinder diesen überzogenen Anspruch der Eltern und dass sie selbst "ok" sind und korrigieren die Umstände durch eine geglückte Pubertät: Mit aufsässigem und rebellischem Verhalten, dass diametral zu den Erwartungen der Eltern verläuft, zeigen sie ihren Eltern dann, dass sie auch ohne Perfektionismus bestens auskommen können und ab jetzt ihre eigenen Entscheidungen treffen. Diese Kurskorrektur ist für die Reifung dieser Kinder enorm heilsam, auch wenn sie für perfektionistische Eltern sehr anstrengend sein mag.

Sehr gehorsame und sensible Kinder nutzen häufig eine andere Strategie, um sich anzupassen: Sie ordnen sich den Wünschen und Erwartungen perfektionistischer Eltern oft Jahrzehnte lang unter - mit dem Preis, ihre **eigene Persönlichkeit nie zu entwickeln und ihre eigenen Bedürfnisse niemals kennenzulernen**. Sie spüren zwar irgendwann, dass etwas in ihrem Inneren schiefläuft, können es aber meist lange Zeit nicht benennen, weil sie nie gelernt haben, sich selbst zu fühlen, geschweige denn nach ihren Wünschen und Bedürfnissen zu leben.

Im schlimmsten Fall entwickelt sich aus der permanent gelehrten Verunsicherung durch perfektionistische Eltern eine **erlernte Hilflosigkeit.** Dabei schaffen es Kinder bald nicht mehr, sich überhaupt einer Herausforderung zu stellen. Auch als junge Erwachsene kommen sie nicht allein zurecht, sodass z. B. ein Telefonanruf oder eine kleine Entscheidung zu unüberwindbaren Hindernissen werden. Jegliche Aufgabe, die sie selbst ausführen sollen, jagt ihnen höllische Angst ein und lässt sie ohnmächtig erstarren. Doch irgendwann kommt der Zeitpunkt, wo Eltern das Gefühl bekommen, "dass der inzwischen groß gewordene Nachwuchs sich zu Parasiten entwickelt habe, die doch jetzt mal langsam alleine klarkommen müssten" und ziehen sich aus dem Leben der inzwischen erwachsenen, aber erlernt-hilflosen Kinder zurück. Doch diese sind ohne deren Support vollkommen aufgeschmissen und unselbstständig, weil ihre Eltern sie so heranzüchtet haben und sie nie lernen durften, für sich selbst zu sorgen. (Zur Überwindung einer erlernten Hilflosigkeit lesen Sie bitte das Kapitel 5.22).

Doch die Entwicklung des Kindes kann durch ein perfektionistisches Verhalten der Eltern noch in eine andere ungünstige Richtung gehen: Wenn perfektionistische Eltern dem Kind übertrieben viel Aufmerksamkeit, Zeit, Anerkennung und Beachtung schenken, bekommt das Kind einen völlig falschen Eindruck von seiner Wichtig- und Wertigkeit. Es glaubt bald, das Zentralgestirn sämtlicher Galaxien und wertvoller, wichtiger und mächtiger als sämtliche Herrscher der ganzen Welt zusammen zu sein. Es entwickelt die selbstverständliche Erwartungshaltung, dass ihm permanent gehuldigt werden müsse, sich alle auf Knien vor Ihnen in den Sand zu werfen haben und immer der rote

Teppich für sie ausgerollt werden müsse - egal, wie sie sich verhalten. Auch alle Wünsche erwartet es wie selbstverständlich uneingeschränkt erfüllt zu bekommen, zumal es bislang ja immer so war. Da sie sich für nichts anzustrengen brauchen, legen diese Kinder eine solche Erwartungshaltung schließlich dauerhaft an den Tag. Anders ausgedrückt: Eltern haben sich dadurch **ein Kind mit narzisstischer Persönlichkeitsstörung herangezüchtet.**

Das heißt: nicht nur, dass Sie sich in Ihrem Umfeld durch Überstülpen von Perfektionismus erhebliche Probleme in Ihren Beziehungen einhandeln. Auch Ihre Kinder werden sich nicht so entwickeln, wie Sie es sich als Perfektionist wahrscheinlich wünschen, sondern zu verunsicherten jungen Erwachsenen werden, die an erlernter Hilflosigkeit, einem heftigen Minderwertigkeitskomplex mit großen Versagensängsten oder einem starken Narzissmus leiden. Und die dann plötzlich die Welt nicht mehr verstehen, weil sich das Leben nicht wie ein Füllhorn von selbst über sie ergießt und sich nicht alles von allein regelt.

Natürlich sind Kinder enorm wertvoll und überaus wichtig und müssen geliebt, beschützt und versorgt werden.

Und natürlich dürfen und sollen Sie diesen ein sicheres Nest und eine gute Begleitung bis ins Erwachsenenalter geben. Doch suchen Sie bitte nach einem angemessenen Maß in der Erziehung und Fürsorge, damit es eben nicht zur Bildung beschriebener Schräglagen kommt und sich Ihr Nachwuchs im geschützten und behüteten Rahmen selbst entdecken und ausprobieren kann. Und vielleicht werden diese dabei sogar Fehler und Umwege als wertvolle Quelle von Erfahrung und Entwicklung entdecken, sodass diese nicht erst zu Perfektionisten werden müssen, um sich davor zu schützen…

Halten Sie bis hier her fest:

☞ Schauen Sie in die Zukunft: Wenn Sie so weiter machen und anderen Ihren Perfektionismus überstülpen: Was könnte dadurch im schlimmsten Fall passieren? Wie viel Freundschaften, Familienbande, Partnerschaften und Arbeitsbeziehungen könnten daran zerbrechen?

- ☞ Was könnten Sie an psychischen Problemen bei Ihrem Partner oder Kindern provozieren, wenn Sie dieses weiter so ausleben? Wollen Sie das Ihren Liebsten wirklich zumuten? Wollen Sie, dass Ihr Partner oder Ihr(e) Kind(er) das Gefühl bekommen, für Sie nicht gut genug zu sein, weil es / er / sie Ihren Ansprüchen nicht gerecht wird?
- ☞ Erkennen Sie an, dass jeder das Recht hat, so zu sein, wie er / sie sein möchte! Genauso wenig, wie sie von den anderen zwangsweise von ihrem Perfektionismus abgebracht werden möchten, genau so wenig wollen andere an ihrer Art zu leben gehindert werden!
- ☞ Bedenken Sie weiter: Genauso wie es Perfektionisten gibt, wird es auch immer Nicht-Perfektionisten geben und Menschen, die mit einem hohen Maß an Unordnung gut umgehen können. Respektieren Sie das, wenn auch Sie mit Ihrem Anspruch respektiert werden wollen!
- ☞ Fangen Sie stattdessen lieber an, die Vielfalt und Besonderheit der Menschen zu lieben und Ihre Mitmenschen als die perfekten Kunstwerke anzusehen, die sie mit all ihren Macken und Schwächen sind! Denn dann können auch diese anfangen, *Sie* mit all Ihren Macken und Schwächen zu lieben!

Es gibt also noch mehr gute Gründe, um Perfektionismus und perfektionistische Verhaltensweisen endlich abzulegen. Unterstützung dazu bekommen Sie im nächsten Kapitel!

Verbringe nicht die Zeit mit der Suche nach einem Hindernis, vielleicht ist keines da.
Franz Kafka

5 „Tiefenreinigung“

5.1 Definieren Sie bitte einmal “Perfekt sein”!

Genauso, wie Sie in Kapitel 4.7 “Versagen” definieren sollten, definieren Sie jetzt bitte einmal Folgendes:

Was bedeutet es, “perfekt zu sein”?

- Welche Fähigkeiten und Attribute gehören für Sie dazu, um absolut perfekt zu sein?

- Und wenn Sie viele andere befragen: Würden diese dasselbe antworten und Sie dann ebenso für “perfekt” halten? Oder würde der ein oder andere widersprechen und anderes als “perfekt” ansehen?

Wenn Sie die unterschiedlichen Sichtweisen vieler verschiedener Menschen und auch alle möglichen Kriterien, nach denen ein “Perfekt sein” bewertet werden kann, mit einbeziehen, werden Sie feststellen, dass es den perfekten Menschen gar nicht geben kann. Denn unterschiedliche Menschen haben unterschiedliche Meinungen. Am deutlichsten wird diese Bewertungsdiskrepanz bei der Bewertung von Kunstwerken: Während der eine ein Kunstwerk für perfekt hält, wird ein anderer überhaupt nichts damit anfangen können und es geradezu ablehnen. Und genauso verhält es sich bei der Beurteilung von Menschen: Das, was für den einen perfekt ist, ist für den anderen ganz und gar nicht perfekt. Folglich ist es unmöglich, für jeden Menschen auf dieser Welt perfekt sein zu können.

Doch warum versuchen trotzdem so viele Menschen auf dieser Welt perfekt zu sein, wenn es diesen ultimativ-perfekten Zustand gar nicht geben kann?

Die Antwort liegt in den Mustern und Prägungen, die ein Mensch innehat und die ihm suggerieren, dass er nach Perfektion streben müsse. Diese werden wir uns in den nächsten Kapiteln ansehen. Für den Moment können wir die Tatsache, dass es ein "Perfekt sein" gar nicht geben kann, dazu nutzen, um Ihre Bewertung zu verändern:

- ☞ Statt wie vorher absolut „perfekt sein zu wollen", sollten Sie ab heute relativ denken (siehe Kapitel 4.13).
- ☞ Versuchen Sie ab jetzt, statt perfekt zu sein, einfach "immer besser zu werden"! Dadurch würdigen Sie nämlich auch alle Entwicklungsstufen auf dem Weg zu Ihrer Wunsch-Performance und werten Vorstufen nicht mehr als "ungenügend, weil unperfekt" ab.
- ☞ Geben Sie Ihr "Bestes"! Zwar werden Sie dann nicht permanent neue Rekorde erreichen. Doch „wenn Sie Ihr Bestes gegeben haben", werden Sie immer unter den gegebenen Möglichkeiten ein (relatives) Optimum erreicht haben, welches die aktuellen Umstände und Ihre Tagesform mitberücksichtigt. Relativ bewertet werden Sie dann immer erfolgreich sein.

Mit der Veränderung Ihrer Ansprüche vom erzwungenen Ideal zum relativen Optimum hin werden Sie schon sehr viel entspannter werden. Denn statt die meiste Zeit nur Niederlagen zu erleben, weil Sie "nicht perfekt sein konnten", werden Sie stets gut dastehen, weil Sie durch die neuen Ansprüche "besser geworden sind" und "das Beste herausgeholt haben, was gerade ging".

Probieren Sie es - es macht einen gewaltigen Unterschied, wenn Sie ab jetzt relativ denken und nicht mehr absolut!

5.2 Überprüfen Sie Ihre moralische Grundausstattung: Dürfen Sie überhaupt Fehler machen?

- **Dürfen Sie nachlässig sein und auch mal "einen Fehler" machen?**
- **Darf es Halbheiten und Unschärfen in Ihrem Leben geben?**
- **Dürfen Sie auch mal die Augen verschließen und etwas „unperfekt" durchgehen lassen?**

Falls die Antwort darauf deutlich "Nein" ist, dann überprüfen Sie bitte als Erstes bei sich, inwiefern Sie ein zu gestrenges moralisches Korsett haben, das Sie dazu zwingt, immer alles richtig machen zu müssen, zu kontrollieren und zu überprüfen.

Dieses Korsett wird Sie früher oder später zwangsläufig an Ihre Grenzen bringen. Denn wenn eines sicher ist auf dieser Welt, dann wohl die Tatsache, dass Fehler passieren, Misserfolge vorkommen und jeder auch mal etwas falsch macht oder an etwas Schuld trägt. Niemand ist perfekt und Fehler unterlaufen jedem. Und genauso hat jeder auch Schwächen - der "perfekte" Mensch ist eine Illusion!

Wenn Sie dieses Korsett nicht korrigieren und zwangsläufig mit gemachten Fehlern und eigenen Schwächen konfrontiert werden, werden Sie sich dadurch früher oder später stark selbst abwerten und sich enorm stressen. Ihr ungnädiges Urteil über Sie selbst wird dann lauten, "versagt zu haben, weil Sie nicht perfekt waren".

Durch diese Selbstabwertung erzeugen Sie eine toxische Scham, die sich Selbstwert- und Daseins-bedrohend gegen Sie richtet: Je nach der Stärke Ihrer Scham reagieren Sie dann mit Erröten oder stärkeren Stressreaktionen oder -handlungen. Manche Menschen werten sich dabei so stark ab, dass sie sich sozial komplett zurückziehen. Am Ende tauchen Suizidgedanken auf und die Gefahr für einen vollendeten Suizid nimmt mit zunehmendem Gefühl von „Versagen" und Wertlosigkeit zu.

Sehr häufig kommt es durch übertriebenen Perfektionismus und einem zu gestrengen moralischen Korsett auch zu einem Burnout (siehe Kapitel 5.3) oder auch zu Panikattacken (siehe Kapitel 5.4).

Die erste Maßnahme, um Perfektionismus abzulegen, sollte daher das Ablegen übertriebener moralischer Gesetze und die Installation "neuer Grundsätze" sein:

- *Ich darf Fehler machen!*
- *Ich bin auch wertvoll, wenn mir ein Fehler unterläuft!*
- *Jeder hat "Schwächen"!*
- *Perfekt sein zu können, ist eine Illusion!*
- *Ich bin liebenswert und gut!*

Lernen Sie diese Sätze gerne auswendig und sagen Sie sich diese immer dann auf, wenn Sie die Unsicherheit packt und diese Sie wieder einmal zu übertriebenem Perfektionismus verleiten will!

Zwar sind damit die Urprägungen, die das Korsett gebildet haben, noch nicht gebannt. Dennoch können Sie mit diesen Gegengedanken bereits ein erstes Gegengewicht dazu herstellen.

Der Fehler begleitet den Menschen.
Platon

5.3 Perfektionismus kann zu Burnout führen!

Wie im vorherigen Kapitel beschrieben, reagieren Menschen mit stark perfektionistischer Neigung mit heftigen Gefühlen der Selbstabwertung, wenn ihnen Fehler unterlaufen. Die auftauchende Scham führt meist zu dem Anspruch, "noch besser werden zu müssen". Deswegen verstärken sie ihre Anstrengungen und bemühen sich, immer perfekter zu werden.

Doch zwangsläufig werden sich wieder Fehler einschleichen. Denn Fehler sind normal und niemand ist perfekt. Und erneut reagieren diese Menschen mit starker Selbstabwertung und ihre Scham und die auftauchende Angst, nicht "gut genug zu sein", facht ihren Ehrgeiz weiter an. Noch mehr Perfektion wird angestrebt und Fehler werden noch vehementer durch noch mehr Anstrengung vermieden.

Nach und nach wiederholt sich diese Entwicklung aus Fehler machen und überkompensieren, sodass das Stresslevel dieser Menschen früher oder später immer weiter ansteigt. Paradoxerweise wird dieser ehrgeizige Kompensationsprozess für das "perfekte Außenbild" dadurch immer fehleranfälliger. Denn die versiegenden Kräfte vereiteln immer mehr, dass das hohe Level an Leistung und Kontrolle - und damit die perfekte Performance – dauerhaft gehalten werden kann. Dadurch geht immer mehr von der gewünschten Perfektion verloren.

Irgendwann spürt der Perfektionist, dass er seinen eigenen Ansprüchen und den geglaubten Ansprüchen seines Umfeldes nicht mehr gerecht werden kann. Er versucht diese zwar immer noch durch ein weiterhin übertriebenes Maß an Leistung und Kontrolle zu erfüllen. Doch seine Fehler werden immer häufiger und offensichtlicher. Durch Ausreden und Verstecken versucht er diese noch bestmöglich zu vertuschen. Jedoch gelingt ihm dies aufgrund seiner Erschöpfung und seines Ausgebrannt-Sein bald nicht mehr: Die Defizite lassen sich nicht mehr kaschieren und werden immer öffentlicher.

Der Perfektionist gerät dadurch immer mehr in Panik: Übertriebene Leistung und Perfektion, die Garanten für das bei einem "Funktionieren" so überaus wertig erlebte Selbstwertgefühl, können nicht mehr erbracht werden. Das Selbstbewusstsein des Perfektionisten ist stark bedroht und seine Psyche reagiert mit Abwehr- und Überlebensprozessen: Gedächtnisprobleme nehmen zu, um die Masse der geistigen Anforderungen zu reduzieren und das Ausmaß der emotionalen Katastrophe zu senken.

Konzentrationsstörungen sorgen zusätzlich dafür, dass viele Reize einfach ausgeblendet werden und die gefühlte Masse der Anforderungen kleiner und der „Versagensprozess“ weniger schmerzhaft wird. Doch trotz des schützenden Charakters dieser Prozesse ereignen sich dadurch noch mehr Fehler, sodass die gefühlte “Schande” sogar noch größer wird.

Deswegen versucht der Perfektionist bald unbewusst zu fliehen und die Bereiche der “Bedrohung” immer mehr zu umgehen: Die Aversion gegen die geglaubte Quelle von Fehler und Beschämung, die “Arbeit” oder “die Kunden”, steigt dramatisch an und Kontakte werden zunehmend vermieden, um der Zerstörung des eigenen Selbstwertgefühls durch weitere Negativ-Erlebnisse zu entgehen. Das Bedürfnis nach sozialem Rückzug wird immer größer und Betroffene suchen immer mehr die Einsamkeit: Alles, was weitere Mühsal, Gesichtsverlust, Stress, Arbeit oder zusätzliche Reize bedeuten könnte, wird fortan gemieden.

Wegen des Gefühls, “nicht mehr perfekt und wertlos zu sein” und “versagt zu haben”, schlägt der einst massive Antrieb jetzt in Ohnmacht und Stagnation um. Plötzlich weisen diese Menschen deutliche Symptome einer tiefen Depression auf, die ihre Gefühle, Gedanken und Aktivitäten lähmen.

Obgleich diese Erstarrung weitere Beschämung durch Negativ-Erlebnisse im Alltag verhindert, - denn auf dieser Stufe ist weiteres Arbeiten, Leisten und Teilhabe unmöglich -, entsteht ein neues Konfliktfeld: Da die Betroffenen nun “gar nicht mehr funktionieren” und sogar psychische Symptome haben, beschämen und stigmatisieren sie sich noch sehr viel mehr. Gleichzeitig fühlen sie sich aufgrund ihrer Unfähigkeit zu leisten häufig ihres Lebenssinnes und Daseinszweckes beraubt.

Das Burnout-Geschehen, in das der Perfektionist schleichend gerutscht ist, nimmt jetzt lebensbedrohliche Züge an: Sehr oft fangen Betroffene spätestens jetzt an darüber nachzudenken, ob sie überhaupt noch würdig sind, auf dieser Welt zu sein, wenn sie so “nutzlos” und eine “Schande” sind. Suizidgedanken und Selbstgefährdungen können auftreten. Und aus dem Wunsch heraus, von der gefühlten Blamage und dem "Versager-Dasein" erlöst zu werden, kann es dabei sogar zu Suizidhandlungen oder einem vollendeten Suizid als "einzig mögliche Lösung" und „Flucht aus dem Versager-Dasein" kommen. **Auf dieser Stufe ist es sehr wichtig, Burnout-Patienten vor sich selbst zu schützen und ihnen aus diesem Geschehen wieder herauszuhelfen.**

Denn im Idealfall sorgt ein überstandener und gut aufgearbeiteter Burnout-Prozess irgendwann dafür, dass Perfektionisten gelernt haben, dass Leistung und Perfektion nicht die einzigen Quellen für eine Daseinsberechtigung und Menschen auch nicht-leistend überaus wertvoll sind. Und mit der Erkenntnis, dass der Wert eines Menschen immer vorhanden ist, auch ohne Perfektion, übertriebenes Leisten und "Müssen müssen", steigt irgendwann die Lebensfreude wieder an und die Leistungsfähigkeit kehrt auch dauerhaft wieder zurück - sofern die gelernte Lektion fortan auch gelebt und beherzigt und auf den Perfektionszwang verzichtet wird!

Manchmal schaffen Perfektionisten nur über einen solchen Burnout-Prozess ihrer Perfektionsfalle zu entkommen. Denn auch wenn dieses sehr viel "Gesichtsverlust" mit sich bringen mag, so ist dieses inzwischen immerhin ein sozial akzeptierter Grund, um die innere Antreiber-Peitsche endlich weglassen zu können und der eigenen Erschöpfung Raum zu geben. Sofern während der dann folgenden Zwangspause nachhaltig die Entkoppelung des Selbstwertgefühls von Perfektionsstreben und Leistung gelingt, kann der Perfektionszwang manchmal sogar abgelegt werden.

- ☞ Menschen mit stark perfektionistischer Neigung sind auch immer Burnout-gefährdet!
- ☞ Bei einem Burnout handelt es sich keineswegs um einen Ritterschlag für harte Arbeit, sondern um eine lebensbedrohliche Erkrankung, die behandelt werden muss!
- ☞ Ein Burnout-Geschehen ist unbedingt auf einer möglichst frühen Stufe zu stoppen und die dahinter liegende Dynamik zu verändern, um eine dauerhafte Beeinträchtigung und eine Lebensbedrohung zu vermeiden!

5.4 Perfektionismus kann zu Panikattacken führen!

Perfektionismus kann außerdem zur Entstehung von Panikattacken führen. Denn diese entstehen keineswegs aus heiterem Himmel und in den allerseltensten Fällen aufgrund körperlicher Ursachen, sondern aufgrund inner-psychischer Phänomene: So können Panikattacken z. B. Teil der Entwicklung des im letzten Kapitel beschriebenen Burnout-Geschehens sein: Die große Angst des Perfektionisten zu versagen bei gleichzeitig sehr hohem Anspannungslevel führt häufig zu einer plötzlich überschießenden Adrenalin-Reaktion, die sich körperlich als Panikattacke äußert. Sofern dieses Panikgeschehen für den Betroffenen völlig neu ist, entsteht oft weitere Panik, die im weiteren Verlauf zu einer sehr starken Selbstbeobachtung mit weiterhin konstant hoher Anspannung führt. Meist entstehen dadurch weitere Panikattacken als überschießendes Stresssymptom. Oft verselbstständigt sich dieses Geschehen sogar und Betroffene entwickeln daraus eine komplette Panikstörung, bei der stetig wiederkehrende Panikattacken fortan im Vordergrund stehen, aber Teil des Burnout-Geschehens sind.

Wenn Menschen stark gehorsam erzogen wurden und deswegen perfektionistisch wurden, können daraus ebenfalls Panikattacken entstehen: Droht nämlich infolge nachlassender Leistung die Perfektion zu versagen und könnten so Fehler oder Fehlverhalten auftreten, entwickeln Betroffene wegen des drohenden Ungehorsams eine sehr starke Angst, die sich bis zur Panikattacke aufschaukeln kann. Insbesondere bei Menschen, die einst für kleine Unzulänglichkeiten und Fehler hart bestraft oder körperlich heftig geschlagen wurden, entstehen Panikattacken manchmal als Ausdruck unbewusster Angst vor neuen Schlägen, wenn sie das Gefühl haben, „ungehorsam“ oder „böse“ gewesen zu sein.

Manchmal verhindern Panikattacken auch das Fühlen der Scham, die sich durch das subjektive Gefühl von “Versagen” entwickelt, wenn der Perfektionismus nicht mehr zu halten ist oder Fehler passieren. Statt die auftauchende Scham zu fühlen, die sich massiv schwächend und lähmend gegen das eigene ICH richtet, entstehen unbewusst Panikattacken, um die Wirkung der Scham abzuwehren. Die sehr starken Körperreaktionen während der Panikattacken lenken dann unbewusst sehr effektiv von den äußerst schmerzhaften Gefühlen von "Wertlosigkeit und Versagen" und in der Folge Scham ab und machen diese Empfindungen damit paradoxerweise erträglich und regulierbar. Genauso werden auch Gefühle der "Schande", des "Tabus" oder des "eigenen Makels" manchmal über Panikattacken abgewehrt.

Auch folgendes Szenario kann Panikattacken auslösen: Gab es in der Vergangenheit ein einschneidendes Erlebnis, welches mit eigenem Fehlverhalten, starker Scham und z. B. Bloßstellung einherging, so kann es passieren, dass ähnliche gegenwärtige Ereignisse genau diese Erfahrung und die damit noch unverarbeitete Angst antriggern: Die als sehr schmerzhaft und sehr ICH-vernichtend erlebten Gefühle werden plötzlich durch die aktuellen Ereignisse erinnert und drohen an die Oberfläche und ins Bewusstsein zu kommen. Die große Angst, die dies auslöst, steigert sich bis zu einer Panikattacke, wodurch die Gefühle und die Erinnerungen an die alte Erfahrung auch gleichzeitig innerlich wieder zurückdrängt werden.

Und es gibt noch zwei weitere Konstellationen, die bei Perfektionisten aufgrund der enorm hohen Selbstkontrolle zu Panikattacken führen können:

So können insbesondere Betroffene, die alle Gefühle stark "deckeln", irgendwann plötzlich unter Panikattacken leiden. Dabei drohen die massenhaft verdrängten Gefühle aufgrund des inzwischen sehr vollen "emotionalen Kellers" ins Bewusstsein zu sprudeln. Damit diese jedoch weiter unter Kontrolle bleiben, entstehen unbewusst Panikattacken, die es nötig machen, die Gefühle weiterhin verdrängt zu lassen, weil der Körper ja jetzt mit Panikattacken zu kämpfen hat. Auch andere unverarbeitete, schmerzhafte Themen oder Veränderungen, die als unkontrolliert, unpassend und störend erlebt werden und "nicht in den perfekten Alltag passen", wie z. B. eine nötige Trennung vom Partner, werden manchmal über die Ausbildung von Panikattacken abgewehrt.

Und zuletzt können Panikattacken auch als Ausgleich der inneren Anteile entstehen, wenn die körperliche und geistige Kontrolle aufgrund von Perfektionismus insgesamt zu stark gelebt wird. Die unkontrollierten Attacken dienen dann als Gegengewicht zur perfektionistischen Alltagsrigidität: Dem Überanspruch an Kontrolle stellt die

Psyche die „Nicht-Kontrolle“ durch Panikattacken entgegen und zwingt somit zum allmählichen Ausgleich der inneren Anteile.

☞ Panikattacken entstehen oft aufgrund eines starken Perfektionismus und dadurch bedingter (zu) starker Kontrolle und zu wenig verarbeiteter Gefühle!

5.5 Perfektionismus hat seinen Preis!

Das Traurige am ganzen Perfektionsstreben ist, dass Menschen meinen, dafür wichtige Gründe zu haben:

Sie glauben nicht gut genug zu sein, so wie sie sind. Oder dass sie abgelehnt oder ausgeschlossen werden, wenn sie gewissen Ansprüchen oder Normen nicht genügen. Oder sie streben nach Perfektion, weil sie einst abgelehnt oder ausgeschlossen wurden und nie wieder eine solche schmerzhafte Erfahrung machen möchten.

Oder weil sie glauben, einen Makel an sich zu tragen - im Aussehen, in ihrer Herkunft, in der Familie oder in ihrer Vergangenheit. Und daher fangen sie an, “außergewöhnlich” werden zu wollen, um den Ansprüchen anderer zu genügen, Kritik zu entgehen oder die gefühlten Makel auszugleichen. Oder aber sie jagen dem Mainstream hinterher: Lieber wollen sie “perfekt gewöhnlich” werden und möglichst unauffällig statt ausgeschlossen, abgelehnt, beschimpft oder kritisiert.

Oder aber sie erlebten, wie die Dinge um sie herum außer Kontrolle gerieten. Daher versuchen sie über Perfektion erneutes Chaos zu vermeiden, stets die Kontrolle zu behalten und einer erneuten Überforderung zu entgehen: Nichts wird mehr dem Zufall überlassen, alles akribisch durchgeplant und intensiv überwacht…

Aus all diesen Gründen versuchen sich Perfektionisten in einem dauerhaften Akt der Selbstkasteiung unendlich und um jeden Preis zu verbiegen, um den Menschen in der Gegenwart oder aus der Vergangenheit gerecht zu werden. Oder um sie durch Höchstleistung (doch noch) für sich zu gewinnen, ihnen zu beweisen, wie gut und wertvoll sie sind, sich selbst von dem Gefühl der eigenen Minderwertigkeit zu befreien oder aber um alles vorhersehbar und planbar zu gestalten.

Doch zu welchem Preis?

☞ Mit jedem Beschneiden der Persönlichkeit und Verbiegen der eigenen Art verschwindet Individualität, Einzigartigkeit und Lebendigkeit. Und viel mehr noch: Es kostet auch noch enorm viel Kraft und bedeutet übertrieben viel Stress.

Und "Hand aufs Herz", wenn Sie Perfektionist sind:

Wollen Sie lieber das Gewöhnliche oder bevorzugen Sie das Außergewöhnliche? Wollen Sie etwas, was länger im Gedächtnis haften bleibt oder etwas, das Sie sofort vergessen? Wollen Sie Lebendigkeit und Anregung oder Eintönigkeit und Langeweile?

☞ Falls Ihre Wahl auf das Außergewöhnliche, das Besondere, die Lebendigkeit und die Anregung gefallen ist, dann stehen Sie mit dem Streben nach Perfektion in krassem Widerspruch dazu!

Denn mit Perfektion und dem Wunsch, "passende Masken" zu tragen, ersticken Sie Ihre wunderbare Individualität immer mehr und werden "gewöhnlich" - weil die Menschen Sie im Außen nicht mehr als besonders wahrnehmen. Im Gegenteil: Je "makelloser" Sie werden, desto mehr werden die Menschen sogar vor Ihnen zurückschrecken. Denn sie fürchten, nicht mit Ihnen mithalten zu können oder von Ihnen wegen ihrer Unzulänglichkeit verurteilt oder abgestraft zu werden. Statt mehr Menschen durch Ihre Perfektion zu gewinnen, treiben Sie sie von sich weg - und erzielen genau das, was Sie vielleicht sogar vermeiden wollen: Ablehnung durch andere und das Gefühl von verlassen werden und einsam sein.

Gleichzeitig werden Sie auch ersetzbar: Wenn Sie "ganz gewöhnlich" und "nichts Besonderes" sind, dann gibt es sicher noch andere "ganz gewöhnliche Menschen", die Ihren Platz einnehmen könnten. Genau wie sich eine perfekt runde Kugel gegen eine andere ebenfalls perfekt runde Kugel austauschen lässt, werden Sie austauschbar und entbehrlich. Doch wenn Sie als das Kunstwerk wahrgenommen werden, das Sie sind, werden die Menschen um Sie herum verstehen, warum Sie eben nicht ersetzbar sind, sondern besonders, einzigartig und selten - auch wenn es dann einige Kritiker geben mag.

Sogar das authentische Zeigen Ihrer Schwächen und Macken stellt dabei kein Problem dar. Denn denken Sie an Ihren Lieblingskomiker: Wie perfekt ist dieser? Wahrscheinlich hat dieser Ecken, Kanten und "Schwächen". Und wie viele andere auch lieben Sie ihn dafür - weil er so ist, wie er ist und dadurch charmant individuell und keineswegs perfekt, sondern im Gegenteil sogar schrullig und schrill ist. Und das ruft seine Fans auf den Plan. Genauso können *Sie* mehr "echte Liebhaber" finden, die Ihre Individualität feiern, wenn Sie mehr von sich preisgeben, sich authentischer zeigen und weniger perfekt sein wollen.

Und weil Ihr Komiker so individuell ist, bleibt er auch viel mehr im Gedächtnis haften: Sie erinnern sich an sein "schräges" Outfit. Und Sie können meist alle seine Witze Wort für Wort wiedergeben - weil es so sehr in Ihrem Gedächtnis haften geblieben ist. Wäre Ihr Komiker einfach perfekt und hätte er einen perfekten, aber emotionslosen, sachlichen, politisch korrekten Vortrag gehalten, dann wäre dies sofort in der "Schublade des Gewöhnlichen und Langweiligen" in Ihrem Kopf verschwunden. Wahrscheinlich hätten Sie sogar Mühe, sich im Anschluss an das Thema des Vortrages zu erinnern.

Ganz genauso verhält es sich auch im Leben: Wenn alles geplant, sachlich und "perfekt seinen Gang geht", dann verwischt alles sehr schnell und Erinnerungen verblassen in Windeseile. Das ist einer der Gründe, warum die Zeit mit zunehmendem Alter immer schneller zu verlaufen scheint: Weil Sie vieles schon kennen und Sie im Alltagstrott wenig Neues und Außergewöhnliches erleben, können Sie sich rückblickend nicht mehr an die "eintönigen", keine Gefühle auslösenden Momente erinnern. Und so verpuffen diese in der Bedeutungslosigkeit Ihres Gehirns und gefühlt haben Sie gar nicht gelebt.

Weil das Unvorhergesehene, Ungeplante, Überraschende dagegen jedoch sehr viele Gefühle produziert (ja, mitunter auch schmerzhafte!), fühlen Sie sich plötzlich erschreckend lebendig und absolut präsent. Später werden Sie sich sehr genau erinnern können, was Sie da erlebt haben. So werden Sie sich an die aktuelle Corona-Krise und was diese für Sie bedeutet hat, noch in 20 Jahren genauestens erinnern können - weil sie außergewöhnlich und ungeplant, neu, unbequem und sogar unsicher war – und weil es kein Toilettenpapier mehr zu kaufen gab!

Stetige Kontrolle macht zwar alles hübsch planbar, doch gleichzeitig auch konform, eintönig, vorhersehbar und "fade": Wenn alles so geordnet und perfekt läuft, ruft das keine großen Gefühle auf den Plan und alles ist berechenbar, leicht zu vergessen und gefühlt eben sehr gewöhnlich und langweilig - und daher sehr schnell aus der Erinnerung verschwunden.

☞ Keineswegs sollen Sie nun alles unkontrolliert und undurchdacht laufen lassen und alle Kontrollen über Bord werfen!

Allerdings brauchen Sie nicht jedes Risiko bis ins Tausendste vernichten und alles akribisch durchplanen. Vertrauen Sie doch einfach Ihrer Flexibilität und trainieren Sie damit Ihre Lösungs- und Krisenkompetenz! Alles, was nicht wirklich lebensbedrohlich ist, können Sie ruhig mal auf sich zukommen lassen und dann immer noch regeln. Und nein: Sich vorübergehend einfach nur unwohl zu fühlen, ist nicht lebensbedrohend! Rückblickend fühlt es sich sogar großartig an, wenn Sie eine "ungeplante Krise und unliebsame Störungen" gemeistert haben. Eines Tages können Sie davon noch Ihren Enkeln erzählen, wie lebendig Sie sich dann gefühlt haben - statt gelangweilt, gewöhnlich oder "tot".

Gerade wenn Ihr Leben im Alltag sehr geordnet verlaufen muss und Sie permanent in einen festen Terminkalender und Ablauf gepresst sind, sollten Sie im Urlaub ruhig mal das absolute Kontrastprogramm starten. Und wenn Sie im Vorfeld nicht genau wissen, was passieren wird und alles immer wieder anders ist, - mal chaotisch und mal auch interessant außergewöhnlich -, kommt eine Anekdote nach der anderen dazu. Versuchen Sie es doch mal mit einem nomadischen Campingurlaub statt dem alljährlichen All-In-Urlaub im wieder denselben Urlaubsort! Sie werden sehr viel mehr zu berichten haben als von dem nervigen Poolnachbarn, der in der Sonne neben Ihnen immer lästig geschnarcht hat!

☞ Perfektionismus hat seinen Preis: Sie werden keineswegs als die wundervolle Persönlichkeit, die Sie sind, erkannt und wahrscheinlich von vielen verlassen oder kritisiert, weil Sie so perfekt sind. Ihr Leben wird zunehmend langweiliger, weil Sie versuchen, alle Gefühle im Vorfeld zu verhindern oder zu planen... Warum um alles in der Welt wollen Sie jetzt immer noch perfekt sein?

Falls Sie dies nun ablegen wollen, aber noch nicht können, lesen Sie bitte weiter!

5.6 Perfektionismus hat immer Ursachen!

Perfektionismus wird überwiegend durch prägende Erfahrungen entwickelt. Seltener entsteht er durch Modelllernen von Bindungspersonen aufgrund hoher Loyalität oder Autorität. Sehr hohe Erwartungen der Eltern mit starker Disziplinierung, harten Strafen oder Sanktionen in der Kindheit sorgen außerdem zur Entwicklung perfektionistischen Verhaltens. Und manchmal entsteht er zwanghaft als kompensatorisches Hilfsprinzip gegen innerpsychische Konflikte.

Perfektionismus-auslösende Erfahrungen finden oft in der Kindheit in der Interaktion mit anderen statt. Dabei werden höchst unangenehme Situationen mit sehr prägendem Charakter und schmerzhaften Empfindungen erlebt. Die dabei produzierten Gefühle starker Scham, Trauer, Wut, Frustration, Ohnmacht, Überforderung, Ablehnung, Kontrollverlust, Liebesverlust, Aufmerksamkeitsverlust, Hilflosigkeit, seelische Verletzung o. a. werden in solchen Momenten als so belastend erlebt, dass ein Wiedererleben derartiger Gefühle oder auch derartiger Situationen zukünftig strikt vermieden wird. Perfektionismus wird dabei als wertvolles Hilfsprinzip und Werkzeug zur Vermeidung entdeckt.

Dadurch werden fortan nach Möglichkeit alle Prozesse kontrolliert und dahingehend gesteuert, dass alles vorhersagbar und gemäß den eigenen Erwartungen oder den (geglaubten) Erwartungen der Umgebung verläuft. Insbesondere die einstigen Erwartungen an die eigene

Person werden während Prägesituationen so stark verinnerlicht, dass sie bald als eigene Erwartungen erscheinen.

Scham spielt hinter prägenden Erfahrungen oft eine sehr große Rolle für die Entwicklung von Perfektionismus. Denn Scham vermittelt das Gefühl, "falsch zu sein". Scham richtet über uns und wirkt sehr stark gegen das eigene ICH. Dabei hat Scham einen sehr stark ICH-lähmenden, ICH-verletzenden und ICH-vernichtenden Charakter. Während Menschen bei Trauer in eine katatone Ohnmacht fallen und bei Wut sich selbst oder andere verletzen können, treibt Scham sie dazu, sich selbst zu verdammen: Aus Scham ziehen sich Menschen sehr stark zurück und bringen sich manchmal sogar um. Scham ist wegen des selbstgefährdenden Charakters wohl das am schwersten zu ertragende Gefühl, das Menschen erleben können, und löst sehr starke Reaktionen aus.

Diese starke Wirkung wird nachvollziehbar, wenn man Scham evolutiv betrachtet: Der selbst-bewertende Charakter der Scham macht es möglich, uns Informationen über unsere Angepasstheit zu liefern. Denn eine Angepasstheit war evolutiv sehr wichtig, um sich die Zugehörigkeit zur lebensrettenden Gruppe und deren Schutz zu sichern. Daher entsteht Scham immer dann, wenn den aktuellen (Gruppen-)Konventionen oder der geltenden Gruppenmoral oder Normen scheinbar nicht entsprochen wird. Das Gefühl von Scham vermittelt dann das Gefühl, nicht "ausreichend zu sein", "nicht zu genügen" oder für die Gruppe "nicht tragbar" zu sein. Als Impuls entsteht daraus das Bedürfnis, sich entweder aus der Gruppe zu entfernen, um diese nicht weiter zu gefährden (- daher die häufig mit großer Scham auftauchenden Suizid- und Rückzugsimpulse) oder sich besser anzupassen. Perfektionismus als kompensatorisches Lebensprinzip hilft dabei, den Konventionen möglichst zu entsprechen, um sich bestenfalls nie wieder schämen zu müssen und damit den Anschluss an der Gruppe zu behalten.

Auch Ablehnung durch andere (z. B. bei Mobbing) wirkt durch die dadurch ausgelöste Scham sehr stark. Daher nutzen Mobbing-Opfer Perfektionismus häufig für die unauffällige Anpassung an die scheinbar geltenden Gruppenerwartungen. Ein manchmal übertrieben gelebtes "Understatement", bei dem Menschen ihre Stärken und Vorzüge lieber verstecken, gehört in die Kategorie der Vermeidung von Ablehnung und Scham.

Noch wichtiger für die eigene Existenz und das Überleben in der Kindheit ist es, eine Ablehnung durch die Existenz-sichernden Bindungspersonen zu vermeiden. Auch hier entsteht bei Ablehnung, Liebesverlust oder Anerkennungsentzug Scham, die durch Anpassung und Ausbildung eines perfektionistischen Verhaltens vermieden werden kann.

Inner-psychische Scham wird manchmal durch Perfektionismus "geheilt": So soll z. B. ein Minderwertigkeitsgefühl durch den perfekten Außenauftritt kompensiert werden oder innere Scham-auslösende Konflikte werden über paradoxe Zwangsverhaltensweisen mit scheinbarer Ordnung kompensiert.

Ein etwas anders gelagerter Fall liegt dann vor, wenn Menschen Perfektionismus als Folge starker Überforderung und großer Unsicherheiten oder Tabus entwickelten: In diesem Falle dient der Perfektionismus dazu, das Leben vorhersagbar und kontrollierbar zu machen, um so vor erneuter Überforderung und Stress zu schützen.

☞ Perfektionismus kommt also nie aus heiterem Himmel, sondern hat immer Ursachen und Gründe! Um gelassener mit den eigenen Fehlern zu werden, ist es daher wichtig, diesen Ursachen und Gründen auf die Spur zu kommen und diese zu bearbeiten!

5.7 Hinter Perfektionismus können prägende Erfahrungen stecken!

Um Ihnen eine noch konkretere Vorstellung davon zu geben, was Sie zu Perfektionismus geführt haben könnte, finden Sie hier eine Auflistung möglicher Situationen und Begebenheiten:

- Jegliche Form von Mobbing durch andere
- Bloßstellungen durch Eltern, Lehrer, Freunde, Mitschüler etc. vor anderen
- Beschämungen und Erniedrigungen jeglicher Art
- Misshandlungen oder Schläge
- Hänseleien wegen körperlicher Merkmale
- Abnormes Verhalten von Familienmitgliedern, Tabus, beschämende Verhaltensweisen der Eltern/Sippe, für die Sie sich zutiefst geschämt haben
- Blamage in der Öffentlichkeit, z. B. vor anderen „versagen" / sich übergeben / Einnässen / "aus der Rolle gefallen zu sein" / einen massiven Fehltritt gemacht zu haben
- Sonstige wiederholte Erfahrungen von Beschämung oder Herabwürdigung durch andere
- Erfahrung von starker Ablehnung bei Fehlern und Schwächen
- Starke Disziplinierung durch Eltern, Lehrer o. a. mit misshandelnder Bestrafung
- Sehr hohe Erwartungen der Eltern mit starken Strafen oder Liebesentzug oder Missachtung
- Fallen-gelassen werden bei Nicht-Erreichen der Erwartungen
- Ausbildung eines starken Gehorsams in der Kindheit aus Angst vor Strafen oder den Reaktionen der Bindungspersonen

- Persönliche Makel (geglaubt) und gefühlte “no go‘s”, die verheimlicht / verdeckt werden sollen
- Persönliche Mängel (geglaubt), die ausgeglichen werden sollen, z. B. im Vergleich mit anderen schlechter gewesen zu sein (in puncto Aussehen / Ressourcen / Status / Beliebtheit / Attraktivität…)
- Minderwertigkeitskomplex und auch andere Selbstwertproblematiken

Diese Liste ist sicher noch nicht vollständig, spiegelt aber schon viele Begebenheiten hinter der Entwicklung von Perfektionismus wider.

5.8 Was, wenn Sie es ließen? Perfektionismus hat immer eine Funktion!

Was würde passieren, wenn Sie ab heute sämtlichen Perfektionismus und sämtliche Vorsichtsmaßnahmen und Vorkehrungen sein ließen, um Fehler und Missgeschicke zu vermeiden? Was würde dann “über Sie hereinbrechen”? Welche Empfindungen und Gefühle würden auftauchen?

Schmerzliche Ursachen und Prägungen haben Sie gelehrt, solche Situationen (siehe Kapitel 5.7) bloß nie wieder erleben zu müssen. Dabei wird Perfektionismus zum Überlebensprinzip,

- um Ablehnung, “Nicht-gesehen-Werden”, Verachtung oder Liebesentzug zu vermeiden,
- um das Wiedererleben schmerzhafter Gefühle, insbesondere Scham, zu vermeiden,
- um sich anzupassen und sich so die Zuneigung, Zugehörigkeit und Aufmerksamkeit anderer zu sichern,
- um die Welt dadurch kontrollierbar und vorhersagbar zu machen und unangenehme Gefühle, bedrohliche Situationen und eine Überforderung zu vermeiden,

- um Bindungspersonen nachzuahmen oder zu besänftigen,
- um sich auf keinen Fall zu widersetzen und gehorsam zu sein, um so erneute Bestrafungen und Sanktionen unbewusst zu vermeiden,
- um etwas auszugleichen, was Sie gefühlt nicht haben (hatten), wie eine gute Figur, ein gutes Aussehen, eine gute Intelligenz o.ä.: Ein durch diesen gefühlten Mangel gesunkenes Selbstwertgefühl soll durch Perfektionismus oder herausragende Leistungen wieder gesteigert oder stabilisiert werden;
- um sich zu rehabilitieren, weil Ihnen einst etwas Schlimmes widerfahren ist, was sehr starke Kritik, eine Blamage, Hohn, Spott, Bestrafung oder Beschämung hervorgerufen hat,
- um etwas zu verdecken, was Sie in einem schlechten Licht darstellen könnte: z. B. die Armut der Eltern, ein alkohol- oder psychisch krankes Elternteil, die Insolvenz der Eltern, massive Defizite der Eltern etc.
- um über eine zwanghaft gelebte Ordnung oder Perfektionismus etwas in der Verdrängung zu halten, was ansonsten unangenehm ins Bewusstsein zurückkommen könnte oder
- um inner-psychische Konflikte durch einen Perfektionszwang zu kompensieren oder zu neutralisieren.

Ihr Perfektionismus, Ihre Vorsicht und Vorkehrungen tun also etwas enorm Wichtiges für Sie! Denn Perfektionismus hat immer eine oder mehrere Seelen- bzw. ICH-rettende-Funktionen und damit unbearbeitet auch durchaus Berechtigung.

Dennoch ist es wichtig, die Ursachen hinter Perfektionismus zu bearbeiten und die Funktion auf andere Art und Weise sicherzustellen oder unnötig zu machen, damit Sie endlich wieder Wahlfreiheit bekommen. Denn erst wenn Sie sich wieder aktiv für oder gegen ein perfektionistisches Vorgehen entscheiden können, können Sie Ihre Selbstversklavung an das Prinzip "Fehlerfreiheit" endlich aufgeben und damit viel Kraft und Zeit sparen. Auch andere Nachteile, die ein streng perfektionistisches Verhalten mit sich bringt, können damit hinter sich gelassen werden.

☞ Perfektionismus hat immer ein oder mehrere Funktionen und versucht unangenehme und bedrohliche Seinszustände im Vorfeld auszuräumen. Diese Funktionen müssen bearbeitet und dadurch unnötig gemacht oder auf andere Weise sichergestellt werden, damit Sie Ihren Perfektionismus endlich gelassen hinter sich lassen können!

5.9 Entkoppeln Sie "Fehler" vom Selbstwertgefühl!

Viele Menschen, die mit der Akzeptanz eigener Fehler Probleme haben, besitzen folgende geistige Kopplung: Wenn sie alles richtig machen, fühlen sie sich "gut", wenn Sie etwas "falsch" machen, nicht. Ihr Selbstwertgefühl steht und fällt mit "korrektem" Handeln oder Fehlern. Diese Kopplung liegt an der Konditionierung, die diese Menschen (und viele andere auch) in der Kindheit durch die Eltern und auch ganz besonders durch das Bildungssystem erhalten haben:

Fehlverhalten wurde sehr gebrandmarkt und eigensinnige "Sonderlinge" stigmatisiert bis regelrecht gemobbt. Lehrer vergaben schlechte Noten, wenn sie die Leistungen (meist sehr subjektiv) für ungenügend bewerteten. Eltern straften mit Sanktionen, Privilegien- oder sogar Liebesentzug, wenn sich ihre Kinder nicht nach ihren Wünschen und Erwartungen verhielten. Im schlimmsten Fall wurde sogar zugeschlagen: Mit einer Blitzkonditionierung wurde dann dem Kind beigebracht, dass man "Eltern zu gehorchen hat" und es gesünder ist, deren Wünsche und Erwartungen zu erfüllen.

Verhielten sich Kinder "korrekt", dann wurden auch die existenziell notwendigen Bedürfnisse nach Liebe und Anerkennung erfüllt, wodurch das Selbstwertgefühl des Kindes stieg. Wenn nicht, dann wurden diese Kinder abgelehnt, ignoriert, geächtet oder sogar wissentlich durch Demütigungen beschämt, um sie zu brechen.

Viele verinnerlichten dabei die Erfahrung: "Verhalte ich mich nach den Wünschen der anderen und erfülle ich die geforderte Erwartung (also Leistung), geht es mir gut. Falls nicht, geht es mir (sehr) schlecht!".

Oder kürzer: "Bloß nichts falsch machen!"

Manchen ist es gelungen, diese Gehirnwäsche durch eine "geglückte Pubertät" wieder loszuwerden. Sie verstanden dann, dass sie genauso wertvoll sind, wenn sie rebellierten und sich gegen die Norm verhielten. Doch vielen ist dies durch den erzwungenen Gehorsam nicht gelungen. Durch die erzwungene Anpassung wagten sie keine Rebellion.

Und all jenen sei gesagt:

☞ Ganz gleich, was Sie tun oder was Sie nicht tun, ob Sie sich "richtig" oder "falsch" verhalten: Ihre Würde als höchster Ausdruck Ihres Selbstwertes darf Ihnen hierzulande keiner nehmen, denn nach dem Gesetz sind alle gleich und Ihre Würde ist unantastbar!

Das bedeutet: Auch wenn Sie mal etwas falsch machen, bleiben Sie ein wertvoller Mensch! Eventuell müssen Sie sich dafür verantworten, was schiefgelaufen ist, aber schlechter und ein "wertloser" Mensch werden Sie dadurch auf keinen Fall!

☞ Entkoppeln Sie bitte Fehler von Ihrem Selbstwertgefühl! Denn trotz Fehler und einem vorübergehenden Gefühl von "falsch sein" sind und bleiben Sie einzigartig und wertvoll!

5.10 Halten Sie ein Plädoyer für sich!

Sie sind einzigartig – wussten Sie das schon?

Sie sind keinesfalls "gewöhnlich", "nur wie die anderen" oder "nur ein Teil der großen Masse". Sie sind auch nicht "schlechter als andere" und auf keinen Fall sind andere besser als Sie. Jedoch sind Sie herrlich anders und ganz besonders besonders!

Ihre Eigenarten und Eigenschaften stehen gleich- und vollwertig neben denen von allen anderen auch. Jeder ist gleich wichtig und niemand braucht sich zu verstecken, weil er weniger wert wäre. Denn vor dem Gesetz sind alle gleich.

Ihre Würde ist unantastbar und Sie sind wundervoll! Einen Menschen wie Sie gab es vorher noch nie auf dieser Welt und im gesamten Universum. Und es wird niemals wieder einen Menschen wie Sie geben.

SIE sind seltener und wertvoller als jedes Edelmetall und jeder Edelstein in der ganzen Galaxie - auch ohne all die Perfektion, die Sie glauben, an den Tag legen zu müssen!

☞ Und heute ist ein guter Tag, um das zu verinnerlichen und die eigene Schönheit zu erkennen und auch endlich nach außen zu tragen!

5.11 Lernen Sie Scham und andere unangenehme Gefühle auszuhalten!

Ihre Gefühle sind der Grund, warum Sie sich nach einem Fehler schlecht und gestresst fühlen. Wie in Kapitel 3.5 beschrieben, kann es Ihnen wirksam helfen, diesen Stress wieder loszuwerden, wenn Sie Ihre Gefühle zulassen und durcharbeiten. Doch für einige Menschen ist dies sehr schwierig, zumal viele ihren Gefühlen abgeschworen haben:

Die Ratio (der Verstand) wurde gesellschaftlich lange Zeit über allem gestellt. Damit wurde den Gefühlen als unkontrollierbares Wirrwarr ohne Zusatznutzen (außer zu Paarungszwecken) eine Absage erteilt. Versachlichung und Rationalisierung waren Ziele der Kommunikation, die die Gefühle stark aus dem Bewusstsein verbannten. Gefühle zu fühlen und "emotional zu sein" war lange Zeit als "schwach" verpönt.

Und so lernten viele Kinder in der sowieso schon übertrieben harten Erziehung mit psychisch-existenzieller Bedrohung durch Schikanen und Schlägen (siehe Kapitel 5.7), dass Gefühle mit Aussagen wie "hör auf zu heulen", "ein Indianer kennt keinen Schmerz" oder "sei kein Weichei" unbedingt zu vermeiden sind und eine zusätzliche existenzielle Bedrohung darstellen. Leider ist vielen Menschen dadurch die Anbindung an ihre eigenen Gefühle abhandengekommen. „Zu fühlen" gelingt oft nur noch rudimentär und muss erst wieder mühsam erlernt werden.

Gleichzeitig sorgte auch die „schwarze Pädagogik" für viele höchst unangenehme und schmerzhafte Gefühle während des Aufwachsens, die als Kind nicht zu ertragen waren. Daher mussten all die auftauchenden Gefühle verdrängt werden, weil sie zur zusätzlichen Bedrohung für die kindliche Existenz wurden. Somit haben ganze Generationen einfach alles an Gefühlen gedeckelt und in den emotionalen Keller geschoben, um überhaupt groß werden zu können.

Doch durch Nicht-Fühlen steigt der innere Druck. Denn Gefühle lösen sich nicht von selbst auf, sondern werden bis zu ihrer bewussten

Wahrnehmung im Körpersystem gespeichert. Zunächst verbleiben diese irgendwo im "Hinterkopf" in Parkposition. Mit der Zeit jedoch, wenn die Masse der ungefühlten Gefühle immer mehr zunimmt, werden diese als Körpersymptome chiffriert - was sich irgendwann als psychosomatische Symptome bemerkbar macht. Dort fristen sie als Korrespondenten ein Lagerdasein, bis sie eines Tages endlich gefühlt werden (vgl. Kapitel 3.5).

Doch so unnütz, wie Gefühle lange Zeit dargestellt wurden, sind sie gar nicht. Denn wären Gefühle so sinnlos wie behauptet, dann wären diese über die Evolution hin schon längst verloren gegangen, weil sie keinen Überlebensvorteil boten. Da sich diese jedoch sehr wohl gehalten haben, müssen sie einen entscheidenden Überlebensvorteil bieten. Und dem ist auch so: Unser Gefühlsleben hat sich über die Jahrtausende immer mehr ausdifferenziert und uns damit einen deutlichen Zusatznutzen in der Bewältigung von Krisen und der Futterbeschaffung beschert.

Denn jedes Gefühl hat eine "goldene Information", die hilft, Bedrohungen besser zu bewältigen und Attraktionen besser wahrzunehmen und zu finden (siehe dazu auch noch mal das Kapitel 3.5). Solange diese Information eines jeden einzelnen Gefühls nicht aufgenommen wird, wird das Gefühl aufgrund der wichtigen Botschaft bis zum Fühlen im Inneren gespeichert. Und wenn diese Botschaft nicht empfangen wird, wird über „Stress“ darauf aufmerksam gemacht, dass wichtige "Überlebens-Infos" der Gefühle noch nicht wahrgenommen wurden.

Wenn Sie also (scheinbar) etwas falsch gemacht haben, wollen die auftauchenden Gefühle Ihnen helfen, besser damit zurechtzukommen oder sich zukünftig anders zu verhalten oder besser anzupassen. Solange Sie diese nicht zulassen und verdrängen, werden Sie leiden und sich gestresst fühlen. Wenn Sie diese jedoch annehmen und deren "goldene Informationen" durch Fühlen erfassen, werden Sie Wichtiges über sich selbst lernen und bald schon wieder entspannter sein.

Die Scham, die ich in Kapitel 5.6 schon ausführlicher beschrieben habe, nimmt dabei eine Sonderstellung ein, weil sie wegen der Wendung gegen das eigene ICH zunächst schwer auszuhalten ist. Dennoch ist es ebenso möglich, diese zu fühlen wie jedes andere Gefühl auch. Auch Ihre Scham möchte Ihnen lediglich etwas mitteilen und Sie zur Anpassung oder Veränderung bringen. Manchmal werden Sie dabei sogar feststellen, dass diese ganz unbegründet auftaucht und nur noch an eine ähnliche Situation von damals erinnert - allerdings nur, wenn Sie sie auch zulassen und nicht vor ihr weglaufen!

Um sich also nach einem Lapsus bald wieder besser zu fühlen, sollten Sie ihre auftauchenden Gefühle wahrnehmen und als konstruktive Wegweiser für Ihre Entwicklung verstehen:

☞ Was wollen diese Gefühle Ihnen sagen? Was können Sie daraus lernen? Warum ist es gut, das jetzt zu fühlen? Wofür kann dieser Schmerz Ihnen einst nützlich sein?

Sehr oft reichen nämlich das Fühlen und das Wahrnehmen der goldenen Informationen Ihrer Gefühle schon aus, um sich bald schon wieder besser zu fühlen. Hin und wieder werden Sie dabei sogar erleichtert feststellen, dass es sich so schlimm gar nicht anfühlt, wie Sie im ersten Moment gedacht haben und es "überleben" können. Und oft werden Sie dem Ganzen eines Tages sogar etwas Sinnvolles abringen können…

☞ Aber nur, wenn Sie fühlen!

Hic dolor tibi proderit olim -
Einst wird dieser Schmerz Dir nützlich sein!

5.12 Befreien Sie sich von Familienursachen!

Manchmal sind es nicht die prägenden Ereignisse, die Perfektionismus oder eine große Angst vor Fehlern erzeugt haben, sondern unbewusst übernommene Modelle eines Elternteils oder eines sonstigen Mitgliedes Ihrer Ahnenreihe oder schlicht und ergreifend notwendige Anpassungen, um überleben zu können.

Durch verschiedene Prozesse im Familiensystem kann es daher ebenfalls zur Ausbildung von Perfektionismus oder großer Fehlerangst kommen:

1) Modelllernen aufgrund von Loyalität

Ganz klassischerweise wird Perfektionismus manchmal von einem perfektionistischen Elternteil übernommen: Das Verhalten Ihrer Mutter oder Ihres Vaters sind dabei die Blaupause für Ihr Verhalten: Durch Imitieren beginnen Sie allmählich ähnlich perfektionistisch zu werden wie Ihr Modell. Auch Großeltern oder Geschwister können dabei als Vorlage dienen.

Ursache für die Übernahme ist meist eine große Loyalität zu diesem Familienmitglied, dem Sie es unbewusst gleichtun wollen. Diese Nachahmung löst dann bei Ihrem Modell oft eine unbewusste Anerkennung aus und belohnt Sie mitunter mit zusätzlicher Beachtung und Liebe, sodass Ihr Selbstwertgefühl dadurch steigt.

2) Gehorsamkeit und die Erfüllung von Erwartungen

Die strengen Erwartungen Ihrer Eltern, (auch Großeltern, Geschwistern, der Sippe oder des Clans) können auch der Grund sein, warum Sie perfektionistisch wurden: Aus Angst haben Sie z. B. das Verhalten des gefürchteten, aber perfektionistischen Elternteils übernommen. Oder aber der Erwartungsdruck eines Elternteils ließ nur Perfektionismus zu.

Auch drohender Liebesverlust, Ablehnung oder Ächtung kann Perfektionismus ausgelöst haben: Oft sind die am schlechtesten behandelten Kinder meistens die, die sich zu "Vorzeigekindern" mit hoher Leistungsbereitschaft und Perfektionismus entwickeln.

Insbesondere cholerische oder gewalttätige Eltern führen zu „perfekten“ Kindern: Durch Angepasstheit und Fehlerfreiheit versuchen diese alle Erwartungen zu erfüllen und weitere unangenehme Ausbrüche der Eltern zu verhindern.

3) Der Schutz des Systems aus der Not heraus

Die Defizite nicht-funktionierender Eltern werden häufig durch ein Kind ausgeglichen. Dieses schlüpft dabei in die Elternrolle und übernimmt all das, was für das Überleben des Systems notwendig ist. So kümmert es sich beispielsweise darum, dass alles seinen Gang geht und alle bestens versorgt sind. Damit verhindert es das Einstürzen des "Kartenhauses". Perfektionismus und hohe Leistungsbereitschaft tauchen dabei manchmal als Nebenphänomene auf, um den Zusammenbruch des Systems durch Akkuratesse bestmöglich zu verhindern.

4) Das Verbergen von Missständen und Tabus

Perfektionismus wird manchmal als Gegenprinzip zu dem enttäuschenden Vorbild von Vater / Mutter oder einem sonstigen Familienmitglied gebildet: Da ein Elternteil z. B. alkohol- oder psychisch krank war oder ein großes gesellschaftliches Tabu produzierte (z. B. Straffälligkeit), wurde sich um ein Verbergen der „Missstände“ oder der vorhandenen Misere bemüht: Korrektheit, Angepasstheit und Perfektionismus werden dabei als Hilfsprinzipien entdeckt, um die gefühlte Schmach oder "Schande" zu verbergen und sich und die Familie nach außen hin trotzdem als „normal“ zu präsentieren.

5) Unbewusste Identifikation mit dem "Narrativ" eines Familienmitgliedes

Ein perfektionistisches Verhalten kann auch durch einen Vergleich mit einem Familienmitglied entstehen: Durch Aussagen, dass Sie "wie Oma / Opa / Onkel / Tante...seien" oder "genauso aussehen würden" oder "sich ähnlich verhalten", werden Ihnen Attribute zugeschrieben, mit denen Sie sich unbewusst identifizieren: Durch die Erzählungen schlüpfen Sie unbewusst in diese Rolle und werden damit wie besagte(r) "Oma / Opa / Onkel / Tante...". Hier hat das Narrativ (die Geschichte der Person) dafür gesorgt, dass Sie mehr und mehr deren Verhaltensweisen imitierten und sich schließlich zu eigen machten. Perfektionismus oder übertriebene Korrektheit können dabei übernommene Prinzipien sein.

6) Die Übernahme eines Musters über das systemische Feld

Die Familienaufsteller[6] ziehen noch einen weiteren Mechanismus für die Ausbildung von Perfektionismus in Betracht: Sie gehen davon aus, dass Verhaltensmuster über sogenannte wissende Felder von einem Ahnen auf Sie übertragen worden sein können. Beispielsweise könnten Sie dann Ihren Perfektionismus von "Onkel Otto" haben, den Sie selbst aber niemals kennengelernt haben und von dem niemand in der Familie jemals sprach.

Der Theorie der Familienaufstellung nach wirken hier nicht wahrnehmbare Übertragungen über ein „wissendes Feld". Dadurch kann es nicht nur zur Ausbildung perfektionistischer Verhaltensweisen kommen, sondern z. B. auch zur Bildung von Depressionen, Suizidtendenzen, Krankheitsschicksalen u. a. Phänomenen mit unerklärlicher Herkunft. Wenn solche Prozesse wirken, dann ist die Aufrechterhaltung des Musters aufgrund von verdeckten Loyalitäten und Zugehörigkeiten sehr hartnäckig und ihre Ablegung trotz intensiver Arbeit oft nicht möglich. Erst eine sogenannte "Ablösung" führt bei solch hartnäckigen Mustern zur erfolgreichen Veränderung. Systemische Ursachen sollten bei entsprechender Renitenz eines ungünstigen Musters unbedingt in Erwägung gezogen werden!

☞ Wenn Sie den Verdacht haben, dass einer der obigen Prozesse maßgeblich zur Ausbildung Ihres Perfektionismus beigetragen hat, dann sollten Sie sich Hilfe bei Fachleuten holen. Denn dann benötigen Sie Unterstützung und gute Interventionen, um Ihren Perfektionismus zu bearbeiten und abzulegen!

6 Mitglieder der therapeutischen Schule des Familienaufstellens

5.13 Entziehen Sie dem Fehler den fruchtbaren Boden!

In Kapitel 2.4 ist beschrieben, dass es sehr sinnvoll ist, die Selbstzweifel-Kaskade durch ein inneres "Stopp" zu bremsen. Noch wichtiger ist es, Ihre inneren Selbstzweifel abzubauen. Denn wenn Sie einen "Fehler" machen, wird sich dieser besonders schmerzhaft anfühlen, wenn er auf einen schon bestehenden fruchtbaren Boden, also einen Selbstzweifel oder auch Glaubenssatz von Ihnen trifft. Wenn Sie z. B. glauben,

- dass Sie vor Autoritäten nicht frei sprechen können, dann wird Sie "Haspelei" in einem Gespräch mit Ihrem Vorgesetzten doppelt so stark lähmen.
- dass Sie sowieso „nichts richtig" machen können, (weil Ihre Eltern Ihnen das suggerierten), dann werden Sie sich bei einem Fehler automatisch stark abwerten.
- sowieso bei Frauen/Männer nicht landen zu können, wird ein "Korb" Sie in unglaubliche Tiefen fallen lassen.
- nicht schön genug zu sein, wird Sie jedes längere Anschauen extrem nervös machen.
- nicht perfekt zu sein, dann wird Sie jeder Fehler ins Bodenlose stürzen usw.

Deswegen ist es wichtig, sich mit Ihren Selbstzweifeln intensiv auseinanderzusetzen und diese abzubauen.

Um an Ihre Selbstzweifel bzw. Glaubenssätze heranzukommen, sollten Sie Ihren inneren Selbstgesprächen lauschen. Denn dort tauchen diese früher oder später auf. Manchmal sprechen Sie sogar über Ihre Selbstzweifel, indem Sie sagen: "Das kann ich nicht, weil..." oder "Ich bin..." mit einem negativen Begleitgefühl. Und all Ihre bereits persönlich definierten Schwächen fallen in den "Dunstkreis der Selbstzweifel". Sie werden Ihre Selbstzweifel also immer daran erkennen, dass sie Sie lähmen, blockieren, behindern, ausbremsen, schwächen, zögern lassen oder Ärger produzieren.

Außerdem schwächen Selbstzweifel Ihr Selbstwertgefühl: Wenn Sie viele Selbstzweifel in sich tragen, dann glauben Sie weniger gut oder gar falsch zu sein. Dadurch fühlen Sie sich wertlos oder wertloser als andere und Ihr Auftreten leidet. Nonverbal werden Sie dieses ausstrahlen und auch die Menschen um Sie herum werden Ihre Selbstzweifel wahrnehmen. Oft spiegeln Ihnen diese durch "passende" Kommentare und Verhalten Ihre Selbstzweifel wider – so, als hätten Sie sie ausgeplaudert. Dass dies ungünstig ist, wenn Sie als Perfektionist darauf bedacht sind, sich auf keinen Fall schlecht zu fühlen, erklärt sich von selbst.

Ihre Selbstzweifel werden auch größer, wenn Sie vorbelastet sind. Wenn Sie

- aktuell ein zu hohes Stressniveau haben, weil Sie permanent unter Strom stehen,
- eh schon ein geringes Selbstbewusstsein haben,
- schon viele Katastrophen im Leben erlebt haben und ängstlich Ausschau nach neuen halten,
- sehr viel Angst haben, sich zu schämen,
- aktuell eine schwierige Phase durchmachen,
- generell Angst vor Ablehnung haben
- und schon mal intensiv gemobbt oder schlecht behandelt wurden,

dann werden Ihre Selbstzweifel automatisch größer sein.

Aus diesen Gründen sind die Persönlichkeitsentwicklung und eine generelle Stressbewältigung von Vorteil, um besser mit Fehlern, Misserfolgen und Niederlagen zurecht zu kommen. Im nächsten Kapitel werden wir uns noch näher mit ungünstigen Glaubenssätzen befassen und vielleicht werden Sie dort auch noch den einen oder anderen Selbstzweifel entdecken.

5.14 Ändern Sie Ihre Glaubenssätze!

Wenn die "vorlauten" Selbstzweifel als innere Kritiker schon erhebliche Schieflagen und Stress produzieren, so gibt es in Ihnen sogar noch schlimmere "Übeltäter": Denn hinter dem Lärm der Selbstzweifel befinden sich stille Glaubenssätze, die meistens nicht einmal explizit gedacht oder wahrgenommen werden, aber enorm destruktiv sind.

Diese stillen Glaubenssätze sind die eigentlichen Attentäter für den gefühlten Misserfolg, die "Katastrophe" und eine schlechte Stimmung. Sie sind die "Henker", die Sie zu Boden strecken. Zu diesen stillen Glaubenssätzen gehören z. B.:

- *"Ich bin wertlos!"*
- *"Ich bin hässlich / klein / dumm!"*
- *"Ich bin ein Versager!"*
- *"Mit mir kann man es machen!"*
- *"Ich bin nicht gut genug!"*
- *"Ich bin falsch!"*
- *"Ich werde niemals Erfolg haben!"*
- *"Ich werde niemals reich sein!"*
- *"Ich werde niemals glücklich werden!"*
- *"Ich bin zu schwach!"*
- *"Mich will sowieso keiner!"*
- *"Ich bin allein!"*
- *"Ich bin verlassen!"*
- *"Ich bin schlecht!"*
- *"Ich kann das nicht!"*
- *"Ich bin eine Last!"*
- *"Ich muss mich anstrengen, um bloß nicht aufzufallen!"*
- *"Ich muss gehorsam sein!"*

Solche stillen Glaubenssätze wurden einst durch prägende Lernerfahrungen gebildet. Sie setzen sich still in Ihnen fest und steuern heimlich die Art und Weise, wie Sie wahrnehmen, wie Sie denken und wie Sie handeln. Und wenn Sie diese nicht kennen, werden Sie dadurch mit Ihrem ganz persönlichen Autopiloten im Leben unterwegs sein. Plötzlich fragen Sie sich dann z. B.:

- Wie konnte ich das nur übersehen?
- Warum hat es sich schon wieder so falsch entwickelt, obwohl ich mir so viel Mühe gegeben habe?
- Wieso muss immer mir das passieren?

Und immer dann, wenn Sie etwas als Problem bemerken und bewerten, gibt es dazu einen stillen, meist überaus negativ wirkenden Glaubenssatz in Ihnen. Wäre dem nicht so, dann wäre es für Sie nämlich kein Problem.

Doch wie verliert man solche Glaubenssätze?

Der wichtigste Schritt ist, die **Glaubenssätze erst einmal zu finden**. Denn Glaubenssätze werden meist so tief verinnerlicht, dass sie häufig als "normal" und als "unumstößliche Tatsache" oder als inneres Gesetz empfunden werden. Daher sind sie mitunter schwer zu entdecken. Kennzeichen von Glaubenssätzen sind Satzteile wie "ich bin…" / "ich kann…" / "ich bin nicht..."/ "ich kann nicht…" oder Variationen davon (z. B. " […] ist nicht meine Kernkompetenz", " […] ist eine absolute Schwäche von mir").

Als Nächstes sollten Sie diese erst mal auf ihren **Wahrheitsgehalt** überprüfen:

☞ Ermitteln Sie detektivisch, ob der Glaubenssatz gültig ist ("ist dies immer so?") und ob er überhaupt zutrifft ("stimmt das wirklich?")!

Danach sollten Sie diesen untersuchen, ob er **produktiv** (hilfreich) für Ihr Leben ist **oder kontraproduktiv** (ungünstig / einschränkend). Wenn er kontraproduktiv ist, dann sollten Sie ihn versuchen **aufzulösen:**

- Finden Sie heraus, wann und wie dieser Glaubenssatz wirkt und wie er Sie einschränkt!
- Finden Sie auch heraus, wann und wodurch dieser Glaubenssatz bei Ihnen "geboren" wurde: Wer war daran beteiligt? Was ist dort passiert?
- Falls Ihnen der Glaubenssatz durch andere übergestülpt wurde: Warum haben diese Ihnen dieses angetan? Warum haben Sie dieses "Etikett" geschluckt? Was war das Gute / der Überlebensvorteil / das Wichtige dahinter, sodass Sie dieses Etikett geschluckt haben?
- Überprüfen Sie, ob dieser Glaubenssatz ursprünglich nur die Meinung eines Gegenübers war, die Sie sich aus Überlebensgründen zu eigen gemacht haben!

Machen Sie dann im Anschluss noch folgende Überlegungen:

- Wie hätten Sie sich entwickeln können, wenn es die Glaubenssatz-Prägung(en) nicht gegeben hätte?
- Was wäre möglich, wenn Sie den Glaubenssatz ablegen würden? Tun Sie eine Zeit lang so, als hätten Sie ihn nicht!
- Was müssen Sie dafür tun, um den Glaubenssatz dauerhaft ablegen zu können?

Wenn Sie dieses konsequent für Ihre wichtigsten Glaubenssätze ausführen, werden Sie schon allerhand Veränderungen in Ihrem Leben bewirken. Wenn Sie dabei allein nicht zurechtkommen, dann suchen Sie sich Unterstützung!

☞ Da hinter Perfektionismus und der Angst vor Fehlern meistens mehrere gewichtige, hinderliche Glaubenssätze stecken, sollte das Bearbeiten von Glaubenssätzen für Sie ein neuer wichtiger Bestandteil Ihres Lebens werden, wenn Sie dies ablegen wollen!

5.15 Achten Sie darauf, wie Sie denken!

Haben Sie schon einmal versucht, ein sehr volles Wasserglas von (A) nach (B) zu transportieren, ohne etwas zu verschütten und dann just in dem Moment, als Sie gedacht haben "jetzt bloß nichts verschütten!", ordentlich Wasser vergossen?

Falls ja, dann haben Sie live miterlebt, wie sehr Ihr Gehirn mehr auf Bilder reagiert als auf Gedanken. Denn als Sie dachten, dass Sie "bloß nichts verschütten dürfen", hatten Sie zwar das Ansinnen, alles Wasser im Glas zu behalten. Doch in Ihrer Vorstellung ist genau das Gegenteil aufgetaucht: Sie haben sich eine Szene von "verschüttetem Wasser" vorgestellt - und versucht, dieses Ereignis mit dem Gedankenzusatz "nicht" zu verhindern. Doch in der Ausführung ist dieses "nicht" einfach verpufft und Sie haben trotzdem Wasser verschüttet.

Tatsächlich ist dies kein Einzelfall, sondern passiert häufig: Bei "nicht"-Aussagen tritt häufig genau das ein, was NICHT eintreten sollte. Doch woran liegt das?

Die Antwort liegt in der Art, wie das Gehirn seine Prozesse priorisiert. Bilder werden als "Regieanweisung" eher verstanden als Gedanken. Denn die Wahrnehmung und Interpretation von Bildern ist ein evolutiv ursprünglicherer Prozess, der schneller, einfacher und quasi reflexhaft abläuft. Das "höhere Denken" muss dagegen einen logischen Gedanken erst zerlegen und dann daraus noch ein Bild erzeugen, damit das Gehirn einen Gedankenimpuls verstehen und umsetzen kann. Dies kostet sehr viel Zeit und stellt in Gefahrensituationen ein erhebliches Risiko dar. Denn umständliches Überlegen würde schneller zum Tod führen als zu einem hilfreichen Rettungsgedanken. Daher werden schnell auftauchende Bilder bevorzugt behandelt und umgesetzt, während logische Operationen wie das "nicht" übergangen werden.

Auch die emotionale Besetzung vorgestellter Bilder spielt bei der Priorisierung des Gehirns eine wichtige Rolle: Stark negativ behaftete Bilder haben dabei vor positiv besetzen und auch neutralen Bildern Vorrang. Somit geht eine ängstliche Vorstellung eher in Erfüllung als wenig positive oder neutrale Vorstellungen. Wenn Sie also voller Angst denken, dass Sie nichts verschütten dürfen, weil Sie über den sündhaft teuren Perser-Teppich Ihres Bekannten mit einem Tablett voller Rotweingläser laufen, sollten Sie gut versichert sein. Denn wahrscheinlich wird das dann schnell teuer...

Dabei ist das Bezahlen eines Perserteppichs verglichen sogar noch ein harmloses Übel. Denn denken Sie jetzt einmal an Ihre Glaubenssätze: Was passiert, wenn Sie denken

- *"ich darf nicht versagen!",*
- *"das darf nicht schieflaufen!",*
- *"ich will mich nicht blamieren!",*
- *"ich darf nicht durchfallen!",*
- *"ich darf nicht rot werden!",*
- *"ich darf nicht Haspeln!" usw.?*

Sicher haben Sie gerade verstanden, dass dies noch viel tragischere Konsequenzen für Sie hat: Sie werden "versagen", es wird "schieflaufen", Sie werden sich blamieren, rot werden, haspeln oder auch durchfallen – weil Sie sich die mit diesen Sätzen verbundenen Bilder mit dem nicht wahrnehmbaren "nicht" immer wieder stark angstbesetzt vorstellen...

☞ Daher ist es besonders wichtig, sich die richtigen Vorstellungen (d. h. Bilder) mit ausreichend positiver Emotionalität zu machen, um Ihrem Gehirn die passenden Aufträge zu vermitteln. Denken Sie lieber an Erfolg, Gelingen, Souveränität, Bestehen und reibungslose Kommunikation!

☞ Stellen Sie sich alles positiv vor und streichen Sie Verneinungen! Denn dann ist die Wahrscheinlichkeit sehr viel höher, dass Sie auch das erreichen, was Sie eigentlich erreichen wollen – und nicht das, was Sie NICHT erreichen wollten!

5.16 Ändern Sie erst recht Ihre Glaubenssätze, wenn Sie zu Selbst-erfüllenden Prophezeiungen neigen!

Selbst-erfüllende Prophezeiungen sind Vorhersagen, die das eigene Verhalten und die eigene Wahrnehmung so manipulieren, dass sich die Umstände gemäß der getroffenen Vorhersage entwickeln. Ohne die Selbst-erfüllende Prophezeiung würde es die anschließende Entwicklung also wahrscheinlich gar nicht geben.

Dazu ein Beispiel:

Die Selbst-erfüllende Prophezeiung, "ich werde durch die Prüfung am Dienstag durchfallen!", löst Stress und Konzentrationsschwierigkeiten aus. Dadurch entsteht eine Blockade, sodass nötiger Lernstoff nicht mehr aufgenommen werden kann. Dienstag dann, am Tag der Prüfung, ist das Wissen nicht vorhanden und die Prüfung geht tatsächlich schief. Ohne die Selbst-erfüllende Prophezeiung hätte es die Lernblockade wahrscheinlich nicht gegeben, der Stoff wäre gelernt worden und in der Prüfung hätte es eine gute Chance auf Bestehen gegeben…

Besonders wenn sich Menschen sehr erfolgreich selbst manipulieren können, führen Selbst-erfüllende Prophezeiungen oft zu Problemen. Denn die autosuggestiv wirkenden Prophezeiungen sorgen für stark emotional gefärbte Bilder, die vom Gehirn als dringende Regieanweisungen für die Zukunft interpretiert werden. Deswegen verschiebt das Gehirn seine Wahrnehmung entsprechend und ändert unbewusst das eigene Verhalten so, dass sich die Ereignisse in Richtung dieser Regieanweisung entwickeln. Letztlich werden diese dann Realität.

Negative Glaubenssätze können dabei auch wie Selbst-erfüllende Prophezeiungen wirken: Düster selbstmanipulativ und bedeutungsschwanger ausgesprochene Glaubenssätze, wie

- *"Mir passiert eh nie was Gutes!"*

- *"Bei mir geht eh immer alles schief!"*
- *„Ich habe sowieso nur Pech!"*
- *„Wenn es einen trifft, dann mich!"*
- *„Ich bin eben ein Tollpatsch!"*

wirken förmlich wie Katastrophen-Magneten und bestätigen am Ende einmal mehr das, was mit dem Glaubenssatz schon zementiert wurde.

Doch wie entkommen Sie der Falle der Selbst-erfüllenden Prophezeiungen?

Dazu ist ein Realitätscheck das beste Mittel. Fragen Sie sich:

- Sind Ihre Beobachtungen wirklich richtig?
- Woher wollen Sie wissen, dass diese Entwicklung tatsächlich so verlaufen wird?
- Hat Ihre Prophezeiung einen anderen Sinn, z. B. Sie vor Enttäuschungen zu schützen?
- Gibt es handfeste Beweise, die die Prophezeiung als wahr bestätigen?

☞ Prüfen Sie jeden düsteren Orakelspruch, den Sie machen, mit diesen Fragen! Sie werden sehr schnell erkennen, ob es sich dabei um eine realistische Einschätzung handelt!

☞ Wenn Sie diese Fragen anwenden, verhindern Sie, dass Orakelsprüche zur Selbst-erfüllenden Prophezeiung werden!

Nichts ist leichter als Selbstbetrug, denn was ein Mensch wahrhaben möchte, hält er auch für wahr.
Demosthenes

5.17 Arbeiten Sie an Ihrer Grundhaltung!

Wie die vorherigen Kapitel gezeigt haben, hängen Wahrnehmung und Verhalten und die daraus entstehenden Entwicklungen sehr von den vorgestellten Bildern im Gehirn ab. Noch prägnanter wirkt sich dabei sogar die Grundhaltung aus: Eine optimistische Lebens- und Sichtweise bringt nämlich sehr viel mehr positive Entwicklungen hervor als ein pessimistisches Mindset. Kein Wunder - liefern die bei Optimisten dargebotenen Bilder und Glaubenssätze durch ihre stark-positive Besetzung doch deutlich freundlichere Lebens-Drehbücher als die düsteren Vorstellungen von Pessimisten (siehe Kapitel 5.15 und 5.16). Und das ist auch messbar:

So zeigten Studien, dass Optimisten durch ihre positivere Sicht auf das Leben und Interpretation der Ereignisse länger leben als Pessimisten. Sie verkraften auch medizinische Eingriffe und Erkrankungen besser und sind im Allgemeinen deutlich gesünder als ihre pessimistischen Pendants.

Im zwischenmenschlichen Bereich hat eine optimistische Grundhaltung ebenfalls positivere Auswirkungen: So gelingen Optimisten Paar-, Freundschafts- und Arbeitsbeziehungen deutlich besser als Pessimisten, sodass diese subjektiv mehr Glück und Freude erleben und positive Erlebnisse fast magnetisch anziehen. Während Pessimismus als wenig sexy, belastend und "erfolglos" wahrgenommen wird und Menschen chronische Miesepeter und „Luftverpester" meiden, wirken positive, optimistische Menschen stimmungshebend und lassen die Sorgen des Alltags vergessen. Daher werden Letztere eher aufgesucht und erhalten mehr Zuspruch und positives Feedback als Pessimisten, die aus Selbstschutz vor negativen "vibes" und schlechter Stimmung geblockt werden.

Doch Optimismus kann noch mehr: Auch das Körperbefinden hängt sehr von der inneren Grundhaltung und den eigenen Vorstellungen ab. So wirkt sich freundlich-positives Denken und Vorstellen förderlicher auf eine gute innere Stimmung und Befindlichkeit aus als griesgrämig-mürrisches und negatives Denken. So wird denn auch die

Gesundheit durch dauerhaftes „Schwarzsehen" irgendwann in Mitleidenschaft gezogen.

Und schließlich unterscheidet sich auch die Art und Weise, wie Optimisten und Pessimisten mit Fehlern umgehen: Während der Optimist sagt: "Ach, wird schon…wer weiß, wofür das gut ist?!" und zuversichtlich nach vorne schaut, äußert der Pessimist: "Das war doch wieder klar…das passiert immer mir! Die ganze Welt ist einfach schlecht und nie passiert mir etwas Gutes!". Während der Optimist mit seiner Haltung deutlich leichter über einen Misserfolg hinweggeht, fühlt sich der Pessimist durch seine düstere Betrachtung erst einmal lange Zeit wie erstarrt und bleibt in der Opferrolle gefangen. Sein Glaubenssatz, „dass es ja doch nichts nützt", nimmt ihm die Sicht auf Lösungen und seine Kraft und somit bleibt er unnötig lange in einem unheilvollen Zustand hängen.

- ☞ Es lohnt sich also sehr, an der eigenen Grundhaltung zu arbeiten! Auch Pessimisten können lernen, optimistischer zu werden. Lesen Sie dazu passende Bücher oder besuchen Sie Optimismus-Trainings[7]!
- ☞ Wenn es Ihnen dennoch schwerfallen sollte, dann versuchen Sie jedenfalls ein Realist zu werden, indem Sie einfach bei den Fakten und Tatsachen bleiben! Denn auch ein realistischer Blick korrigiert einschränkende Wahrnehmungs- und Gedanken-Verzerrungen und macht vieles leichter.
- ☞ Seien Sie gefasst auf das Schlimmste, aber erwarten Sie das Beste!

7 Anbieter dazu finden Sie reichlich im Internet!

5.18 Lieben Sie sich - bedingungslos!

Hatten Sie eine glückliche Kindheit, in der Sie als wertvoller Mensch durch und durch bestätigt wurden? Und konnten Sie dadurch ein gutes Selbstbewusstsein und uneingeschränkte Selbstliebe entwickeln? Oder wurden Sie nur manchmal geliebt, gar abgelehnt oder schlecht behandelt? Wie steht es dann um Ihre Selbstliebe, Selbstfürsorge und Ihr Selbstbewusstsein?

Die Art und Weise, wie wir von unseren primären Bindungspersonen und innerhalb unserer Herkunftsfamilie behandelt werden, bestimmt, wie wir uns später verhalten: Ob wir uns lieben, uns achten, uns gegen Unrecht wehren, gut für uns selbst sorgen, selbstsicher und selbstbewusst sind. Oder ob wir uns unsicher fühlen, wenig liebenswert, ungenügend, bemakelt, unfähig, „klein", hilflos und wenig attraktiv.

Zahlreiche Muster, Glaubenssätze und Selbstzweifel haben ihre Wiege in der Kindheit. Dort entstehen sie zur Anpassung an die Erwartungen der über uns bestimmenden Erwachsenen und helfen so, die eigenen (seelischen) Überlebenschancen zu erhöhen. Selbstzweifel wie „ich habe das nicht verdient!", „ich bin schuld!", „ich bin nicht gut genug!", „ich bin schlecht!" u. a. sind dabei kindliche Versuche, die Zugehörigkeit und das Geliebt-, Beachtet- und Versorgt-Werden durch die eigene Herabwürdigung und eine Unterwerfung sicher zu stellen.

Doch durch diese Anpassungsprozesse lernt ein Kind Bedingungen kennen, unter denen es „richtig" oder „falsch" ist und fängt an sich demgemäß zu verbiegen: „Ich werde nur dann geliebt, wenn ich gefalle / genüge / alle Erwartungen erfülle / keine Fehler mache", wird auf einmal zum Leitmotiv allen Handelns - und damit in vielen Fällen zur Geburtsstunde von Perfektionismus und Leistungsstreben. Diese Muster sorgen zwar fortan für die Existenzsicherung und das Überleben des Kindes, den Erhalt der Zugehörigkeit zur (Familien)Gruppe, für den Bezug von Liebe, Beachtung und Aufmerksamkeit und für das akzeptiert oder immerhin jedenfalls Geduldet-Werden, doch sie haben ihren Preis: Durch die entstandene innere Kopplung, nur dann „gut" und „richtig" zu sein, wenn alle (!) vermeintlichen Bedingungen erfüllt sind, also „alles perfekt" ist und die Leistung überwältigend, entsteht gleichzeitig eine übergroße Angst, bei Nicht-Erfüllung zu scheitern und nicht zu genügen - und damit die Furcht, Gefühle von „Versagen", Ablehnung, Ausgrenzung, Scham oder von Bedeutungs- und Wertlosigkeit erleben zu müssen.

Doch die Kopplung "nur gut zu sein, wenn den Erwartungen entsprochen wird", ist falsch!
Falsch!
Falsch!!!
FALSCH!!!!

Sie wurde einst aus der Not heraus gebildet und hat als Erwachsener nicht mehr dieselbe Notwendig- und Dringlichkeit. Denn dann dürfen Sie für sich entscheiden, was Sie leisten möchten und was nicht. Oder wie ausführlich Sie etwas erledigen oder erreichen wollen oder nicht. Und niemand darf Ihnen deswegen Ihre Würde und Ihre Wertigkeit absprechen! Als Erwachsener sind Sie frei und müssen sich nicht mehr anpassen, um überleben zu können.

Denn solange Sie im Rahmen des Gesetzes bleiben, dürfen Sie so sein, wie Sie wollen und sich genauso wertvoll wie alle anderen auch fühlen!

Und falls Sie Ihr Selbstwertgefühl verloren haben sollten, sollten Sie jetzt damit anfangen, es wiederaufzubauen:

- ☞ Lösen Sie als Erstes die oben beschriebene Kopplung: Sie sind auch dann wertvoll, wenn Sie es nicht jedem recht machen, mal nichts Übermenschliches leisten und auch wenn Sie Fehler machen!
- ☞ Fangen Sie an, sich vollständig anzunehmen - und zwar erst recht dann, wenn Sie bisher nur bedingt geliebt oder sogar abgelehnt wurden!
- ☞ Söhnen Sie sich mit all Ihren vermeintlichen Schwächen aus - denn Schwächen sind normal und die hat jeder!

- ☞ Erkennen Sie Ihren eigenen Wert an - besonders dann, wenn es andere nicht getan haben!
- ☞ Lieben Sie sich ab heute bedingungslos! Die einzige Person, die Ihnen dabei im Wege steht, sind Sie selbst!

Denn Ihre Würde (und damit Ihre Wertigkeit) ist unantastbar!

5.19 Setzen Sie sich mit Ihrem Muster auseinander: Warum müssen Sie perfekt sein?

Perfektionismus entsteht nie ohne Grund. Auch wenn vielleicht der eine oder andere geneigter sein mag, ein hohes Maß an Ordnung einzuhalten, so ist ein übertrieben gelebter, fast schon zwanghafter Perfektionismus immer das Ergebnis von Lernerfahrungen. Und das ist auch gut so! Denn dadurch lässt er sich auch wieder verlernen!

Doch das ist nicht so einfach, wenn der erlernte Perfektionismus wichtige ICH-schützende oder ICH-rettende-Funktionen erfüllt. Denn dann müssen für diese Funktionen erst Alternativen her oder die Funktion muss erst weggefallen sein, bevor sich die starken perfektionistischen Konditionierungen aufweichen lassen und sich das dann "nutzlos" gewordene perfektionistische Verhalten allmählich von allein ausschleichen kann.

Daher steht am Anfang immer erst die Untersuchung, warum sich der starke Hang zum Perfektionismus einst gebildet hat und welche wichtigen Funktionen er erfüllt. Danach kann im zweiten Schritt die Bearbeitung dieser Funktion(en) erfolgen, um eine Wahlfreiheit zurückzubekommen und endlich wieder frei entscheiden zu können, ob man perfektionistisch sein möchte oder nicht.

Um der Funktion hinter dem Perfektionismus auf die Spur zu kommen, sollten Sie sich daher fragen:

- Warum müssen Sie so genau sein?
- Warum müssen Sie es so übertreiben?
- Warum müssen Sie zwingend so korrekt sein?
- Warum so schnell (z. B. schnell davon abkommen / Unangenehmes schnell hinter sich lassen)?
- Was tut es Gutes, wenn Sie immer alles perfekt erledigen bzw. perfekt sind?
- Was schützen Sie durch Ihren Perfektionismus? Was stellt er sicher?

Und denken Sie auch im Umkehrschluss:

- Was würde passieren, wenn Sie nicht perfekt wären / etwas perfekt erledigten?
- Was zwingt Sie, immer wieder fehlerfrei sein zu wollen?

Schreiben Sie Ihre Antworten unbedingt auf und nehmen Sie sich Zeit dafür! Denn es könnte sein, dass Sie länger brauchen, um die Funktionen zu finden. Gerade wenn Perfektionismus Scham vermeidet, kann es sein, dass es dauert, bis Sie dem wahren Grund auf die Spur kommen. Und um endlich wieder Herr oder Frau über Ihren Perfektionismus werden zu können, brauchen Sie die Antwort, warum Sie so perfekt sein *müssen*. Denn ohne die Bearbeitung der dahinterliegenden Funktionen ist ein Anders-Handeln meist unmöglich, weil Sie dann nämlich immer noch ihren Perfektionismus brauchen!

Um Sie hier zusätzlich zu unterstützen, finden Sie noch mal eine Auflistung, welche Funktionen Perfektionismus bei anderen übernimmt. Der Perfektionismus wird dort aufrechterhalten, um

- Ablehnung zu vermeiden
- ein Schamgefühl / eine Blamage / Peinlichkeit zu vermeiden
- die Konventionen akribisch einzuhalten
- die Eltern (oder später im Leben auch symbolische Eltern) nicht zu erzürnen
- eine Überforderung zu vermeiden
- Gesichtsverlust / "Versagen" zu vermeiden

- “richtig zu sein” und dadurch das Selbstwertgefühl zu schützen
- Ausgegrenzt-Werden / Mobbing zu vermeiden
- unauffällig zu sein
- Liebesentzug / nicht-gemocht zu werden zu vermeiden
- Tabus und Missstände zu verschleiern oder zu verdecken (z. B. die Auswirkungen des Alkoholismus von Vater / Mutter, “Pleite” / Insolvenz, Armut, sonstiges geglaubtes Stigma)
- eine Fassade / den guten Namen / das Ansehen zu schützen
- ein Gesehen-Werden zu garantieren / im Mainstream zu bleiben
- bei mangelnder Fehler- und Krisenkompetenz Chaos, Fehler und Krisen tunlichst zu vermeiden
- einen Minderwertigkeitskomplex zu kompensieren / ein Stigma auszugleichen / besser als andere zu sein

Sicher gibt es noch weitere Antworten, doch handelt es sich hier schon um die häufigsten Funktionen hinter Perfektionismus bzw. einer starken Angst vor Fehlern.

Wenn Sie Ihre Antworten gefunden haben, kommt Schritt 2 der Bearbeitung:

- Wie werden Sie das gefundene Muster bzw. die Funktion(en) los? Wie können Sie diese auf andere / leichtere / gesündere Art und Weise sicherstellen?

☞ Suchen Sie sich Unterstützung, wenn Sie dafür keine Antworten und Strategien finden!

5.20 Finden Sie Ihre Achillesfersen!

Nicht jedes Missgeschick und nicht jeder Fehler sind so tragisch, wie Perfektionisten sie nehmen. Daher haben Sie in Kapitel 2.5 schon gelernt, wie Sie Ihre Fehler und Missgeschicke auf einer "Katastrophen-Skala" quantifizieren können und so große von kleinen Fehlern realistisch unterscheiden können.

Ausgehend von den Ergebnissen des letzten Kapitels (5.19), in dem Sie für sich herausgefunden haben, welche Funktion(en) Ihr Wunsch nach Perfektion und die Vermeidung von Fehlern erfüllt, sollen Sie nun Ihre wundesten Punkte und Szenarien finden – also die Bereiche, die Ihre persönlichen "Achillesfersen" darstellen und Punkte sind, an denen Sie am meisten verletzlich sind. Denn wenn Sie diese kennen, wird es Ihnen leichter fallen, Ihre Kräfte gezielt zum Schutz dieser Bereiche einzusetzen und die weniger verletzlichen außer Acht zu lassen. Dadurch können Sie sehr viel Aufwand, Kraft und Energie sparen. Wahrscheinlich können Sie auch Fehler und Missgeschicke in den nicht so "gefährlichen" Bereichen bald gelassener nehmen. Überlegen Sie daher:

- Was sind Ihre Super-GAUe[8] an Patzern, Fehlern oder Missgeschicken? Was könnten Sie am meisten falsch machen / in den Sand setzen?
- Was trifft Sie am härtesten?
- Welche Lebensbereiche müssen Sie besonders schützen?
- Welche Angriffe auf Ihre Person treffen Sie am härtesten?
- Was müssen Sie auf jeden Fall beschützen und bewahren?
- Was *muss* Ihrer Meinung nach immer unbedingt gelingen?
- Was trifft Sie dagegen nicht so hart? Was lässt sich verschmerzen? Wo können Sie lockerer lassen?

---

8 Die Abkürzung GAU steht für größt-anzunehmender Unfall

- ☞ Finden Sie heraus, was Sie am meisten trifft und daher Ihre Achillesferse darstellt!
- ☞ Konzentrieren Sie sich in Zukunft mehr darauf, Ihre Achillesfersen zu beobachten und zu beschützen und nur dort "perfekt zu sein" und lassen Sie bei den anderen Bereichen deutlich lockerer!

Denn Sie können nicht alle Bereiche des Lebens durch Perfektionismus und Kontrolle abdecken und überall fehlerfrei sein - also entscheiden Sie sich – Ihrem Stresslevel und Ihrer Lebensenergie zuliebe!

- ☞ Nutzen Sie die freiwerdenden Potenziale dazu, um sich für den Fall der Fälle (also ein Schieflaufen in einem sehr relevanten Bereich) vorzubereiten, Kraftreserven zu haben oder diese Bereiche besser abzusichern!

Verschiedene Möglichkeiten, wie Sie Ihre Achillesfersen noch weiter schützen können, finden Sie in Kapitel 6.4!

Die Angst vor Fehler treibt viele Blüten.
Eine davon ist der stete Zweifel, ob man trotz Perfektion nicht doch einen Fehler gemacht hat und die anderen sich nur (noch) nicht getraut haben, es zu benennen und das dicke Ende noch kommt…
Nicole Teschner

5.21 Setzen Sie sich mit Erfahrungen auseinander, die immer noch Schuld oder Scham hervorrufen!

Wie Sie in den letzten Kapiteln bemerkt haben, hat die Empfindlichkeit für Fehler und ein stark gelebter Perfektionismus immer Gründe und Ursachen. Daher möchte ich hier noch mal besonders Situationen aufgreifen, die bei Ihnen in der Vergangenheit Schuld oder Scham produziert haben könnten. Denn sofern Sie diese noch ungeheilt in Ihrem Rucksack mit sich herumtragen, ist ein Umgang mit Fehlern erschwert und Perfektionismus bleibt zum Schutz vor neuen Schuld- oder Schamgefühlen weiterhin notwendig.

Doch nicht nur das: Da Sie den Schmerz, den Schuldgefühle und Scham in Ihnen auslösen, sehr wahrscheinlich noch sehr lebhaft erinnern können, ist Ihre Empfindlichkeit gegenüber Situationen, die erneut diese Gefühle produzieren, meist deutlich erhöht. Durch diese Sensibilisierung flüchten Sie womöglich eher, tragen eventuell immer eine gewisse Angst mit sich herum, erneut solche Gefühle ertragen zu müssen und sind in unklaren Situationen sicher oft sehr angespannt. Im Extremfall könnte es sogar sein, dass Sie bereits in ein starkes Vermeidungsverhalten gerutscht sind und alles scheuen, was derartige Gefühle auslösen könnte. Oder aber Sie stellen sich keinen Herausforderungen mehr, verstecken sich gerne und scheuen Verantwortung wie der Teufel das Weihwasser…

Ganz egal wie es sich äußern mag: Situationen, die bei Ihnen Schuld oder Scham erzeugten, sind prädestiniert dazu, Ihre Angst vor Fehlern und Missgeschicken zu verstärken. Daher lohnt es sich immer, diese noch mal in den Fokus zu nehmen und zu verarbeiten. Zwar werden Sie dadurch gegenüber neuen Schuld- oder Schamgefühlen nicht resistent werden. Dennoch können Sie Ihre Sensibilität und Ihre Angst deutlich senken und wieder gelassener neue Situationen und Herausforderungen auf sich zukommen lassen.

Nehmen Sie sich daher Zeit und holen Sie diese unangenehmen Erfahrungen aus Ihrem emotionalen Keller hervor, sofern es davon noch welche gibt:

- Wann haben Sie sehr starke Schuldgefühle erlebt / etwas sehr Relevantes falsch gemacht?
- Wann haben Sie sich "falsch" / anders / unzureichend / ungenügend / abgelehnt gefühlt? Gehen Sie bei Ihrer Suche verschiedene Lebensbereiche durch (Familie, Schule, Freundeskreis, Hobbybereich…)!

Wenn Sie diese nun gefunden haben:

- Was ist damals passiert?
- Wie haben Sie sich damals gefühlt und warum?
- Stimmt Ihre Wahrnehmung? Oder haben Sie damals etwas ausgeblendet, was Ihnen heute auffällt?
- Was konnten Sie daraus Wichtiges lernen?
- Wie haben Sie sich dadurch verändert?

☞ Sammeln Sie Ihre Antworten schriftlich und gehen Sie noch ein letztes Mal das Schmerzhafte von damals durch! Überlegen Sie dann:

- Wie können Sie diese Erfahrung(en) verarbeiten?
- Wie können Sie damit endlich ins Reine kommen?
- Schaffen Sie das allein oder brauchen Sie dafür jemanden zum Reden?

☞ Um eine Fehlerempfindlichkeit und Perfektionismus abzulegen, lohnt es sich, alte Schuld- und Schamgefühle abzubauen - denn dann werden Sie allmählich wieder mutiger und gelassener!

5.22 Überwinden Sie eine erlernte Hilflosigkeit!

Menschen, die eine gute Krisen- und Fehlerkompetenz haben, gehen meist unvoreingenommen an Hürden und Herausforderungen heran. Sie planen und durchdenken Schwierigkeiten und haben sehr viel Respekt davor, weichen aber dennoch nicht vor ihnen zurück.

Anders reagieren dagegen Menschen, die im Verlaufe ihres Lebens unangenehme Erfahrungen mit Schwierigkeiten, Fehlern und Hindernissen gemacht und damit Misserfolge, Beschämungen oder Gesichtsverlust erlitten haben:

Im leichtesten Fall scheuen diese Menschen Fehler, Risiken und Herausforderungen nur leicht. Wenn die Angst dagegen größer ist, können die Reaktionen und der Umgang mit Fehlern schon sehr viel heftiger ausfallen: Von Vermeiden (z. B. durch Perfektionismus und übertriebenes Leisten), über panisches Flüchten oder konsequentem „Vor-sich-Herschieben“ von Aufgaben (Prokrastination) ist dabei alles zu finden, um bloß keine Fehler oder Niederlagen erleben zu müssen. Scham, “Versagensgefühle”, Gefühle von Scheitern oder “sich zu blamieren” werden damit verhindert.

Manche scheuen sich so sehr vor Fehlern, dass sie bereits im Vorfeld starke Anpassungen vornehmen und sich in vielen Bereichen sogar beschneiden. Fehlentwicklungen können so gar nicht erst entstehen, weil sie kein “heißes Eisen” anfassen, keinerlei Risiken eingehen und auch Verantwortung in jeglicher Form vermeiden. Nur wenn etwas garantiert funktioniert, werden Prozesse in Gang gesetzt oder Veränderungen eingeleitet.

Auch ein nachträgliches Abwehren ist häufig: Lässt sich ein Fehlermachen nicht vermeiden oder steckt man plötzlich im Schlamassel, wird die Verantwortung dafür “den anderen” oder “den Umständen” zugeschoben und so abgewehrt. Aufkommende Gefühle von Schuld und Scham verschwinden damit wieder und das Leben kann wie gewohnt weitergehen. Insbesondere Narzissten sind Meister darin, stets “fehlerfrei” zu sein und anderen die Schuld für eigenes “Versagen” unterzuschieben. Oft verrät sich eine narzisstische Persönlichkeitsstörung genau über jene Unart.

Aber auch Menschen, die in ihrer Kindheit kaum zu Herausforderungen und der Bewältigung von Schwierigkeiten ermutigt wurden, und Menschen, die enorm viel Beschämung durch Ablehnung, Mobbing oder Ausgrenzung erlebt haben, tun sich schwer, Hindernisse, Hürden und Schwierigkeiten überhaupt in Angriff zu nehmen: Sie leiden häufig unter einem Phänomen, welches der amerikanische Psychologe Martin Seligman als **erlernte Hilflosigkeit** definiert hat: Auch wenn sich die Möglichkeit zu einer positiven Gegenerfahrung bietet, schaffen es Betroffene nicht, sich aufzuraffen, um sich erneut einer Herausforderung zu stellen. In dem festen Glauben, doch nichts bewirken zu können und vollkommen unfähig zu sein, verharren sie in Lethargie und sind in keiner Weise zu einem neuen Anlauf einer Aufgabe zu motivieren. Denn in einer Folge misslungener Versuche haben diese in der Vergangenheit angefangen zu glauben, sowieso hilf- und machtlos zu sein und haben irgendwann die Entscheidung getroffen, sämtliche Anstrengungen einzustellen. Doch auch wenn keine unangenehmen Erfahrungen zu erwarten wären, schaffen sie es nicht, die so erlernte Hilflosigkeit zu verlassen und verharren in Stagnation – auch wenn diese noch so quälend ist.

Doch da ein Vermeiden, Abwehren oder auch ein Verharren in einer erlernten Hilflosigkeit in keiner Weise lebenspraktisch ist, führt der Weg nur über das Angehen von Herausforderungen:

- ☞ Sie müssen sich überwinden und sich (erneut) Schwierigkeiten, Hindernissen und Risiken aussetzen - immer wieder aufs Neue und auch gegen auftauchende Widerstände und anfängliche Unbeholfenheit, wenn Sie Ihr spezielles Muster zur Vermeidung von Fehlern überwinden wollen!
- ☞ Nur wenn Sie es tun und sich trotz Misserfolgsgefahr Herausforderungen stellen, werden Sie Ihre Blockade allmählich überwinden können und Glaubenssätze, wie "nutzt sowieso nichts" allmählich endlich hinter sich lassen!

Schritt für Schritt können Sie so Ihre Selbstwirksamkeit und Zuversicht weiter aufbauen und die Erfahrung machen, dass vieles durch Training und Hartnäckigkeit auch bald (wieder) fehlerfrei zu erreichen ist.

- ☞ Starten Sie in Minischritten und probieren Sie einen Anlauf nach dem anderen!
- ☞ Feiern Sie sich für jede kleine Errungenschaft und jeden Schritt nach vorne - auch wenn er noch so klein ist!
- ☞ Beziehen Sie daraus den Mut für die nächsten Schritte und machen Sie so lange weiter, bis Sie sich bewiesen haben, dass Sie es doch können!

Wenn es Ihnen schwerfällt, diese Entwicklung allein zu machen, suchen Sie sich Unterstützung. In vielen Bereichen werden deswegen sogar Trainer eingesetzt: Um Menschen wieder in Form zu bringen!

5.23 Finden Sie den Weg aus dem Dilemma des Perfektionisten!

Perfektionismus erfüllt häufig die Funktion, Ablehnung zu vermeiden und die Anerkennung, Liebe und Zugehörigkeit zur "lebensrettenden" Gruppe (Familie, später auch Clique, Gesellschaft oder Gemeinschaft) zu sichern. "Fehlerfrei" oder "perfekt" zu sein verhindert dabei "Ungnade" und somit Nachteile für das eigene Überleben. Die perfektionistische Anpassung, welche z. B. durch nicht-liebende oder überzogen strenge Eltern geprägt wurde, generalisiert sich oft, sodass Betroffene bald versuchen, es "allen und jedem" recht zu machen und überall zu glänzen. Dabei wird der Anspruch an sich selbst so hoch, dass Perfektionisten bald überall Bestleistungen auf unterschiedlichen Gebieten erzielen und immer und stets "eine perfekte Maske nach außen" tragen.

Doch das führt zu einem fatalen Dilemma: Die Bestleistungen und die "perfekte Außenmaske", die zum Schutz vor Ablehnung und Ausgrenzung erarbeitet werden, bleiben nicht unbemerkt und rufen Neider auf den Plan, die mehr oder weniger öffentlich Kritik, Häme, Spott und Verachtung austeilen. Nicht selten steht am Ende dann doch eine Ausgrenzung oder Ablehnung bevor. Und alles, was der Perfektionist durch seinen Perfektionismus zu vermeiden versuchte, holt ihn dennoch ein – eben weil er „perfekt, fehlerfrei, überlegen und makellos" erscheint. Die aus Scham gebildete Perfektion produziert daher oft neue Scham, weil der Perfektionist nun weitere unangenehme Erfahrungen macht:

- Als "Streber" verschrien zu werden.
- Dass sich Menschen von ihm abwenden, weil sie nicht mithalten können.
- Dass sich Menschen von ihm abwenden, weil der Perfektionist ihnen ihre eigenen Schwächen und Unzulänglichkeiten vor Augen führt.

- Dass Menschen neidisch und missgünstig werden und anfangen, ihn zu bekämpfen.
- Dass Menschen anfangen, ihn und seine Fähigkeiten auszunutzen und an ihm zu parasitieren.
- Dass Menschen ihn sehr kritisch beäugen, weil er so perfekt, wie er nach außen erscheint, gar nicht sein kann und bald Attacken auf seine perfekte Maske gestartet werden.
- Dass Sie geschnitten, gemobbt oder ausgegrenzt werden.

Und da sich Perfektionisten dadurch oft noch sehr viel mehr getroffen und bedroht fühlen, kompensieren sie dies erneut und entwickeln weitere Verhaltensweisen, um dem neuen Schmerz zu entkommen. So fangen sie an

- noch mehr zu leisten, um noch unauffälliger und nun "wirklich fehlerfrei und perfekt" zu werden,
- ins übertriebene "Understatement" zu gehen und die eigene Leistung klitzeklein und nichtig zu reden,
- nur noch "undercover" zu agieren, sodass niemand sie bei ihren Bestleistungen erwischt,
- das Rampenlicht zu meiden und den Mittelpunkt zu scheuen,
- niemals "Nein" zu sagen und "Everybody`s Darling" zu sein,
- Errungenschaften zu verbergen und zu verheimlichen
- oder tatsächlich schlechter und weniger perfekt zu werden,

um einer weiteren Ablehnung, Ausgrenzung oder Kritik zu entgehen. Es ist unnötig zu bemerken, dass sich der Perfektionist damit hoffnungslos verbiegt, nur um dem Umfeld zu gefallen und er sich natürlich auch immer mehr entkräftet, während er sich an diesem Muster abarbeitet.

Doch wie entkommen Sie einem solchen Dilemma?

☞ Der Ausweg besteht darin, das eigene Selbstwertgefühl und Selbstbewusstsein zu steigern!

Denn dadurch werden Sie lernen, über den Dingen zu stehen und erhaben zu sein über neidvolle Kritik oder dem Schlechtreden dessen, was Sie erreichen und erreicht haben. Durch ein höheres Selbstwertgefühl werden Sie auch verstehen, dass Sie - ebenso wie jeder andere auch - das Recht haben, so zu sein, wie sie wollen, und dass niemand Sie dafür abstrafen kann[9]. Auch können Sie Ihre Leistungen bald sehr viel besser anerkennen und genießen. Wenn Sie selbstbewusst zu Ihren Leistungen stehen können, werden Sie Ihre erschaffenen Ressourcen bald uneingeschränkt für sich selbst beanspruchen, sodass Sie auch technisch gesehen von allen anderen immer unabhängiger werden. Außerdem werden Sie Menschen, die Ihnen nicht guttun und die Sie nur beleidigen, bekämpfen oder ausnutzen, aus Ihrem Leben verbannen, sodass am Ende nur wertschätzende Menschen übrigbleiben, die sie ohnehin wahrhaft lieben und schätzen und Ihnen damit ein friedvolleres Leben bescheren. Und Sie werden sich auch immer mehr trauen sich so zu zeigen, wie Sie sind und die Maske ablegen. Daher lohnt es sich sehr, an einem guten Selbstwertgefühl und dem eigenen Selbstbewusstsein zu arbeiten!

Neid ist die aufrichtigste Form der Anerkennung.
Deutsches Sprichwort

5.24 Lösen Sie sich von den überzogenen Darstellungen in den social media!

Wollen Sie sich mal so richtig schlecht, hässlich und erfolglos fühlen? Dann setzen Sie mal Ihren Defizit-Filter auf und gehen Sie in die social media!

Zahlreiche Apps machen es heute möglich, Inhalte, Fotos und Selbstdarstellungen mit anderen zu teilen. Und raten Sie mal, welcher Art diese Selbstdarstellungen sind? Es sind immer nur die Allerbesten - denn die Wahrheit oder das, was wirklich ist, will keiner sehen. Somit

9 Solange Sie im Rahmen der Gesetze bleiben!

wird es auch nicht "ge-liked" und findet keine "Follower". Und daher zeigt sie niemand.

Wenn Sie sich einmal eine Zeit lang darauf konzentrieren, nur solche Selbstdarstellungen anderer wirken zu lassen, werden Sie bemerken, dass es Ihnen nach ca. 1h Lobhudelei der anderen auf sich selbst garantiert schlechter geht: Denn dann sind Sie mit sich selbst, Ihrer Figur und Ihrem Leben insgesamt nicht mehr zufrieden, weil Sie eben nicht gerade 10 Wochen Urlaub auf den Malediven machen, keine ganz gerade Nase haben, schon ein kleines Bäuchlein angesetzt haben, Ihr Job momentan sowieso das Hinterletzte ist und nicht mit dem Abenteuer der anderen mithalten kann...von Ihrer aktuellen "so-semi"-Performance - bedingt durch Ihre momentane Unzufriedenheit -, mal ganz zu schweigen...

Je mehr Sie sich also von solchen Hochglanzfotos und durch-designten Beiträgen beeinflussen lassen, desto mehr wird sich Ihre Wahrnehmung dessen, was erstrebenswert und normal ist, verzerren und desto mehr wird Ihre persönliche Unzufriedenheit wachsen - sofern Sie nicht gerade sowieso alles haben, was ein überaus glückliches und zufriedenes Leben benötigt und Ihnen daher vor lauter Zufriedenheit schier die Luft wegbleibt...

Sie sollten sich daher fragen:

☞ Was glauben Sie, wie gesund ist es für Sie, sich ständig mit solchen Beiträgen zu konfrontieren? Und glauben Sie, dass es Ihnen hilft, besser mit Fehlern zurechtzukommen?

Die Antwort lautet: Höchst ungesund und mitnichten! Es ist im Allgemeinen eher so, dass sich durch einen Dauerkonsum sozialer Medien Ängste verstärken, düstere Stimmungen auftauchen, da uns immer wieder ein aktueller Mangel suggeriert wird und die eigenen Erwartungen und das Körper-Idealbild unrealistisch verzerrt werden. Übermäßig genutzt (mehr als 2 h täglich) konnten Studien auch belegen, dass sich die psychische Belastung erhöht und Selbstmordgedanken gefördert werden.

Es ist daher fast sogar unnötig zu bemerken, dass sich dieses auf Perfektionisten noch sehr viel schädlicher auswirkt:

Da immer wieder Superlative und neue Idealzustände gepostet werden, wird auch die Latte des "Perfekt sein" immer höher zu hängen sein. D. h. ein Perfektionist muss sich immer mehr steigern, um noch mithalten zu können und den Erwartungen der Umwelt gerecht zu werden. Dass dies nicht gelingen kann und immer größere Angst „zu versagen" mit sich bringt, erklärt sich schon von selbst.

☞ Wenn Sie sich also das nächste Mal als Dauerkonsument des nach-Applaus-hungernden, mit Wollust gelebten Narzissmus der social-media-Junkees erwischen, sollten Sie darüber nachdenken, wie realistisch deren Darstellungen dort sind, warum diese eine solche Selbstdarstellung brauchen und ob Sie Ihrer Psyche diesen Hochglanz vorgaukeln und sich damit potenziell unglücklich machen wollen…oder doch lieber nicht?

5.25 Meiden Sie Bestenkürung, Maximierungswahn und Rekordementalität!

Wir leben in einer ungnädigen Zeit: Nur die Besten werden gehypt, nur das Superlativ zählt noch und erhält Applaus und im Zuge der allgemeinen Maximierung glauben wir, dass wir - wenn wir nur hart genug daran arbeiten – auch alles maximieren können: unsere Fähigkeiten, unser Aussehen, unsere Parameter, unsere Umgebung, unsere Erlebnisse, unsere Freizeit, unsere Kinder, unsere Leistungen…eine ganze Gesellschaft hat das Prinzip der Leistungsmaximierung der Industrialisierung auf den eigenen Körper und das eigene Leben übertragen und denkt stetig: "Da muss aber noch mehr gehen!" - Wundert es Sie noch, dass alle immer überforderter werden? Mich nicht! Denn:

Es ist unmöglich, sich unbegrenzt zu steigern, weil wir körperliche Grenzen haben!

Manch einer verfolgt inzwischen eine leicht masochistische Neigung und bombardiert sich die ganze Zeit mit diesen Superlativ-

Darstellungen und -Nachrichten (siehe auch Kapitel 5.24) und fühlt sich bald wie? Genau: unfähig, unperfekt, hässlich, wertlos, dumm, klein, arm, talentfrei - und am Ende depressiv!

Unterstützt wird dieser Optimierungswahn unserer Gesellschaft durch etliche Castingshows, wo wirklich gute Talente gegen noch ein wenig bessere Talente geschasst und damit als "schlecht" aussortiert werden. Auch der Berufsalltag läuft heute nicht mehr ohne Controlling ab, sodass alles gemessen wird, Leistungen bewertet werden und natürlich zu steigern sind.

Wir haben daher begonnen, uns permanent zu vergleichen und misstrauisch zu beobachten, ob nicht plötzlich etwas Besseres um die Ecke kommt und uns so vor Augen führt, dass uns etwas fehlt oder wir "nicht gut genug sind". Nicht zuletzt deswegen werden Menschen immer gestresster und fühlen sich permanent unter Leistungsdruck.

Eine Lösung, um aus dieser Spirale wieder herauszukommen, besteht darin, alles kritischer zu sehen - gerne auch mit Statistiken:

- Wie viele Menschen haben wirklich Modelmaße?
- Wie viele sind von Natur aus absolut schön und wie viele haben lediglich nachgeholfen?
- Wie viele versklaven sich gnadenlos an den Applaus der Menschenkulisse, die sie sich selbst zum Schein geschaffen haben, um von den Menschen, die sie gar nicht kennen, scheinbare Bewunderung zu erhalten?
- Wie viele Menschen fühlen sich inzwischen nur noch mit etlichen Followern gut oder wenn sie scheinbar "fame" sind?
- Wie viele dieser Follower sind wohl in der Not da, wenn mal alles weggebrochen ist oder das Idealbild nicht mehr aufrechterhalten werden kann?
- Wie viel Gehirnwäsche unterliegen Sie jeden Tag[10]?

10 Ich bin keine Verschwörungstheoretikerin!

- ☞ Kommen Sie auf den Boden der Tatsachen zurück: Es gibt auch das gesunde Mittelmaß und das ist ebenfalls sehr gut - wobei die Betonung auf "gesund" liegt!
- ☞ Hören Sie auf, sich permanent zu vergleichen und nieder zu machen, weil sie "schlechter" sind, "weniger haben" oder "im Vergleich schlecht abschneiden".
- ☞ Danken Sie lieber dafür, was Sie stattdessen alles haben! Und das ist hierzulande im Allgemeinen immer noch eine ganze Menge!

5.26 Überschießender Perfektionismus: Stellen Sie die Verhältnismäßigkeit wieder her!

Den meisten Perfektionisten fehlt die Verhältnismäßigkeit und auch die Gelassenheit, es bei 100 % oder besser noch bei 90 – 95 % gut sein zu lassen.[11] Ganz im Gegenteil: Für Perfektionisten ist ein Ergebnis von 100 % nicht ausreichend, wenn auch 150 % erreicht werden können. Liegt das mögliche Maximalergebnis bei 200 %, sind sogar 200 % anzustreben. Nur das, was faktisch nicht mehr zu toppen ist, ist in der Wahrnehmung eines Perfektionisten das Ideal. Schwierig wird dieser Überanspruch natürlich dann, wenn es kein Optimum gibt und etwas theoretisch immer weiter gesteigert werden könnte. Denn auch hier versucht der Perfektionist sein vormaliges Ergebnis stets zu übertrumpfen. Denn bei Wiederholung wird es gewöhnlich - und nur außergewöhnliche Leistungen können den Perfektionisten beeindrucken…

Man könnte in solchen Fällen fast schon von Perfektionssucht sprechen und auch wenn es hier überzogen klingen mag: Manch ein Perfektionist lebt seinen Perfektionismus exakt nach solchen Maßstäben.

11 Nebenbei bemerkt: Die meisten Menschen (außer Controller) erkennen den Unterschied zwischen 90 und 100 % nicht…und schon gar nicht zwischen 100 und 150 %…

Natürlich bringt dies Betroffene früher oder später an ihre Grenze. Auch wenn dies in jungen Lebensjahren durchaus und bei gewissem Talent sogar recht einfach zu erreichen ist, torpediert der Zahn der Zeit den Überanspruch des Perfektionisten immer mehr: Denn mit zunehmendem Alter sinkt die Leistungsfähigkeit naturgemäß ab, sodass die schwindenden Kräfte den möglichen Aufwand allmählich immer mehr begrenzen. Auch der emotionale Keller, der das psychisch Unverarbeitete beherbergt, füllt sich immer mehr. Und eines Tages ist dieser aufgrund der mangelnden Psychohygiene durch das Leisten in der Vergangenheit so voll, dass die Psyche auf eine umfassende Aufräumaktion drängt. Dumm nur, dass sie sich dabei den Körper zur Hilfe nimmt und diesen so lange lahmlegt und jegliches Leisten vereitelt, bis alles aufgeräumt wurde. Erkennbar wird dies an dem im Außen nun sichtbaren Burnout-Geschehen, das einen heftigen Leistungseinbruch mit sich bringt: Plötzlich gehen statt der gewohnten 150 % nur noch 20 % - wenn überhaupt! Sie können sich sicher vorstellen, wie viel Verzweiflung diese „Minderleistung“ für einen Perfektionisten bedeutet und wie lange dieser an dieser Zwangspause zu kauen hat, bis er sie endlich akzeptiert hat...

☞ Daher macht es Sinn, schon beizeiten die Unverhältnismäßigkeit bei einem überschießenden Perfektionismus zu korrigieren und die eigenen Ansprüche zu senken!

Bedenken Sie: Im Vergleich mit anderen schneiden Sie immer noch topp ab! Den Einzigen, den Sie dabei enttäuschen könnten,[12] sind wahrscheinlich Sie selbst!

12 Mit einer Ausnahme: Wenn Sie auf der Arbeit messbar immer 150 % geleistet haben, wird die Rückkehr auf gesunde 95 % (mit 5 %-iger Reserve) durchaus auffallen! Also bereiten Sie sich darauf vor! Dennoch haben Sie das Recht, zum "Dienst nach Vorschrift! zurückzukehren! Sie sollten es Ihrer Gesundheit zuliebe unbedingt tun!

☞ Ihnen werden Ihre Angelegenheiten 5x so leicht von der Hand gehen, wenn Sie Druck rausnehmen und Ihren Anspruch auf ein Normalmaß senken!

Ihr Stresslevel, Ihr Körper und Ihre Psyche, die dann endlich Zeit zum Fühlen und Verarbeiten bekommt, werden es Ihnen danken!

5.27 Lernen Sie von Narzissten – aber nur ein bisschen!

Es gibt einen Menschentyp, der mit Fehlern anscheinend immer souverän umgehen kann: Menschen mit narzisstischer Persönlichkeitsstörung sind Meister darin, Fehler abzuwehren und über Fehler hinwegzugehen. Und auch wenn diese dabei manchmal moralisch höchst bedenklich vorgehen, lohnt es sich doch einmal tiefer hinzuschauen, wie es ihnen möglich ist, den Vorwurf von Fehlern unmittelbar abzuschmettern.

Doch lassen Sie mich vorab Menschen mit narzisstischer Persönlichkeitsstörung erst einmal skizzieren:

Das wohl bezeichnende Merkmal ist der Selbstglaube des Narzissten, absolut großartig und daher fehlerfrei zu sein. Mit diesem unerschütterlichen Denken tritt er auf und erwartet wie selbstverständlich, dass alle anderen ihn genauso sehen und ihm huldigen und applaudieren. Er glaubt, dass er sich nie wirklich anzustrengen braucht, da ihm sowieso alles gereicht werden muss. Und falls dies nicht von allein funktioniert, benutzt er andere, um das Gewünschte zu erhalten. Dabei ist die einzige Liebe, die ein Narzisst verspüren kann, die Liebe zu sich selbst. Alle anderen Menschen werden unempathisch gemäß seinen Bedürfnissen installiert und oft nur als Dekoration für seinen Auftritt missbraucht.

Narzissten brauchen die Bewunderung wie die Luft zum Atmen. Daher stehen sie meistens im Mittelpunkt und sorgen dafür, stets das

Zentralgestirn der Umgebung zu sein. Dazu haben sie meist große Entertainer-Qualitäten entwickelt und führen witzig, wortgewandt und schlagfertig die Massen. Und auch wenn sie es geschickt anders verkaufen: Alles, was sie tun, dient nur ihrem Selbstzweck. Wehe dem, der einen Narzissten dabei stört oder ihn bei seinem Treiben entlarvt! Dann wird er alles daransetzen, diesen Menschen seelisch und sozial zu vernichten - und kommunikativ und suggestiv kann ihm dabei keine andere Persönlichkeit das Wasser reichen.

Schneller als eine Maus in einem Mauseloch verschwindet, kann ein Narzisst die Strategie wechseln, um sein aktuelles narzisstisches Bedürfnis befriedigt zu bekommen. Dabei beherrscht er alle Taktiken meisterlich: Blitzschnell kann er zwischen Anklagen, Loben, Locken, Verachten, Ignorieren, Diffamieren, Projizieren, Lügen, Verspotten, Angreifen, Drohen, Erpressen, Einschüchtern, Beschämen, Demütigen, Drangsalieren, Blamieren, Hofieren oder Mobben wechseln, ohne dass Sie den Hauch einer Chance haben, die Manipulation zu bemerken und sich zu wehren. Am Ende schafft er es mit hoher Quote, dass er das bekommt, was er haben wollte und sich sein Gegenüber geschlagen gibt.

Persönliche Schwächen haben für Narzissten immer nur die anderen. Sie sind überaus neidisch und missgünstig und gönnen anderen nicht einmal das Haar in der Suppe. Narzissten sind sehr eitle Pfauen und ertragen keine anderen Götter neben sich. Daher werden sie diese „Bedrohungen" auch konsequent verunglimpfen - "oft nur zum Spaß!". Sie teilen Menschen in zwei Gruppen ein: Zu der einen Gruppe gehören die Menschen, die sie bewundern und ihnen als schmückende und selbst-aufwertende Kulisse dienen könnten. Und zu der anderen die, die ihrer Ansicht nach nur zum Erniedrigen oder Dienen taugen. Dazwischen gibt es für Narzissten nichts. Erniedrigungen sind ihr Hobby - welches sie meistens im Stillen oder subtil anwenden, um weiterhin unzweifelhaft glänzen zu können. Sie werten andere unablässig ab, damit sie sich selbst größer fühlen können - denn tief im Inneren haben Narzissten einen Minderwertigkeitskomplex, den sie oft durch das Ducken anderer zu heilen versuchen.

Doch was lässt sich nun daraus Sinnvolles für Sie lernen?

So schräg Ihnen diese Persönlichkeit auch vorkommen mag, so hat sie doch einen entscheidenden Vorteil: Narzissten können scheinbar mühelos und unbeschadet über Fehler hinweggehen! Und dies schaffen sie deshalb, weil sie sich ein Gedankenkonstrukt erschaffen haben, welches sie für erhaben und unantastbar erklärt und dadurch immunisiert. Nichts und niemand kann ihnen schaden, weil sie glauben, absolut richtig zu sein. Und das macht es unmöglich, dass Fehler auf ihre Kappe gehen und so wird die Verantwortung dafür sofort beiseitegeschoben.

Nun sollen Sie jedoch nicht genauso skrupellos wie Narzissten vorgehen und jede Schuld und jeden Fehler anderen in die Schuhe schieben! Doch das, was Narzissten zu viel tun (- alle Fehler von sich abzuwehren -), machen Sie wahrscheinlich zu wenig und schreiben sich jeden Fehler einzig auf Ihre eigene Fahne. Weil Sie sich aufgrund von Erfahrungen und persönlicher Unsicherheit verwundbar und "schlecht" fühlen und voller Selbstzweifel sind, fehlt Ihnen der Glaube, perfekt und großartig zu sein. Es fällt Ihnen daher schwer, Fehler und Kritik zurückzuweisen, weil Sie glauben, dass "die anderen recht haben" und Sie Makel an sich haben. Und so nehmen Sie diese Fehler als "verdient" an und lassen sich davon enorm durchschütteln. Gäbe es Ihre Selbstzweifel nicht und wäre Ihr Selbstbewusstsein und Ihr Glaube an sich selbst sehr viel höher (wie bei Narzissten), dann würden auch Sie automatisch sehr viel mehr Fehler von sich weisen.

☞ Es kommt also einmal mehr darauf an, an Ihrem Selbstwertgefühl und Ihrem Selbstbewusstsein zu arbeiten. Denn das hilft Ihnen, unberechtigte Fehler direkt von sich zu weisen und mehr in Ihrer Mitte zu bleiben!

5.28 Lösen Sie die Elefanten-Kopplungen!

In Kapitel 2.5 haben wir uns mit der Wahrnehmung von Fehlern beschäftigt und festgestellt, dass Menschen, die unter großer Angst vor Fehlern leiden oder perfektionistisch handeln, jeden noch so kleinen Fehler dramatisch in seiner Bedeutung überzeichnen und daher quasi aus "jeder Mücke einen Elefanten" machen.

Um dieses zu korrigieren und Ihnen die Möglichkeit zu geben, Fehler in Zukunft realistisch einschätzen zu können, sollen Sie nun untersuchen, was Sie unbewusst dazu verleitet, den Fehler künstlich zu verzerren und aufzubauschen, sodass er Ihnen jedes Mal so vernichtend vorkommt. Fragen Sie sich daher:

- Warum ist jeder noch so kleine Fehler so stark bedrohlich für Sie?
- Warum nimmt jeder noch so kleine Fehler lebensbedrohlicherscheinende Ausmaße in Ihrer Wahrnehmung an?
- Wenn es eine Angst dahinter gäbe: Wovor wäre die dann?
- Was tut es Wichtiges für Sie, wenn Sie jeden Fehler übertrieben stark in Ihrer Wahrnehmung überzeichnen und die vermeintlichen Auswirkungen so dramatisch darstellen?
- Was war Ihr schlimmstes Erlebnis mit einem Fehler in Ihrem Leben? Wie haben Sie sich dabei gefühlt und welche Auswirkungen hatte das auf Sie? Fürchten Sie, dass Sie diese Gefühle und Auswirkungen jetzt wieder spüren könnten, wenn Sie einen Fehler weniger schwerwiegend einschätzen?
- Was haben Sie zu verlieren, wenn Sie einen kleineren Fehler einfach einen kleineren Fehler sein lassen?

In den meisten Fällen erfüllt die Überzeichnung eines Fehlers nämlich wichtige Funktionen. Dazu gehört z. B., dass

- der "innere Alarmzustand" ausgerufen wird und sämtliche Verteidigungs- und Schutzmaßnahmen angefahren werden – egal, ob nötig oder nicht.
- durch den ausgelösten künstlichen Stress die Konzentrations- und Leistungsfähigkeit gesteigert wird und so "noch mal eine Schippe daraufgelegt werden kann", um sich zu Höchstleistungen anzutreiben. Dies ist für viele Perfektionisten und Burnout-Kandidaten übrigens ein beliebtes unbewusstes Hilfsmittel!
- damit negative Glaubenssätze unbewusst bestätigt werden (wie "ich kann eh nichts!", "ich bin sowieso ein 'Loser'!", "ich habe nichts anderes verdient!" o. ä.)

- manchmal auch ein Drama erzeugt wird, welches vor anderen unangenehmen Gefühlen oder Entwicklungen ablenkt.

Egal, was es ist: Es ist sehr wichtig zu hinterfragen, warum sich ein solches Muster bei Ihnen eingeschlichen hat. Wenn Sie dieses entdeckt haben, sollten Sie sich Gedanken darüber machen, wie Sie diese Funktion anders sicherstellen oder lösen können, um auf Dauer Fehler realistisch bewerten zu können. Denn dies trägt deutlich dazu bei, dass Sie auf Dauer weniger gestresst sein werden, sich selbst weniger fehlerhaft erleben und Ihre Lebensqualität und Lebensfreude damit steigen.

- ☞ Finden Sie also heraus, warum Sie aus jeder Mücke immer einen Elefanten machen!
- ☞ Suchen Sie für die herausgefundene(n) Funktion(en) andere, bessere Möglichkeiten, um diese für Sie sicherzustellen, sodass Sie Fehler bald wieder realistisch wahrnehmen können!

5.29 Hören Sie auf (übertrieben) zu büßen!

Wenn Menschen mit großer Fehlerangst oder Perfektionismus etwas falsch gemacht haben, was sehr gegen ihre eigene Moral oder die allgemeinen Konventionen verstößt, sind die Reaktionen darauf meist sehr intensiv: Sie schämen sie sehr dafür, was sie getan haben und verstecken sich vor ihren Mitmenschen. Sie versagen sich Freuden und angenehme Aktivitäten des Lebens und reagieren oft autoaggressiv mit selbst-zerstörerischen Verhaltensweisen. Oft essen sie z. B. übertrieben viel oder zu wenig, trinken zu viel Alkohol, rauchen zu viele Zigaretten oder konsumieren Drogen, um sich zu betäuben und das zu vergessen, was "sie falsch gemacht haben". Meistens tauchen nach einer Zeit auch körperliche Symptome auf, wie Schlafstörungen, eine starke Unruhe, Panikattacken, Dauerkopfschmerzen, Magenprobleme o.a., die symbolisch auf das eigene „Fehlverhalten" und den damit einhergehenden moralischen Konflikt im Inneren hinweisen.

In manchen Fällen gehen diese Menschen dabei in ein extremes "Bußverhalten" über, um sich dafür zu "läutern", was sie getan haben. Manchmal findet das Büßen sehr subtil statt, manchmal aber auch dramatisch auffällig. Meistens ist es aber sehr nachhaltig und stark und löst sehr verschiedene Verhaltensweisen aus. Z. B. führt die "Selbstgeißelung" dazu, dass diese Menschen

- beschließen, sich gar nicht mehr zu freuen oder auch freuen zu wollen und sich Lebensfreude förmlich verbieten.
- sich aus Scham nicht mehr in den Vordergrund rücken und sehr defensiv agieren.
- nicht mehr am Sozialleben teilnehmen.
- in sehr großes Schweigen gehen.
- unauffällig werden, um keinen weiteren Anstoß zu erregen.
- sich selbst in eine finanzielle oder existenzielle Misere bringen, weil "sie das verdient haben".
- sich selbst sehr abwirtschaften und nicht mehr pflegen, weil sie "unwürdig" und "schlecht" sind.
- sich selbst enorm "schinden" und nicht mehr zur Ruhe kommen und übertrieben viel Lasten für andere auf sich nehmen.
- versuchen, sich das Leben durch einen Suizidversuch, vollendeten Suizid oder in Raten durch selbstschädigendes Verhalten zu nehmen.

Dabei erleben diese Menschen das, was sie (falsch) gemacht haben und wofür sie glauben, die Verantwortung zu tragen, als eine große "Schande" oder "Schmach", welche ihre Ehre und das für andere "würdig sein" und auch die Ehre der Familie, Gruppe oder Sippe stark beschädigt.

Das, was so sehr als "Schande" erlebt wird, ist jedoch stets sehr subjektiv und sehr von der persönlichen Prägung und der moralischen Vorstellung der Mitmenschen geprägt. Religiöse, ethnische und individuelle Moralkodexe der eigenen Herkunft können dabei eine große Rolle für die gefühlte Notwendigkeit zu büßen spielen, müssen aber gar keine Allgemeingültigkeit für alle Menschen haben.

Da die persönlichen Reaktionen eines Bußverhaltens stark persönlichkeits- und lebensverändernd sind und sehr viel Einfluss auf das Wahrnehmen und Erleben haben, ist es wichtig, sich mit diesem Verhalten intensiv auseinanderzusetzen und dies nach Möglichkeit abzulegen.

Wenn Sie "für etwas büßen", können Sie Folgendes tun:

1. Überprüfen Sie, ob die Stärke Ihrer Buße oder Ihre Buße als solche für das, was passiert ist, überhaupt verhältnismäßig ist: Wenn nein, ändern Sie dieses, indem Sie z. B. mit anderen darüber sprechen und Ihre Sicht und Ihre Buße damit korrigieren lassen! Wenn doch, dann überlegen Sie, ob die nachfolgenden Strategien für Sie hilfreich sein könnten!

2. Überprüfen Sie, ob das, was Sie für eine massive Verletzung von Moral und Konventionen halten, auch andere oder die Gesellschaft für verurteilungswürdig und verachtenswert halten: Würden auch andere mit einem starken Gefühl von "Schande" reagieren, wenn ihnen dasselbe passiert wäre? Wenn nicht: wieso nicht?

3. Bemühen Sie sich um Wiedergutmachung und Entschuldigung, sofern das möglich ist: Was davon lässt sich wieder bereinigen? Wer benötigt eine Entschuldigung von Ihnen (siehe auch das Kapitel 2.18)? Wie können Sie dieses bewirken? Wer benötigt eine Wiedergutmachung?

4. Rehabilitieren Sie sich mit Taten, um so der Buße einen konkreten Ausdruck und konstruktive Wirkung zu verleihen: Was können Sie tun, um die Schäden oder Folgen tatsächlich oder symbolisch zu beheben oder abzumildern? Gibt es "Reparationsleistungen", die Sie machen können? Bewahren Sie dabei aber eine Verhältnismäßigkeit!

5. Stellen Sie sich selbst der Justiz, wenn Sie etwas Ungesetzliches getan haben und sich schuldig und "unwürdig"

fühlen, um eine rechtmäßige Strafe zu erhalten und sich damit rehabilitieren zu können!

6. Lernen Sie daraus und setzen Sie das Gelernte ab sofort um, um sich selbst und auch dem Umfeld zu zeigen, wie nachhaltig Sie aus Ihrem Fehler gelernt haben und dass Sie es ab jetzt deutlich "besser machen werden"!

Die meisten Menschen erleben es als große Erleichterung und manchmal geradezu als Erlösung, wenn Sie derartige Schritte unternehmen und sich damit tatsächlich "läutern" können.

☞ Überlegen Sie für sich, ob es auch Ihnen guttun könnte, das Gefühl von "Schande" oder Schmach zu verlieren, indem Sie Entschuldigungen und Wiedergutmachungen einleiten!

☞ Hören Sie auf (übertrieben) zu büßen, indem Sie das korrigieren, was Sie "gründlich falsch gemacht haben"!

Fallen ist keine Schande.
Aber liegenbleiben!
Deutsches Sprichwort

6 Vorbeugung von Fehlern

6.1 Pflegen Sie sich gut!

Auch wenn es bekannt klingen mag, so ist dies doch ein enorm wichtiger Tipp, um Fehler besser überwinden zu können und generell weniger Fehler zu machen:

Ein entspannter Körper und Geist macht weniger Fehler und kann auch deutlich besser mit Fehlern umgehen als ein gestresster Körper und Geist!

Daher sollten Sie es sich zur Gewohnheit machen, immer besonders viel Wert darauf zu legen, sich gut zu pflegen. Denn eine gute Selbstfürsorge stellt die Energie und Kreativität zur Verfügung, die Sie für das Meistern von Herausforderungen benötigen. Zu einer guten Selbstfürsorge gehört:

- ausreichend Bewegung (idealerweise regelmäßiger Ausdauersport)
- gesunde Ernährung
- ausreichend Trinken (Wasser)
- Weglassen von schädlichen Substanzen
- regelmäßige Pausen
- regelmäßige Entspannung
- Verringerung von Stress (siehe Kapitel 6.2)
- regelmäßige Psycho- und Konflikthygiene (siehe Kapitel 6.4) und
- die Aufarbeitung “unerledigter Geschäfte” (siehe Kapitel 6.5).

All diese Maßnahmen sorgen dafür, dass Sie weniger körperlichen und geistigen Stress haben. Und mit weniger Stress tauchen auch weniger Ängste und eingeengte Wahrnehmungen auf und Ihre Konzentration, Schaffenskraft und Zuversicht steigen. Es erklärt sich von selbst, dass Sie damit für Herausforderungen besser gewappnet sind, als wenn Sie völlig gestresst und entkräftet "auf dem Zahnfleisch laufen". Oder fahren Sie Ihr Auto auch nur mit überhitztem Motor? Wahrscheinlich nicht! Daher:

- Pflegen Sie sich gut! Sie haben sich nur einmal auf dieser Welt!
- Ihre Fehler- und Krisenkompetenz steigen, wenn Sie ruhig und stark sind!
- Sie werden weniger Fehler machen, wenn Sie weniger gestresst sind!

6.2 Senken Sie Ihr Stresslevel!

Generell ist es sehr wichtig, Ihre Stressoren in den Griff zu bekommen, um besser mit Fehlern und Krisen umgehen zu können. Gerade Perfektionisten sind Meister darin, sehr viele Aufgaben und Projekte anzuhäufen. Natürlich kann es auf Dauer nicht gut gehen, wenn Sie stets eine riesige Bugwelle an Aufgaben und Projekten vor sich herschieben. Denn die Gefahr ist groß, dass auftretende Störungen Sie daran hindern werden, diese Bugwelle abzuarbeiten. Zwangsläufig werden sich dann Fehler und Fehlentwicklungen einschleichen, sodass Sie noch gestresster werden.

Auch der erhöhte Anspruch, den Perfektionisten an allem haben, steigert das Stresslevel enorm. Niemand auf dieser Welt besitzt so viel Kraft, dass er überbordend viel absolut perfekt bearbeiten könnte. Falls Sie es doch versuchen, wird der Moment kommen, wo die Dinge außer Kontrolle zu geraten drohen, weil Sie nicht mehr dagegen ankommen.

Und stetes Ja-Sagen ist ebenfalls ein Garant für zu viel Stress. Ähnlich dem Perfektionisten häuft auch der Mensch, der nicht "Nein" sagen kann, sehr schnell zu viele Aufgaben an und hat bald Mühe, alles abzuarbeiten. Auch hier droht die Fehlerhäufigkeit mit zunehmender Bugwelle an Aufgaben rapide zu steigen.

Wenn Sie also arg darunter leiden, wenn Sie einen Fehler oder einen Misserfolg erleben, sollten Sie im Vorfeld Vorsorge betreiben, um weniger Stress zu haben. Dazu können Sie beispielsweise

- Ihre Ansprüche senken (siehe Kapitel 5.26)
- Nein-Sagen lernen (siehe Kapiteln 6.9)
- die Bugwelle wegbekommen - durch Abarbeiten, Abgeben oder Ablehnen von Aufgaben
- sich Unterstützung suchen ("helping hands")
- die Projektmasse / das Arbeitsaufkommen senken
- Arbeitsstunden reduzieren
- Zusatzaufgaben streichen und keine neuen mehr annehmen
- Ehrenämter aufgeben, sofern sie zur Belastung werden
- die Background-Kulisse reduzieren (Lärm, optische Reize, Medien, Anforderungen, Erwartungen)
- ...

Ihr Körper und Ihre Psyche werden es Ihnen danken und mit mehr Gelassenheit werden Sie auch weniger Fehler zu ertragen haben!

6.3 Konfrontieren Sie sich mit Fehlern erst dann, wenn es wirklich nötig ist!

Selbstdisziplin ist sicher etwas, was Sie sehr gut beherrschen. Denn diese bildet sich für gewöhnlich mit der Zeit sehr gut aus, wenn Menschen Angst vor Fehlern und Misserfolgen haben. Doch wie steht es um Ihre Selbstdisziplin, sich in Ihrer Freizeit nicht mit Ihrer Arbeit zu konfrontieren? Oder umgekehrt mit Freizeitproblemen auf der Arbeit?

Da viele Leser wohl geneigt sind, alles richtig zu machen, neigen diese meistens auch dazu, möglichst frühzeitig Ausschau nach

Fehlentwicklungen und Problemen zu halten. Das führt leider oft zu einer Entgrenzung der Arbeitszeit: Sie checken auch nach Feierabend, am Wochenende oder im Urlaub, ob alles seinen geregelten Gang geht und befassen sich mit der Arbeit noch in ihrer wohlverdienten Freizeit, indem sie z. B. ihre E-Mails prüfen. Das wäre auch weiter gar nicht schlimm, wenn alles immer problemlos verlaufen würde. Doch da es das für gewöhnlich nicht tut und sich Probleme oft in der arbeitsfreien Zeit auftun, wird es schnell hoch-belastend: Zwar haben Sie dann frühzeitig bemerkt, dass etwas schiefläuft und sie dafür verantwortlich sind oder gemacht werden könnten, können aber dennoch nicht eingreifen, weil es ja Abend oder Wochenende oder gerade Urlaubszeit ist (oder Arbeitszeit bei Problemen aus der Freizeit). Somit haben Sie plötzlich ein Problem, welches aber nicht gelöst werden kann. Und damit steigt das Stresslevel aufgrund der Machtlosigkeit massiv an. Sie werden unendlich viel negatives Kopfkino haben über das, „was wohl passieren wird“, schlaflose Nächte, Unruhe und große Angst - nur weil Sie sich frühzeitig mit einem Problem konfrontiert haben, obwohl Sie dieses eh erst zu Beginn der Dienstzeit (oder Freizeit) lösen können. Dass das nicht gesund sein kann, ist verständlich!

Daher sollten Sie immer aufpassen, womit Sie sich konfrontieren:

- Wenn Sie eine dienstliche Mailboxnachricht stressen wird, sorgen Sie dafür, dass Sie diese nur während Ihrer Dienstzeit abhören.
- Wenn Sie von Kunden in Ihrer Freizeit auf Probleme angesprochen werden, sorgen Sie dafür, dass Sie diesen weniger begegnen oder verweisen Sie auf Ihre Dienstzeit.
- Wenn Sie dienstliche Telefonate stressen, sorgen Sie dafür, dass Sie diese nicht mehr nach Feierabend bekommen und verkneifen Sie es sich dranzugehen oder im Anschluss die Mailbox abzuhören.
- Lesen Sie Ihre E-Mails nur dann, wenn Sie auch im Dienst sind.
- Legen Sie sich einen separaten Messenger-Account zu, um Dienstnachrichten von Privatnachrichten trennen zu können und diese nicht automatisch zu sehen oder zu lesen. Stellen Sie auch die Benachrichtigungen dafür ab!

- Geben Sie so wenig wie möglich Ihre Handynummer heraus und seien Sie zurückhaltend, sich auf Messengerdiensten anschreiben zu lassen! Oft wird es zur unangenehmen Gewohnheit und Sie haben nie mehr Feierabend oder Urlaub.

Diese Verhaltenshygiene ist sehr wichtig, um sich vor unnötigem Stress, zunehmender Entgrenzung und der Vermischung unterschiedlicher Lebensbereiche zu schützen.

Sie sollten diese Selbstdisziplin allerdings nicht nur auf Ihren Arbeitsbereich beschränken. Genauso sollten Sie Beziehungs- oder Familienstress, der über die Entfernung auf Sie einprasselt (via Messenger oder Telefon) nicht zulassen, wenn Sie auf der Arbeit sind. Stellen Sie auch hier Ihr Handy aus und machen Sie es z. B. zur Regel, dass Sie in Notfällen (und zwar nur in Notfällen!) angerufen werden. Es hilft auch hier, wenn Sie sich disziplinieren, um Ihr Stresslevel zu senken!

☞ Als Faustregel gilt: Arbeitsprobleme werden in der Arbeitszeit geregelt (sofern Sie keinen Notdienst machen müssen), Privatprobleme werden in der Freizeit geregelt. Oft hilft das sehr, um den Stress deutlich zu senken!

☞ Achten Sie darauf, dass Sie sich mit Krisen, Fehlern und Katastrophen erst dann beschäftigen, wenn Sie auch in der Lage sein werden, diese zu bewältigen! Ansonsten werden Sie höchst unruhig über glühende Kohlen laufen, bis Sie endlich reagieren können. Ein Stress, der - außer in Notfällen! - reduziert werden sollte!

6.4 Halten Sie Psycho- und Konflikthygiene!

Ein sehr großer Stellenwert zur Senkung des Stresslevels kommt der Psycho- und Konflikthygiene zu.

Denn da das Leben für gewöhnlich viel zu schnelllebig ist, bleibt oft keine Zeit mehr dazu, Erlebnisse, Erfahrungen, Gefühle und

Konflikte aufzuarbeiten. Doch dies ist absolut notwendig! Denn die Psyche vergisst nichts und jedes Gefühl, das entstanden ist, soll auch verstanden werden, um Ihnen eine Anpassung oder Veränderung zu ermöglichen (siehe auch die Kapitel 3.5 und 5.11).

Wenn dieses nicht angegangen wird oder schlicht und ergreifend aus Zeitmangel und Überforderung nicht in Angriff genommen werden kann, ist die Psyche gezwungen, diese Gefühle zu "lagern": Sie werden für gewöhnlich in Körpersymptome oder auch Ventilverhalten chiffriert, sodass sie später noch zur Verarbeitung zur Verfügung stehen und wieder dechiffriert werden können.

Das erklärt dann, warum gestresste Menschen, die keine Zeit zur Entspannung haben, irgendwann an zahlreichen körperlichen, psychosomatischen Beschwerden und Stressventilen leiden (z. B. übermäßig essen, zu viel Alkohol trinken, Magen- oder Rückenbeschwerden, o. ä.). Denn diese sind dann allesamt Ausdruck des Unverarbeiteten in ihnen.

Natürlich erkaufen Sie sich damit eine zusätzliche Stressquelle! Denn wenn Sie sich z. B. plötzlich auch noch mit "Rücken" durchs Leben kämpfen müssen, wird es sicher nicht einfacher für Sie. Und irgendwann kommt sowieso der Zeitpunkt, wo die Psyche um ihr Recht auf Gehör kämpft: Um Sie endlich zum Fühlen zu nötigen, werden schwerwiegendere Geschütze aufgefahren und Sie leiden plötzlich zusätzlich z. B. unter Panikattacken oder Depressionen, meist als Teil eines Burnouts.

Noch sehr viel mehr Stress entsteht sogar, wenn Sie Konflikte einfach unbearbeitet lassen und nicht aufarbeiten. Denn diese produzieren für gewöhnlich sehr viele unangenehme Gefühle, die still in Ihnen vor sich hin gären, den Stresslevel rapide anschwellen lassen und sich bald schädlich am Körper oder in den Verhaltensweisen auswirken.

Daher sollten Sie es sich unbedingt zur Gewohnheit machen, abzubremsen und still zu werden, um

- Ihrem Körper die nötige Erholung zu geben
- sich Ihrer Gefühle erst einmal bewusst zu werden
- Ihrer Psyche die Möglichkeit zur Verarbeitung Ihrer Gefühle zu geben
- innere Konflikte aufzuarbeiten oder Konflikte mit anderen zu beleuchten
- Momente des Aufatmen-Könnens zu schaffen

- Pausen einzulegen
- ein Gefühl dafür zu bekommen, überhaupt gelebt zu haben: Denn wenn Sie stets zu beschäftigt sind, bemerken Sie das gar nicht mehr!

☞ Kombinieren Sie solche Ruhe- und Selbstreflexionsphasen gerne mit Spaziergängen, in der Natur sitzen, Meditation, Angeln oder was auch immer! Hauptsache es hilft Ihnen, zu sich selbst zurückzufinden und sich zu spüren! Arbeiten Sie konsequent nach, was Sie erlebt und gefühlt haben! Ihr Stresslevel lässt sich dadurch effektiv senken!

☞ Machen Sie dafür feste Termine, wo Sie sich diese Zeit für sich nehmen, und integrieren Sie diese regelmäßig in Ihrem Tagesablauf!

6.5 Arbeiten Sie "unerledigte Geschäfte" auf!

Ihr Stresslevel wird automatisch höher sein, wenn Sie noch "unerledigte Geschäfte" mit sich herumtragen. Wenn Sie z. B.

- sich noch nicht damit ausgesöhnt haben, dass Ihre Mutter / Vater Sie nicht so lieben konnte, wie Sie das verdient haben,
- Mobbingerfahrungen erlebt haben,
- traumatisiert wurden,
- den Verlust Ihrer großen Liebe noch nicht verdaut haben,
- eine Trennung noch an Ihnen nagt,
- einen geliebten Verwandten verloren haben,
- unverarbeitete Erfahrungen mit sich herumschleppen (siehe Kapitel 5.7),
- hinderliche Glaubenssätze haben (siehe Kapitel 5.14),
- viele Selbstzweifel und
- Selbstwertschwierigkeiten haben,

dann wird ein Teil Ihrer inneren Spannung und Ihres Stresses diesem noch schwebenden Aufarbeitungsverfahren Ihrer Psyche geschuldet sein. Denn solange solche Themen noch "unerledigt" in Ihnen hin- und herwabern, sind dort auch noch Gefühle, die Sie noch nicht verarbeitet haben.

Erst wenn Sie auf etwas völlig neutral zurückblicken können, können Sie davon ausgehen, dass diese Erfahrung integriert und verarbeitet wurde. Wenn nicht, dann löst das „Unverarbeitet-Sein" auch noch Stress in Ihnen aus. Und natürlich bedeutet ein höheres Stresslevel, dass Sie Fehler und Misserfolge schlechter verarbeiten und verkraften können und auch dafür anfälliger werden.

Um hier einen großen Schritt weiterzukommen und solche Erfahrungen zu verarbeiten, sollten Sie sich intensiv damit auseinandersetzen. Falls Sie dies nicht allein neutralisiert und damit integriert bekommen, können Sie dazu auch professionelle Unterstützung nutzen. Mit deren Hilfe können Sie dann

- unglückliche Prägungen verarbeiten,
- hartnäckige Glaubenssätze auflösen,
- das Selbstwertgefühl wiederaufbauen,
- gelassener werden,
- familiäre Ursachen auflösen,
- neue, hilfreiche Kompetenzen lernen und einüben,
- alte, hinderliche Konflikte auflösen und
- Selbst-erfüllende Prophezeiungen ablegen.

☞ Spätestens, wenn eine Entwicklung dreimal gleich unangenehm abgelaufen ist oder Sie rückblickend noch schmerzliche Gefühle empfinden, weist das darauf hin, dass etwas noch unerledigt in Ihnen umhergeistert und Ihre Aufmerksamkeit erfordert.

☞ Widmen Sie sich für eine gute Krisen- und Fehlerkompetenz diesen "unerledigten Geschäften"!

6.6 Schützen Sie Ihre Achillesfersen!

In Kapitel 5.20 haben Sie Ihre Achillesfersen (besonders verwundbare Stellen) gesucht. An diesen sind Sie übertrieben empfindlich und es fühlt sich sehr schmerzhaft an, wenn andere diese benutzen, ausnutzen oder berühren, um Ihnen zu schaden oder Sie zu verspotten. Z. B. wenn man Sie auf Ihre Figur oder Ihr Aussehen anspricht, mit der Sie Probleme haben ("rote Haare", "Körpergröße", "zu dick", "zu dünn"...). Oder wenn diese etwas machen, was Sie an ein Mobbing in Ihrer Schulzeit erinnert. Oder wenn andere sich über Ihre Herkunft, Bildung, Beruf, Art zu sprechen, Familie etc., für die Sie sich sehr schämen, lustig machen und Sie deswegen aufziehen oder gar mobben usw.

Da Ihnen hier ganz besonders geschadet werden kann und es sich sehr schmerzhaft anfühlt, wenn so etwas passiert, sollten Sie Ihre Achillesfersen ganz besonders schützen und intelligente Strategien entwickeln, um diese nach Möglichkeit in der Deckung zu lassen. So könnten Sie diese

- **durch eine Panzerung schützen**, indem Sie z. B. lernen, ein Pokerface zu machen, einen unglücklichen Ort verlassen und woanders von vorne anfangen, Ihre Schlagfertigkeit trainieren, sich eine gute Lobby im Vorfeld aufbauen, Ihre Position im Job festigen, Ihr Selbstwertgefühl steigern usw.

- **verstecken, damit Sie nicht zu entdecken sind** und Sie dann dort auch nicht getroffen werden können. Beispielsweise können Sie dafür sorgen, dass nichts und niemand darauf hinweisen kann, indem Sie z. B. den Job wechseln, den Ort wechseln, das Umfeld wechseln, den Kleidungsstil wechseln, sich kosmetisch helfen lassen o. ä.

- **schützen, indem Sie sich für den *worst case* vorbereiten und Vorkehrungen treffen:** Machen Sie sich Gedanken, was wegbrechen könnte und was Sie dann brauchen, um dies trotzdem gut überstehen zu können. So können Sie z. B. Geld für schlechte Zeiten sparen, ein stützendes Netzwerk aufbauen, Freundschaften pflegen, Reserven anlegen, mehr Ressourcen schaffen usw.

- **auflösen:** Indem Sie wunde Punkte heilen, sind Sie an diesen nicht mehr angreifbar. Besuchen Sie z. B. Trainings oder lassen Sie sich von Coaches, Trainer oder Therapeuten helfen Ihre "Schwächen" loszuwerden.

- **umschiffen und andere diskret davon wegführen:** Wenn Sie ein gutes Ablenkungsmanöver schaffen, können Sie andere von Ihren wunden Punkten weg leiten! Sie können z. B. ein Gespräch zügig auf etwas anderes lenken, Ihre persönlichen Schwächen optisch kaschieren (fragen Sie Frauen - die sind Meister darin!), sich eine gute Kulisse schaffen, sodass andere Sie nicht auf Problembereiche ansprechen usw.

- **am besten niemals benennen und nicht öffentlich machen:** Wenn Sie andere nicht mit der Nase auf eines Ihrer Probleme oder wunden Punkte stupsen, dann werden diese Sie auch weniger daran pieken! Gerade Frauen dürfen noch mehr lernen, Ihre "Schwächen" unerwähnt zu lassen. Denn sehr häufig werden diese zumindest im Businessbereich von Männern zu deren Vorteil genutzt. Sprechen Sie z. B. gar nicht darüber, was Ihnen schon einmal misslungen ist, wer Sie nicht mag, wen Sie nicht mögen, Ihre vermeintlichen Schwächen und Probleme und Katastrophen, die Sie aktuell begleiten. Hüten Sie sich auch davor, schlecht über andere zu reden - denn dies fällt meist auf Sie selbst zurück und wird oft auch als wunder Punkt genutzt!

- **nicht als wunden Punkt offenbaren:** So können Sie - auch wenn Sie an einem wunden Punkt erwischt wurden - so tun, als wäre nichts gewesen. Denn wenn Sie diesen preisgeben, dann laufen Sie Gefahr, dass dieser immer wieder benutzt wird und Sie regelmäßig dort verletzt werden.

☞ Denken Sie sich also ruhig einmal intensiv in Ihre Achillesfersen hinein! Sie werden sicher viele Strategien finden, wie Sie sich im Vorfeld gegen Verletzungen und Misserfolge schützen können!

6.7 Ermitteln Sie die Brandbeschleuniger!

Es gibt Personen, Situationen und Konstellationen, die dazu führen, dass die Wahrscheinlichkeit etwas falsch zu machen oder dass Ihnen etwas misslingt, enorm steigt. Meist liegt dies daran, dass diese „Brandbeschleuniger" dafür sorgen, dass Ihr Stresslevel erheblich ansteigt oder Sie nicht so gut in Form kommen lassen und Ihnen daher Projekte oder Aufgaben misslingen. Wenn Sie Ihre Brandbeschleuniger im Vorfeld kennen, können Sie jedoch vorbeugen oder sie umschiffen.

Personen, die als Brandbeschleuniger bei Ihnen wirken könnten, sind z. B.

- symbolische Eltern-Figuren, die z. B. an den strengen Vater / die strenge Mutter oder den strengen Lehrer erinnern
- symbolische Stellvertreter für Menschen, die Sie an unangenehme Erfahrungen Ihrer Vergangenheit / Kindheit erinnern (z. B. der Arbeitskollege oder Kunde, der Sie herablassend behandelt, wie "der große Junge damals aus der Nachbarschaft")
- Menschen, die Sie unter Druck setzen, indem sie hohe Erwartungen und Forderungen an Sie stellen
- "Lästermäuler"
- Menschen, die Sie "nicht leiden" können
- Menschen, vor denen Sie sich auf keinen Fall blamieren wollen, wie z. B. die Liebe Ihres Lebens
- Autoritäts- und Respektspersonen, wenn Sie sich von diesen einschüchtern lassen
- Menschen, die Sie ablehnen oder mobben

Situationen, die Brandbeschleunigerpotenzial haben, sind z. B.

- alle Formen von Prüfungssituationen
- Momente, in denen Sie beobachtet werden
- Momente, in denen Ihre Leistung gemessen wird
- Überforderungssituationen
- Situationen, in denen mehrere Anforderungen an Sie gleichzeitig gestellt werden ("Multitasking-Fehler")

Brandbeschleuniger-Konstellationen können z. B. sein:

- Wenn Sie hoch belastet sind, weil Sie z. B. um den Verlust eines Menschen trauern.
- Wenn Sie einfach erschöpft sind.
- Wenn Sie angespannt und nervös sind.
- Wenn Sie insgesamt sehr gestresst sind.
- Wenn Sie nicht in Form sind.
- Wenn Sie in einer Krise stecken.
- Wenn Sie den Kopf mit etwas anderem voll haben.

☞ Oft sind es nur einige wenige Brandbeschleuniger, die aber sehr erfolgreich dafür sorgen, dass Ihre Misserfolgsquote steigt.

☞ Machen Sie sich im Vorfeld Gedanken darüber, welche das sind und wie Sie deren Wirkung neutralisieren oder umschiffen können, bevor Sie das nächste Mal wieder damit konfrontiert werden!

6.8 Werden Sie glücklich, dann kommen Sie besser mit Fehlern zurecht!

Haben Sie schon einmal so richtige Glücksmomente erlebt? Falls ja: Konnte Ihnen da überhaupt irgendetwas etwas anhaben? Wahrscheinlich war Ihnen alles auf Ihrer rosaroten Wolke in dem Moment egal und auch Fehler oder Missgeschicke konnten Ihnen nicht viel anhaben. Und kennen Sie auch das Gegenteil? Zeiten, wo Sie hoch belastet waren? Wie sehr haben Ihnen Fehler und Misserfolge dann zugesetzt? Sicher konnten Sie diese zu der Zeit nicht ertragen und haben Ihre Last noch unnötig schwerer gemacht...

Sie sehen schon, wie viel Unterschied es in der Fehlerbewältigung macht, ob jemand glücklich oder unglücklich ist. Daher ist es allein schon für Ihre Fehler- und Krisenkompetenz erstrebenswert, in Ihrem Leben möglichst glücklich zu werden. Denn dann werden Sie in der Lage sein, sehr viel besser mit Fehlern, Niederlagen oder Misserfolgen umgehen zu können!

Was Sie genau dafür brauchen und wie Sie sich selbst glücklich machen können, dazu kann ich Ihnen nichts sagen. Denn nur Sie selbst wissen, was Sie dafür brauchen. Doch um insgesamt fühlbar leichter durchs Leben zu kommen, hilft es, an der persönlichen Lebenszufriedenheit zu arbeiten!

☞ Arbeiten Sie Stück für Stück am großen Glück!

6.9 Lernen Sie "Nein" zu sagen!

Eine wesentliche Entwicklung hilft Ihnen sehr dabei, Perfektionismus abzulegen und Fehler besser aushalten zu können, und zwar

die Fähigkeit, "Nein" sagen zu können!

Perfektionistische Menschen und Menschen mit Fehlerangst sind oft wenig geübt darin, "Nein" zu sagen. Auch wenn dies dringend nötig wäre, sagen sie stattdessen "Ja", um Ablehnung, Kritik, Spott, Liebesverlust oder Verlassenwerden zu verhindern.

☞ Doch paradoxerweise hilft „Nein" sagen zu können dabei, resistenter gegen Fehler, fehlerfreier und weniger perfektionistisch zu werden!

Um zu verstehen warum, müssen wir erst einen Blick darauf werfen, welche Gefahren stetes Ja-Sagen mit sich bringt:

1. Menschen, die immer „Ja" sagen, sind es nicht gewohnt, mit der Ablehnung anderer oder unschönen Reaktionen umzugehen, weil sie das "Nein" und die damit einhergehenden Konflikte meiden.

2. Stetes Ja-Sagen führt dazu, sich viel zu viel aufzubürden und zu viel selbst zu erledigen, sodass es früher oder später zur Überlastung kommt.

3. Durch stetes Ja-Sagen entsteht oft das Gefühl, keine Courage zu haben und wie eine Fahne im Wind zu sein. Selbstbewusstsein und Selbstwertgefühl schrumpfen und innere Selbstzweifel nehmen zu.

4. Menschen, die immerzu “Ja” sagen, werden meist sehr lieblos behandelt, weil andere vor ihnen keinen Respekt oder Achtung haben.

5. Menschen, die immer “Ja” sagen, werden meistens ausgenutzt, weil Forderungen bei ihnen leicht durchzusetzen sind und sie schnell harmoniebedürftig einknicken.

6. Menschen, die stets “Ja” sagen, sind meistens so sehr belastet, dass sie immer weniger Energie, Kraft und Zeit haben und früher oder später in der einen oder anderen Form zusammenbrechen und “fehleranfällig” werden.

Doch egal wie lange diese Menschen ein stetes Ja-Sagen schultern können: Irgendwann kommt der Moment, wo es nicht mehr geht, weil

- sie vor lauter Überlastung plötzlich einen Nervenzusammenbruch, Panikattacken oder ein Burnout bekommen haben.
- die Frustration überhandnimmt, weil andere Menschen so schlecht mit ihnen umgehen und sie sich dann aus reinem Selbstschutz von diesen trennen müssen.
- sie aus Überlastung immer fehleranfälliger werden.
- ihnen der Kragen platzt und ihr ganzer Frust auf einmal aus ihnen herausbricht und sie dann so viel zerbrochenes Porzellan hinterlassen, sodass nur noch ein Trümmerfeld übrigbleibt.
- sie alle Zelte abbrechen und kopflos flüchten, um der verfahrenen Situation zu entkommen, die sie keinen Moment länger ertragen.
- sie zu hören bekommen, nicht mehr leistungsfähig genug zu sein und es „nicht mehr zu bringen“.
- sie völlig frustriert über die Menschheit sind, die sie so schlecht behandelt und ihre tiefe Enttäuschung oft in Depression, Zynismus oder Ohnmacht (oft mit Sucht) umschlägt.
- sie ernsthaft krank geworden sind, weil sie es nicht geschafft haben, sich sinnvoll abzugrenzen und ihr Körper nun durch

den jahrelangen Stress erheblich anfällig oder sogar schon kaputt ist.

Leider bleibt dies im Umfeld nicht unbemerkt, sondern führt meist genau zu den Reaktionen der Mitmenschen, die vorher durch das stete Ja-Sagen vermieden werden sollten. Sie

- werden nun verlassen, weil sie plötzlich nicht mehr das tun können, was die anderen Menschen gewohnt sind oder von ihnen wollen.
- werden einsam, weil sie sich aus Selbstschutz plötzlich von den ganzen "Parasiten" trennen müssen.
- ernten plötzlich von allen die kalte Schulter und werden fallengelassen, weil sie nicht mehr das tun können oder wollen, was diese von ihnen erwarten.
- werden wüst beschimpft, abgelehnt, stark kritisiert oder verspottet, weil sie die Notbremse ziehen und anderen nicht mehr ihre Arbeit und Schwierigkeiten abnehmen.
- werden sanktioniert oder bestraft oder ihnen werden Privilegien entzogen, weil sie nicht mehr als Diener zur Verfügung stehen…

Am Ende ernten sie also Ablehnung, Verlassenwerden, Einsamkeit, Kritik, Liebesverlust und das Gefühl, "versagt" zu haben – also all das, was Perfektionisten und Menschen, die eine große Fehlerangst haben, versuchen zu vermeiden.

Beizeiten "Nein" zu sagen, kann eine solche Entwicklung verhindern. Denn dadurch wird gelernt,

- für sich selbst einzustehen und zu kämpfen, wodurch Grenzen gesetzt werden und die Belastung sinkt, sodass bald wieder mehr Energie und Kraft zur Verfügung steht.
- unschöne und unangenehme Reaktionen und somit Ablehnung auszuhalten.
- sich selbst wichtiger zu nehmen und besser zu pflegen.
- mutiger zu handeln und Anforderungen auch mal abzugeben und anderen zu überlassen.

- weniger auf dem Zettel stehen zu haben, sodass die Konzentration wieder steigt und die Gefahr für Fehler und Gesundheitsschäden sinkt.
- dass Menschen deutlich mehr Achtung und Respekt haben, weil sie nicht alles mit sich machen lassen.
- sich selbst immer wertvoller zu fühlen.
- dass sie sich nicht mehr ausnutzen lassen müssen.

Viele dieser neuen Fähigkeiten machen immer mutiger, sodass allmählich auch immer mehr Fehler toleriert werden können, ohne sich davon bedroht zu fühlen. Dadurch lässt sich Perfektionismus langsam lockern. Gleichzeitig sorgt gepflegtes Nein-Sagen für mehr Energie und Lebenskraft, sodass generell weniger Fehler passieren und besser verkraftet werden können, falls sie doch passieren.

Die Fähigkeit, "Nein" sagen zu können, führt also definitiv zu einer höheren Fehlerresistenz, Fehlerfreiheit und schafft die Möglichkeit, auf Dauer weniger perfektionistisch sein zu müssen:

☞ Üben Sie sich also schon beizeiten darin, "Nein" zu sagen!

Nein-Sagen lässt sich in kleinen Schritten anfangs bei banalen Entscheidungen sehr gut üben. Sobald Sie darin Routine haben, können Sie sich allmählich auch an schwierigere Abgrenzungen wagen. Am Ende sollten Sie so weit sein, dass Sie ganz nach Ihrem Ermessen ohne Angst "Ja" oder "Nein" sagen können.

Natürlich wird Ihr Umfeld erst verwundert sein, wenn Sie plötzlich aus dem gefühlten Nichts mit dem Nein-Sagen beginnen. Doch die Reaktionen auszuhalten ist verglichen mit der Mühsal, die stetes Ja-Sagen bereitet, oder der Qual, die am Ende einer krisenhaften Zuspitzung nach dauerhaftem Ja-Sagen auf Sie wartet, sehr viel milder. Daher:

☞ Warten Sie mit dem Nein-Sagen nicht erst darauf, bis Ihr Fass übergelaufen ist und Ihnen der Kragen platzt, sondern starten Sie jetzt damit! Es lohnt sich immer, auch „Nein" sagen zu können!

6.10 Wägen Sie stets ab: Wollen Sie lieber perfekt oder gesund sein?

Perfektionismus und die vielen Anstrengungen, die unternommen werden, um bloß keine Fehler zu machen, sind auf die Dauer sehr anstrengend und auslaugend. In vielen Kapiteln sind die Mühsal und die eventuellen Fehlentwicklungen, wie in ein Burnout zu geraten oder Panikattacken zu entwickeln, schon angeklungen. Das bedeutet:

Es kommt früher oder später zur deutlichen Gefährdung Ihrer Gesundheit!

Nicht nur, dass Sie durch das Leben dieser Muster stets sehr viel gestresster sind als andere. Sondern irgendwann werden damit ungünstige "Treffer" in Ihrem Körpersystem gelandet, sodass Sie dadurch eines Tages sehr krank werden können. Daher sollten Sie es sich ab heute zur Gewohnheit machen, stets abzuwägen, was Sie tun wollen:

Will ich jetzt lieber perfekt sein oder schütze ich lieber meine Gesundheit und weiche von einer Perfektion ab?

Ich denke, dass ich Ihnen nicht näher erklären muss, warum es sinnvoller ist, sich immer öfter für Ihre Gesundheit zu entscheiden als für das Ausleben von Perfektionismus.

☞ Machen Sie es sich daher zur festen Gewohnheit, immer erst darüber nachzudenken und abzuwägen, ob Sie jetzt lieber perfekt sein wollen oder Ihrer Gesundheit zuliebe "nun fünfe gerade sein lassen", bevor Sie in die Aktion gehen!

Ihre Gesundheit wird es Ihnen danken!

6.11 Hüten Sie sich davor, den größten Fehler von allen zu machen!

Wenn sie aus Angst immer alle Risiken vermeiden, die irgendwie auf Sie zukommen könnten, sind Sie stets damit beschäftigt, Dinge zu regeln, Arbeit zu leisten, Vorkehrungen zu treffen, Rücklagen zu bilden oder sich und andere zu entwickeln, um Ihren Perfektionismus perfekt hinzubekommen – was so viel heißt wie:

Sie haben nie Zeit!

Und weil Sie immer alle Hände voll zu tun haben, passiert Ihnen dabei etwas ganz Fürchterliches, das Ihnen jedoch völlig entgeht:

Sie selbst finden nicht statt!

Da Sie nämlich zu sehr damit beschäftigt sind, alles in geordnete Bahnen zu lenken, vergessen Sie es, zu leben, zu atmen, sich zu erholen, sich Schönes zu gönnen oder auch mal an sich zu denken. Anders ausgedrückt:

Sie denken an alle und alles, aber vergessen sich selbst!

Und irgendwann kommt der Tag, wo Ihnen schlagartig bewusstwird, dass Sie sich all die Jahre um alles Mögliche bestens gekümmert haben, nur nicht um sich selbst…

Und plötzlich stellen Sie erschrocken fest, wie viele Jahre an Ihnen unbemerkt vorbeigezogen sind und bereuen es schrecklich, immer so viel Aufwand für alle anderen und alles andere betrieben zu haben, aber nicht dafür, sich selbst gut zu versorgen und glücklich zu machen.

Und mit diesem Erkennen verstehen Sie dann, was wirklich wichtig gewesen wäre und wie unnötig das ganze Leisten und Streben nach Perfektion letztendlich war und welchen großen, großen Fehler Sie damit gemacht haben - wahrscheinlich den größten von allen, weil Sie in der Zwischenzeit gefühlt nämlich meist gar nicht gelebt haben!

Wenn Sie Glück haben, kommt diese Erkenntnis schon jetzt, in diesem Moment, noch rechtzeitig bei Ihnen an. Wenn nicht, dann wird dies allerdings erst dann bei Ihnen ankommen, wenn Ihre Gesundheit Sie schon in die Knie gezwungen hat oder Sie nun schon so alt geworden sind, dass Sie glauben, dass die besten Jahre längst vorbei sind...

Daher wachen Sie bitte jetzt schon auf:

☞ Stoppen Sie das Übertriebene „Alles-richtig-Machen“ sofort und leben Sie jetzt!

Denn Sie wissen nicht, was morgen kommt! Und ich möchte nicht, dass Sie morgen feststellen, dass Sie vor lauter Fehlervermeiden den größten Fehler von allen gemacht haben: Selbst nie wirklich gelebt zu haben, weil Sie zu beschäftigt waren und sich immer zu sehr um andere Dinge gekümmert haben!

Denn eines Tages werden Sie sich fragen: War es das alles wert? Und was, wenn die Antwort dann "Nein" lautet? ... Also:

☞ Hüten Sie sich davor, den größten Fehler von allen zu machen: Stoppen Sie Ihren Perfektionismus, übertriebenes Leisten und Vermeiden von Fehlern JETZT!

☞ Leben Sie JETZT– und nicht erst „übermorgen“!

7 Von der Kunst Fehler auszulassen

7.1 Probieren Sie es! Trotzdem!

Nun hat der eine oder andere seine ganz private Strategie schon gefunden, um sich nicht mit Fehlern auseinandersetzen zu müssen: Er vermeidet einfach alles, was brisant sein könnte, Schuld- und Schamgefühle auslösen würde oder Gesichtsverlust bedeuten könnte. Sicher ist das auch eine mögliche Strategie. Der Nachteil daran ist jedoch, dass Sie dann in keiner Weise von der Stelle kommen und auch immer mehr Ihre Selbstachtung verlieren, weil Sie null Risiko und absolut kein Wagnis eingehen. Nach und nach verunsichern Sie sich damit aber immer mehr, weil Sie bald glauben, "nichts mehr schaffen zu können", weil alles zu gefährlich erscheint und Sie sich mangels Übung inzwischen überhaupt nichts mehr zutrauen.

Gleichzeitig verrät Ihnen aber der Blick nach rechts und links, dass Ihre Mitmenschen sich stetig weiterentwickeln und eins nach dem anderen erreichen: "Die anderen", die die Gelegenheiten und Herausforderungen beim Schopf ergreifen und dabei In-Kauf nehmen, dass sie auch mal erfolglos sein könnten, überholen Sie über kurz oder lang - in welcher Alltagsdisziplin oder Errungenschaft auch immer. Zwar schrammeln sich diese hin und wieder mal (sinnbildlich) die Knie ab, weil etwas nicht ganz so gut gelaufen ist. Doch können sie zumindest immer zufrieden behaupten, es jedenfalls versucht zu haben und damit schon zum Gewinner geworden zu sein.

Sollten Sie also die Strategie „Vermeidung von Fehlern durch Nichtstun“ gewählt haben, wird sicher irgendwann der Zeitpunkt kommen, wo Sie vor der Wahl stehen, ob Sie zeitlebens weiter auf der Stelle treten möchten oder ob Sie lieber vorankommen wollen. Falls

Sie Letzteres bevorzugen, bedeutet das jedoch, dass Sie Wagnisse eingehen müssen. Und dabei wird es früher oder später auch zu Fehlschlägen kommen, es sei denn, Sie bereiten sich gut vor:

Denn sehr gute Vorbereitung ist die beste Fehler-Prophylaxe (was Perfektionisten bereits verstanden haben)!

Denn wenn Sie schon Risiken und Wagnisse eingehen müssen (und vielleicht jetzt auch wieder wollen) und sich gleichzeitig unheimlich schwertun, es aus Angst vor Fehlern überhaupt zu versuchen, dann können Sie viele, viele unangenehme Misserfolge umgehen, indem Sie sich bestens vorbereiten (- und dabei sage ich bewusst nicht "perfekt vorbereiten!"). Und darum soll es nun noch in diesem letzten Kapitel gehen: Wie Sie Dinge und Prozesse in Angriff nehmen können und gleichzeitig so viele Fehler wie möglich im Vorfeld vermeiden.

☞ Dennoch bleibt es, wie es ist: Sie müssen es tun! Trotzdem! Denn irgendwann können Sie nicht mehr weglaufen oder vermeiden!

Wer kämpft, kann verlieren. Wer nicht kämpft, hat schon verloren.
Berthold Brecht

7.2 Wenn Sie in einem kaputten Flugzeug fliegen wollen, nehmen Sie bitte einen Fallschirm mit!

Auch wenn es hier immer darum geht, wie Sie mit Fehlern besser umgehen können und ich Ihnen beibringen möchte, dass Sie nicht mehr übertrieben perfektionistisch sein brauchen, bin ich dennoch ein ganz klarer Verfechter des Prinzips: '*Safety first*'!

Das bedeutet:

- Wenn Sie in ein wichtiges Vorstellungsgespräch gehen, bereiten Sie sich bitte trotzdem gut vor!

- Wenn Sie die Liebe Ihres Lebens für sich gewinnen möchten, dann sollten Sie nicht unbedingt den Anti-Knigge leben!

- Wenn Sie sich in ein riskantes Geschäft begeben, dann sollten Sie auch genügend Geld für den Gulli haben, wo Sie es im Zweifelsfall genauso gut hineinwerfen könnten!

- Wenn Sie ein Gespräch mit Ihrem Chef haben, dann sollten Sie sich zumindest ein paar Grundgedanken vorher darüber machen - auch wenn Sie es nicht tagelang im Vorfeld durchkauen sollen!

- Wenn Sie eine Prüfung bestehen wollen, sollten Sie zumindest ausreichend lernen, um diese bestehen zu können (aber nicht übertrieben)!

- Wenn Sie eine Herdplatte anfassen wollen, sollten Sie zumindest in etwa wissen, wie heiß und schädlich diese Herdplatte ist!

- Und wenn Sie sich in ein altersschwaches und halbkaputtes Flugzeug setzen wollen, dann nehmen Sie bitte unbedingt einen Fallschirm mit!

Noch einmal:

Natürlich können wir nicht alles vermeiden. Und wenn Sie sich auch noch so gut vorbereitet haben, wird irgendwann irgendwas passieren, was Ihnen nicht gefällt. Wenn Sie sich aber schlecht vorbereitet haben, dann sind Ihre unangenehmen Gefühle jedoch doppelt so groß: Einerseits ist das, was passiert ist, schon schmerzhaft. Aber zu blauäugig daran gegangen zu sein, potenziert Ihren Schmerz noch mal gewaltig - besonders, wenn Sie noch sehr Selbstwertgefühl-instabil sind! Außerdem werden Sie bei mangelnder Vorbereitung häufiger dieses unschöne Gefühl genießen dürfen.

Also: Bei aller gut ausgeprägter Fehlerkultur sei trotzdem mit auf dem Weg gegeben: Sie müssen nicht alle möglichen Fehler machen, weil Sie nun so fehlerkompetent geworden sind! Sie dürfen auch welche vermeiden, wenn der gesunde Menschenverstand schon weiß, was zur Vermeidung zu tun ist - auch wenn Sie Perfektionist sind! Bleiben Sie realistisch und schlagen Sie jetzt bitte nicht komplett ins Gegenteil um, sondern versuchen Sie nach Möglichkeit so viele Unwägbarkeiten wie möglich auszumerzen, aber ohne sich dabei völlig zu verausgaben und zwanghaft zu werden!

☞ Merke: Wenn Sie in einem kaputten Flugzeug fliegen wollen, nehmen Sie bitte einen Fallschirm mit! Oder sorgen Sie dafür, dass es flugtauglich wird!

7.3 Informieren Sie sich!

Nie war es leichter als heute an Informationen heranzukommen! Im heutigen modernen Zeitalter müssen Sie nicht erst mühselig Menschen auftreiben, die Ihnen etwas beibringen oder tage- und nächtelang in Bibliotheken verbringen, um notwendige Informationen zu bekommen (wie es noch vor fast 30 Jahren nötig war).

Heute haben Sie einen absoluten Vorteil: Sie brauchen nur ins Internet zu gehen und können sich alle Informationen beschaffen, die Sie benötigen, um einen Plan in die Tat umzusetzen. Ja, meistens gibt es sogar zahlreiche Videos, wo andere Ihnen gar vormachen, was Sie gerne auch erreichen würden.

Sie können also alles, was Sie tun wollen, erst einmal theoretisch mithilfe des Internets durch ausführliche Recherche erarbeiten. Auch Fehler, die dabei entstehen könnten, können Sie vorher erkennen. Wenn Sie dies gründlich tun, können Sie bereits viele Misserfolge, Tiefschläge, Verzögerungen oder Fehler von vorneherein ausschließen, bevor Sie mit einem Plan überhaupt angefangen haben.

☞ Daher ist es sehr weise, sich erst einmal ausgiebig zu informieren, wenn Sie bei irdendeinem Vorhaben im Vorfeld eine Verunsicherung verspüren! Für alles und jedes gibt es meistens sehr viele Quellen im Internet, wo Sie sich belesen können!

☞ Fehler und Fehlentwicklungen lassen sich im Vorfeld überblicken und ausmerzen, wenn Sie sich vorab gut belesen. Damit können Sie Tiefschläge effektiv verhindern und Pläne leichter gelingend in die Tat umsetzen!

7.4 Durchdenken Sie Abläufe im Vorfeld gut!

Kennen Sie das mentale Training im Sport? Vielleicht haben Sie schon einmal Hochsprung-Leichtathleten, die sich auf ihren Sprung vorbereiten, in einem Wettbewerb beobachtet. Falls ja, dann ist Ihnen sicher aufgefallen, dass diese ein paar Mal im Vorfeld den Anlauf und den Sprung simulieren, ohne jedoch schon zu springen. D. h. sie gehen im Geiste den genauen Ablauf eines idealen Sprunges durch, mehrfach. Damit trainieren sie Gehirn und Körper darauf, *genauso* im tatsächlichen Versuch zu agieren. Sie antizipieren ihren perfekten Sprung, um beim echten Sprung genauso gut zu sein!

Und genau das sollen auch Sie sich zur Gewohnheit machen:

- Benutzen Sie ab jetzt ebenfalls mentales Training für Ihre Projekte, eine Aufgabe, eine Herausforderung, eine Challenge oder ein Problem, das auf Lösung wartet!
- Gehen Sie vorab alle Vorbereitungen und Schritte, die Sie (wahrscheinlich) zu tun haben, genauestens durch!
- Tun Sie im Vorfeld mehrfach so, als würden Sie es bereits dann schon tun/schaffen!
- Hüten Sie sich gleichzeitig davor, Negativ-Entwicklungen dabei einfließen zu lassen, sondern stellen Sie sich stets einen idealen Verlauf vor und präsentieren Sie Ihrem Gehirn nur positive Bilder (siehe Kapitel 5.15)!

☞ Bereiten Sie sich ab heute mithilfe des mentalen Trainings bzw. des Antizipierens (Vorhersehen) sehr gut auf alles Mögliche vor!

Sie werden sehr schnell bemerken, wie sehr Ihnen dies helfen kann, Aufgaben und Pläne sicherer und fehlerfreier umsetzen zu können und so Gefahren und Schwierigkeiten bereits im Vorfeld zu verhindern!

7.5 Üben Sie im stillen Kämmerlein!

Nachdem Sie nun im letzten Kapitel gelernt haben, dass Ihnen mentales Training sehr gute Dienste leisten kann, um eine Herausforderung zu meistern, gehen wir in diesem Kapitel noch einen Schritt weiter:

- ☞ Wenn Sie eine Fähigkeit noch nicht so gut beherrschen, die Sie jedoch unbedingt (fast) fehlerfrei für den Ablauf eines Vorhabens benötigen, dann müssen Sie vorab üben, üben, üben!
- ☞ Ihr Training wird darüber entscheiden, wie erfolgreich Sie am Ende sein werden!

Sicherlich ist Talent für eine Fähigkeit sehr hilfreich. Doch nicht immer entscheidet dieses darüber, ob jemand auch erfolgreicher sein wird! Meist ist sogar das Gegenteil der Fall: Personen, die über weniger Talent, dafür aber über mehr Willenskraft, Ehrgeiz und Selbstdisziplin verfügen, stehen am Ende oft deutlich besser da als Menschen, die sich allein auf Ihr Talent verlassen.

Und wissen Sie, woran das liegt? Daran, dass diese weit mehr üben müssen, um dieselben Leistungen zu erzielen. Und weil diese konsequent üben und so ihre Fähigkeiten trainieren und ausbauen, überholen sie oft den Menschen mit Talent.[13] Denn dieser verlässt sich meist mehr auf sein Talent und weniger auf das Üben.

Das bedeutet: Auch ein Gesangstalent muss immer wieder üben, um den richtigen Ton zu treffen und die Oktaven zu beherrschen. Auch das Sprachentalent muss erst mal alle Vokabeln lernen, um anschließend die Sprache zu lernen. Der Unterschied ist meistens, dass ein Talent es ermöglicht, gewisse Dinge schneller zu lernen, während Menschen mit weniger Talent mehr Ausdauer und Übung benötigen. Dennoch können Letztere (bei gegebenen physischen und geistigen

---

13 Natürlich gilt dieses nur dann, wenn grundsätzlich die körperlichen und geistigen Voraussetzungen für die gewünschte Fähigkeit bestehen!

Möglichkeiten) am Ende genauso gut oder manchmal sogar noch besser werden wie Menschen mit Talent, weil sie viel härter üben.

Doch auch wenn es nicht um Spitzenleistungen gehen soll, sondern nur um etwas, das Sie noch nicht gemacht haben und Ihnen jetzt bevorsteht:

Üben hilft! Immer!

Sie sollten das, was Sie lernen wollen, dabei zunächst für sich allein üben. Da Sie ja wissen, dass es Sie sehr stresst, wenn Ihnen ein Fehler passiert, wird es Ihnen noch viel weniger guttun, wenn Sie dabei Zuschauer haben.

- ☞ Üben Sie also das, was Sie zu üben haben, und was am Anfang sicher nur ruckelig und keineswegs fehlerfrei gelingt, erst einmal in aller Stille in Ihrem stillen Kämmerlein.
- ☞ Später, wenn Sie bereit sind und Sie Ihre Fähigkeiten soweit ausgebaut haben, dass Sie es sehr gut beherrschen, suchen Sie sich das erste Mal Publikum!

Suchen Sie sich aber die richtigen Leute dafür aus! Sie sollten anfangs auf keinen Fall schon Personen zuschauen lassen, die Sie sehr stark verunsichern oder bei denen Sie erheblich Angst haben, dass diese Sie auslachen könnten. Suchen Sie sich stattdessen Vertraute, denen Sie sich uneingeschränkt auch mit allen Fehlern und Schwächen zeigen können. Vor diesen üben Sie dann in der Folgezeit wiederholt Ihre Performance.

- ☞ Erst dann, wenn Sie Ihre neue Fähigkeit sicher beherrschen, können Sie sich mit anderen Personen konfrontieren, bei denen Sie nicht sicher sind, dass diese Ihnen alles verzeihen! Sie sollten dann so weit entwickelt sein, dass es Ihnen egal geworden ist, wer Ihnen zuschaut!

Geben Sie sich aber für Ihr Übungsprogramm ausreichend Zeit - Rom ist auch nicht an einem Tag erbaut worden! Aber üben Sie! Denn neben einer guten Vorbereitung verhindert dies zusätzlich Misserfolge und unangenehme Gefühle!

Nutze die Talente, die Du hast! Die Wälder wären still,
wenn nur die begabtesten Vögel sängen.
Henry van Dyke

7.6 Hartnäckigkeit siegt!

Manchmal brauchen Sie wahrscheinlich etwas länger, bis etwas funktioniert, was Sie sich vorgenommen haben. Und manchmal brauchen Sie dabei eine hohe Frustrationstoleranz, um all die Versuche, wo es noch nicht geklappt hat, zu ertragen und es dennoch weiter zu versuchen. Doch Hartnäckigkeit siegt!

Es gibt zahlreiche prominente Beispiele für Menschen, die etwas mehrfach wiederholen mussten, bis ihnen etwas gelang. Sicher können Sie sich vorstellen, dass diese auf deren steinigen Weg wahrscheinlich auch oft kurz vor dem Aufgeben waren. Doch sie haben weiter gemacht! Ihre Vision, ihre Wünsche, ihr Ehrgeiz - oder was auch immer - hat sie befähigt, es doch noch einmal zu versuchen. Und dann, eines Tages, wurden sie endlich für ihre Anstrengungen belohnt. Beispiele für solche Menschen sind:

- **Abraham Lincoln**, der erst nach 7 großen Wahlniederlagen und persönlichen Tiefschlägen im Alter von 52 Jahren Präsident der USA wurde…
- **Henry Ford**, der mehrfach Insolvenz anmelden musste, bevor er endlich sein Weltimperium aufbaute…
- **Albert Einstein**, der Spätentwickler war und erst mit 4 Jahren gesprochen und mit 7 Jahren gelesen hat…
- **Walt Disney**, der zu Beginn seiner Karriere bei einer Zeitung rausflog, weil es ihm angeblich an Kreativität mangelte…
- **Bill Gates**, der mit seiner ersten Firma einen Flop landete, für die er aber sein Harvard-Studium abgebrochen hatte…

- **Elvis Presley**, der sich von seinem ersten Manager nach seinem ersten Auftritt sagen lassen musste, dass "er es nie zu etwas bringen wird"...
- **Harrison Ford**, der es laut seinem Produzenten seines ersten Filmes auch "nie zu etwas bringen würde" ...
- **Thomas Edison**, dem Erfinder der Glühbirne, dem in der Schule attestiert wurde, "zu dumm für irgendetwas zu sein"...
- **Marilyn Monroe**, deren erster Vertragspartner Colombia Pictures sie wegen mangelnder Schönheit und zu wenig Schauspieltalent gefeuert hat...
- **Michael Jordan**, der an seiner High School nicht in der Basketballmannschaft spielen durfte, weil er zu klein war...
- **Stephen King**, der 60 Absagen für seine ersten Texte einfuhr und schon aufgeben wollte
- und **Joanne K. Rowling**, deren "Harry Potter" im ersten Anlauf von allen Verlagen abgelehnt wurde und nur aus Mitleid von einem Verlag zunächst 500 Mal gedruckt wurde...

All diese Menschen haben eine steile Karriere hingelegt - nachdem Sie sehr gescheitert sind! Doch sie haben weiter gemacht und sind hartnäckig am Ball geblieben, egal was vorher passiert ist und ob irgendjemand ihnen ein Scheitern vorausgesagt hatte.

Was können Sie daraus lernen?

☞ Machen Sie realistische Einschätzungen, dass Fehler, Rückschläge und Misserfolge zum Leben dazugehören! Die Kunst ist, es trotzdem wieder zu versuchen!

Wenn etwas noch nicht funktioniert hat, dann überdenken Sie das Ganze und überlegen Sie, wie Sie dennoch zum Erfolg kommen können! Üben Sie! Und dann versuchen Sie es noch mal! Und noch mal! Und dann noch mal, wenn Sie immer noch keinen Erfolg hatten! Denn Hartnäckigkeit siegt!

Die Hartnäckigen gewinnen die Schlachten.
Napoleon I. Bonaparte

7.7 Seien Sie realistisch und klug: Manchmal müssen eben die Profis ran!

Sehr wichtig ist es, sich seiner Vorzüge, Stärken und auch der eigenen Grenzen bewusst zu sein. Wenn Sie kein Usain Bolt sind, dann werden Sie möglicherweise keinen neuen Weltrekord im 100 m-Lauf aufstellen können, weil Ihnen die körperlichen Voraussetzungen dafür fehlen. Wenn Sie keine Celine Dion sind, dann könnte es eventuell auch mit der Gesangskarriere wenig erfolgreich verlaufen. Sie müssen auch keinen Crash-Kurs als Maurer, Tischler, Börsenspekulant oder Mediziner machen, um ein Haus zu bauen, Geld zu verdienen oder gesund zu bleiben. Vielmehr sollten Sie Folgendes tun:

- Wenn Sie merken, dass der Aufwand viel zu hoch ist und Ihnen durch manche Parameter deutlich Grenzen gesetzt sind, um ein Ziel zu erreichen, dann sollten Sie diese Ziele aufgeben und stattdessen etwas anderes, für Sie leichter Erreichbares in Angriff nehmen!
- Seien Sie realistisch: Manches fällt uns nicht in den Schoß - auch nicht, wenn wir 100000 x üben. Lassen Sie ein solches Ziel sausen!
- Sie müssen auch nicht alles können! Es gibt nicht umsonst so viele Profis für irgendwelche Fähigkeiten und Aufgaben - nutzen Sie diese lieber, statt sich selbst für etwas zu geißeln, was andere besser können.

Viel klüger ist es manchmal, die richtigen Leute mit den richtigen Fähigkeiten kunstvoll zusammenzuführen! Nur so wird aus einem Theaterstück eine grandiose Vorstellung, aus einer Firma ein erfolgreiches börsennotiertes Unternehmen und aus einer Gemeinschaft eine prosperierende Gesellschaft!

- Bedenken Sie: Manchmal müssen eben die Profis ran! Das ist kein Grund, sich schlecht zu fühlen!

7.8 Lassen Sie es, wenn es weiser ist!

Auch wenn Sie inzwischen mit all den hier gelernten Strategien zum Fehlerbewältigungsprofi geworden sind, sollten Sie dennoch schädliche Experimente unterlassen. Wählen Sie stets weise aus, was Sie tun und was nicht. Hilfreich ist das Motto:

Was Du tust, das tue gut - und bedenke das Ende!
(Quidquid aegis, prudenter agas et respice finem!)

Das heißt: Natürlich sollen Sie Aufgaben und Projekte angehen und ein Vermeiden dabei vermeiden. Auch sollen Sie neue Herausforderungen immer wieder in Angriff nehmen, um Ihr Selbstbewusstsein und Ihr Gefühl der Selbstwirksamkeit zu stärken. Und natürlich ist es sehr wichtig, eine erlernte Hilflosigkeit zu überwinden, wenn Sie darunter leiden.

Doch bei alldem sollten Sie alles unterlassen, wo Sie schon im Vorfeld wissen können, dass Sie sich mit ziemlich hoher Wahrscheinlichkeit erhebliche Nachteile einhandeln oder garantiert einen Gesichtsverlust erleiden werden. Lassen Sie es daher sein,

- "groben Unfug" zu machen,
- geltendes Recht zu brechen,
- im Alkohol- oder Drogenrausch Blödsinn zu machen,
- aus jugendlichem Leichtsinn über die Stränge zu schlagen,
- im Verliebtheitsrausch unüberlegte Sachen zu machen oder zu sagen,
- im Zorn oder in Rage über Grenzen zu gehen,
- Gewalt auszuüben,
- etwas willentlich oder impulsiv zu zerstören,
- sich in einer kompromittierenden Situation fotografieren oder filmen zu lassen oder

- sich sonst unüberlegt in eine zu verurteilende Position zu bringen!

Denn nicht nur, dass Sie sich damit in große Nöte bringen, wo Ihnen wahrscheinlich auch kein Fehlerbewältigungs-Ratgeber mehr helfen kann. Sondern die Gefahr, sich selbst bei solchen "Aktionen" massiv bloßzustellen und sich eines Tages dafür stark zu schämen und es irgendwann zutiefst zu bereuen, ist viel zu groß. Außerdem gibt es immer Menschen, die es auskosten, wenn andere fallen und die dann ganz unverhohlen mit großer Schadenfreude, Häme und Spott aufwarten, sodass Sie dann auch noch alle Hände voll zu tun haben werden, um gesellschaftlich wieder auf die Füße zu kommen. Bedenken Sie:

☞ In Zeiten der ‚social media' ist jeder quasi nur einen Millimeter von einem massiven "Shitstorm" gegen sich entfernt!

Vermeiden Sie es daher tunlichst, dass von Ihnen kompromittierende Fotos oder Videos auftauchen, die sich noch Jahre später im Internet recherchieren und wiederfinden lassen! Die Gefahr, sich mit solchen "Aktionen" langfristig Chancen zu verbauen, ist einfach zu hoch. Zusätzlich ist durch solche "Auftritte" schon so mancher zu einem Mobbingopfer geworden, was ich Ihnen sehr gerne ersparen möchte.

Grundsätzlich lautet die Devise daher trotz aller Fehlerresistenz:

- ☞ Handeln Sie immer so, dass Sie sich auch morgen noch reinen Gewissens im Spiegel betrachten können!
- ☞ Wenn Sie es vermeiden können, sich zum Spottobjekt (oder auch neudeutsch "Opfer") zu machen, weil der gesunde Menschenverstand Ihnen schon im Vorfeld sagt, dass eine Aktion falsch ist, dann lassen Sie es!
- ☞ Machen Sie sich niemals sehenden Auges zur Gespött-Zielscheibe Ihrer Mitmenschen!

Wenn Sie all das zusätzlich beherzigen, sollten Sie mit allem, was Sie nun hier gelernt haben, jetzt bestens für Ihre Zukunft gerüstet sein!

8 Abschluss

Herzlichen Glückwunsch!

Sie haben es geschafft und sich alle Strategien vorgenommen, um besser mit Fehlern und Misserfolgen zurechtzukommen oder Ihren Perfektionismus abzulegen. Ich hoffe sehr, dass Sie dadurch Ihren persönlichen Zielen schon sehr, sehr viel dichter gekommen sind!

Hier am Schluss meines Programmes finden Sie noch einmal alle Empfehlungen als Liste aufgeführt, damit sie Ihnen stets präsent sein und weiterhelfen mögen!

Ich hoffe, dass ich Ihnen damit etwas sehr Wertvolles an die Hand geben konnte, damit Sie auf lange Sicht immer glücklicher und zufriedener werden! Möge Ihnen das Leben und all die Menschen darin stets wohlgesonnen sein und Sie alle Zeit vom Glück verfolgt!

Wenn Ihnen dieses Buch gefallen hat und Sie davon profitieren konnten, freue ich mich sehr, wenn Sie mir dafür eine positive Bewertung geben würden! Dafür danke ich im Voraus!

Alles Gute
Nicole Teschner

8.1 Die Empfehlungen als Liste

Erstmaßnahmen:

- Atmen Sie!
- Lassen Sie erst mal rigoros sacken, was passiert ist - sofern Sie nicht unmittelbar handeln müssen!
- Seien Sie gnädig zu sich selbst!
- Stoppen Sie die Selbstzweifel-Kaskade!
- Die Katastrophen-Skala: Wie groß ist Ihr Missgeschick wirklich?
- Relativieren Sie: andere Positionen, andere Perspektiven!
- Ist nun wirklich alles verloren oder ist noch was zu retten?
- Jammern Sie ruhig eine Runde! Aber nur innerlich!
- Und dann: Raus aus der Opferrolle!
- Time Out: Die 24h-Regel!
- Was gibt es zu lernen daraus?
- Machen Sie etwas Sinnvolles daraus!
- Deuten Sie es um!
- Die 2-Wochen-Frage
- Wenn heute Ihr letzter Tag wäre?
- Überlegen Sie, was Sie NICHT verloren haben!
- Wenn Sie wissen, was frustriert wurde, können Sie es eventuell anders mildern!
- Ent-schuld-igen Sie sich!
- Nutzen Sie Sprichwörter und Plattitüden, um sich zu stärken!

Emotionale Erste-Hilfe Maßnahmen:

- Schlucken Sie die Kröte erst mal!
- Nehmen Sie den Druck heraus!

- Tun Sie sich sehr viel Gutes!
- Nehmen Sie Ihre Gefühle wahr - dann wird es sofort leichter!
- Verstehen Sie die goldenen Informationen hinter Ihren Gefühlen!
- Schlafen Sie eine Nacht darüber!
- Reden Sie darüber!
- Trösten Sie sich!
- Wenn Sie nicht loslassen können: Woran liegt das?
- Wenn Sie es noch einmal machen könnten: Was würden Sie ändern?

Fortgeschrittene Techniken:

- Ignorieren Sie kleinere Fehler!
- Prüfen Sie die Fakten und lassen Sie es einfach so stehen!
- Lassen Sie übertriebene Rechtfertigungen!
- Tun Sie so, als wäre alles in Ordnung, wenn Sie einen Fauxpas begehen!
- Lassen Sie Unrat vorbeischwimmen!
- Nennen Sie gewisse Worte erst gar nicht!
- Definieren Sie bitte einmal "Versagen"!
- Andere könnten die Macke haben - und nicht Sie!
- Suchen Sie sich Vorbilder mit guter Fehlerkultur!
- Warum sind Sie in anderen Bereichen gelassener? Finden Sie es heraus!
- Lernen Sie Veränderungen zu ertragen!
- Werden Sie geduldiger!
- Lernen Sie "Unvollkommenheiten" auszuhalten!
- Bremsen Sie sich aus mit dem Pareto-Prinzip!
- Lernen Sie Unschärfen zu ertragen!
- Stoppen Sie Automatismen und Reflexe, wenn etwas schiefgelaufen ist!
- Jeder Fehler bietet Chancen für Wachstum!
- Andere machen auch Fehler - nur reden die nicht darüber!
- Kultivieren Sie Ihren Galgenhumor!

- Entscheiden Sie sich dafür, sich nicht mehr damit stressen zu wollen!
- Zerlegen Sie Ihren Fehler bis zum Kern - was bleibt dann noch übrig?
- Sie müssen Fehler nicht ständig wiederholen! Sie dürfen auch etwas lernen!
- Legen Sie Ihre Masken ab und werden Sie endlich Sie selbst!
- Machen Sie Abstriche! Sie haben nur 100 % zu vergeben!
- Hüten Sie sich davor, anderen Ihren Perfektionismus überzustülpen!

Tiefenreinigung:

- Definieren Sie bitte einmal "Perfekt sein"!
- Überprüfen Sie Ihre moralische Grundausstattung: Dürfen Sie überhaupt Fehler machen?
- Perfektionismus kann zu Burnout führen!
- Perfektionismus kann zu Panikattacken führen!
- Perfektionismus hat seinen Preis!
- Perfektionismus hat immer Ursachen!
- Hinter Perfektionismus können prägende Erfahrungen stecken!
- Was, wenn Sie es ließen? Perfektionismus hat immer eine Funktion!
- Entkoppeln Sie Fehler vom Selbstwertgefühl!
- Halten Sie ein Plädoyer für sich!
- Lernen Sie Scham und andere unangenehme Gefühle auszuhalten!
- Befreien Sie sich von Familienursachen!
- Entziehen Sie dem Fehler den fruchtbaren Boden!
- Ändern Sie Ihre Glaubenssätze!
- Achten Sie darauf, wie Sie denken!
- Ändern Sie erst recht Ihre Glaubenssätze, wenn Sie zu Selbsterfüllenden Prophezeiungen neigen!
- Arbeiten Sie an Ihrer Grundhaltung!
- Lieben Sie sich - bedingungslos!

- Setzen Sie sich mit Ihrem Muster auseinander! Warum müssen Sie perfekt sein?
- Finden Sie Ihre Achillesfersen!
- Setzen Sie sich mit Erfahrungen auseinander, die immer noch Schuld oder Scham hervorrufen!
- Überwinden Sie eine erlernte Hilflosigkeit!
- Finden Sie den Weg aus dem Dilemma des Perfektionisten!
- Lösen Sie sich von den überzogenen Darstellungen in den social media!
- Meiden Sie Bestenkürung, Maximierungswahn und Rekordementalität!
- Überschießender Perfektionismus: Stellen Sie die Verhältnismäßigkeit wieder her!
- Lernen Sie von Narzissten - aber nur ein bisschen!
- Lösen Sie die Elefanten-Kopplungen!
- Hören Sie auf (übertrieben) zu büßen!

Vorbeugung:

- Pflegen Sie sich gut!
- Senken Sie Ihr Stresslevel!
- Konfrontieren Sie sich mit Fehlern erst dann, wenn es wirklich nötig ist!
- Halten Sie Psycho- und Konflikthygiene!
- Arbeiten Sie "unerledigte Geschäfte" auf!
- Schützen Sie Ihre Achillesfersen!
- Ermitteln Sie die Brandbeschleuniger!
- Werden Sie glücklich, dann kommen Sie besser mit Fehlern zurecht!
- Lernen Sie "Nein" zu sagen!
- Wägen Sie stets ab: Wollen Sie lieber perfekt oder gesund sein?
- Hüten Sie sich davor, den größten Fehler von allen zu machen: Leben Sie jetzt!

Von der Kunst, Fehler auszulassen:

- Probieren Sie es! Trotzdem!
- Wenn Sie in einem kaputten Flugzeug fliegen wollen, nehmen Sie bitte einen Fallschirm mit!
- Informieren Sie sich!
- Durchdenken Sie Abläufe im Vorfeld gut!
- Üben Sie im stillen Kämmerlein!
- Hartnäckigkeit siegt!
- Seien Sie realistisch und klug: Manchmal müssen eben die Profis ran!
- Lassen Sie es, wenn es weiser ist!

8.2 Haftungsausschluss

Die hier enthaltenen Anleitungen und Darstellungen wurden von mir als Autorin nach bestem Wissen und Gewissen erstellt und in der Praxis vorab sorgfältig überprüft. Da ich Fehler trotzdem nicht ausschließen kann, erfolgt die Anwendung und Nutzung dieses Buches auf eigene Gefahr hin und ohne jegliche Verpflichtung des Autors oder des Verlages zur Haftung für Schäden an der eigenen oder anderen Personen oder Sach- oder Vermögensgegenständen bei falscher Anwendung, nicht-Gelingen oder auch bei nicht-Anwendung der Methoden und Strategien.

Des Weiteren übernehme ich als Autorin und auch der Verlag keine Haftung bei missverständlichen Textpassagen, Textfehlern, missbräuchlicher An- und Verwendung oder unerwünschten Entwicklungen nach dem Lesen, nicht-Lesen oder der Verwendung des Buches und der hier veröffentlichten Methoden. Eventuell namentlich genannte Beispiele von "Persons of Interest" dienen der lehrenden Veranschaulichung der zu vermittelnden Inhalte und stellen keine Diskriminierung oder Diffamierung dar. Ebenso ist jede Ähnlichkeit zu lebenden Personen rein zufällig und soll ebenfalls keine persönliche Diskriminierung oder Diffamierung sein.

Weitere Bücher von Nicole Teschner:

Über das Buch:

Wenn Stress Ihr permanenter Begleiter ist und Sie wegen häufiger Überforderung oft keine Idee mehr haben, wie Sie ihn wieder loswerden können, hilft Ihnen dieses Buch: Kurz und knapp finden Sie hier professionelle Stressbewältigungsstrategien, die Sie direkt anwenden können und die Ihnen in Belastungsmomenten leicht umsetzbar helfen, Stress und Überforderung wieder loszuwerden. Die praktischen und präzisen Methoden liefern Ihnen Lösungen, um körperlich und geistig wieder zurechtzukommen, zu regenerieren, sich zu verändern und wieder mehr Ruhe, Entspannung und Erholung zu finden. Zusätzlich helfen langfristig angelegte Strategien und Coachings, sich erfolgreich weiterzuentwickeln.

Als Erste-Hilfe-Koffer gegen Stress ist dieses Buch Ihre persönliche Allzweckwaffe gegen Stress jeglicher Art und hilft Ihnen genau dann weiter, wenn Sie selbst nicht mehr weiterwissen.

9 Literatur

Bücher:

Johann Caspar Rüegg Ph.D., Gehirn, Psyche und Körper, 5. aktualisierte Auflage 2011, Schattauer Verlag
Luder Rensing, Michael Koch, Bernhard Rippe, Volkhard Rippe, Mensch im Stress, Softcoverauflage 2013, Springer Spektrum, Springer-Verlag Berlin Heidelberg
Joachim Bauer, Das Gedächtnis des Körpers, 19. Auflage 2012, Piper Verlag München GmbH
Onno van der Hart, Ellert R. S. Nijenhuis, Kathy Stehle, Das verfolgte Selbst, 2008, Jungfermann-Verlag
Stehen W. Porges, Die Polyvagal-Theorie, 2. Auflage 2018, G. P. Probst Verlag GmbH, Lichtenau/Westfalen
Gerhard Roth, Fühlen, Denken, Handeln, 1. Auflage 2003, Suhrkamp-Verlag
Rosmarie Welter-Enderlin, Bruno Hildenbrand, Resilienz - Gedeihen trotz widriger Umstände, 4. Auflage 2012, Carl-Auer Verlag GmbH
Barbara I. Fredrickson, Die Macht der guten Gefühle, 2011, Campus-Verlag GmbH
Peter A. Levine, Sprache ohne Worte, 3. Auflage 2012, Kösel-Verlag München
Stavros Mentzos, Lehrbuch der Psychodynamik, 6. Auflage 2013, Vandenhoeck & Ruprecht GmbH & Co. KG, Göttingen
Antonio R. Damasio, Der Spinoza-Effekt, 3. Auflage 2006, List Verlag/Ullstein Buchverlage GmbH, Berlin
Bessel van der Kolk, Verkörperter Schrecken, 4. Auflage 2017, G. P. Probst-Verlag GmbH Lichtenau/Westfalen
Robert Brooks, Sam Goldstein, Das Resilienz-Buch, 3. Auflage 2009, Klett-Gott
Sylvia Kéré Wellensiek, Handbuch Resilienz-Training, 2011, Pelz Verlag
Matthias Burisch, Das Burnout-Syndrom, 4., aktualisierte Auflage, Springer Verlag GmbH Berlin Heidelberg
Gerald Hüther, Biologie der Angst, 10. Auflage 2011, Vandenhoeck & Ruprecht GmbH & Co. KG, Göttingen
Romilla Ready, Kate Burton, Neurolinguistisches Programmieren für Dummies, Wiley-VCH Verlag GmbH &Co. KGaA, Weinheim, 2005
Andreas Steiner, Die Kunst der Familienaufstellung: Ein Praxislehrbuch der Empirischen Psychotherapie, W. Kohlhammer GmbH (27. November 2019)

Weblexika:

https://www.wikipedia.de/
https://psylex.de/
https://www.netdoktor.de/
http://www.vitalstoff-lexikon.de
https://www.aphorismen.de
https://www.zitate.de/
https://nlpportal.org/nlpedia/wiki/Die_NLP_Enzyklop%C3%A4die
http://www.sasserlone.de/
https://www.ncbi.nlm.nih.gov/

Printed in France by Amazon
Brétigny-sur-Orge, FR

10467042R00137